ADHS – unter der Spitze des Eisbergs

AF630095

ADHS – unter der Spitze des Eisbergs

Ruth Huggenberger

Ruth Huggenberger

ADHS – unter der Spitze des Eisbergs

Strategien für Partnerschaften und Familien

hogrefe

Dr. Ruth Huggenberger
Praxisgemeinschaft Theaterplatz
Theaterplatz 4
5400 Baden
Schweiz
ruth.huggenberger@bluewin.ch

Geschützte Warennamen (Warenzeichen) werden nicht besonders kenntlich gemacht. Aus dem Fehlen eines solchen Hinweises kann also nicht geschlossen werden, dass es sich um einen freien Warennamen handelt. Der Verlag weist ausdrücklich darauf hin, dass im Text enthaltene externe Links vom Verlag nur bis zum Zeitpunkt des Redaktionsschlusses eingesehen werden konnten. Auf spätere Veränderungen hat der Verlag keinerlei Einfluss. Eine Haftung des Verlags ist daher ausgeschlossen.

Bibliografische Information der Deutschen Nationalbibliothek
Die Deutsche Nationalbibliothek verzeichnet diese Publikation in der Deutschen Nationalbibliografie; detaillierte bibliografische Daten sind im Internet über http://www.dnb.de abrufbar.

Dieses Werk einschließlich aller seiner Teile ist urheberrechtlich geschützt. Jede Verwertung außerhalb der engen Grenzen des Urheberrechtes ist ohne Zustimmung des Verlages unzulässig und strafbar. Das gilt insbesondere für Kopien und Vervielfältigungen zu Lehr- und Unterrichtszwecken, Übersetzungen, Mikroverfilmungen sowie die Einspeicherung und Verarbeitung in elektronischen Systemen.

Anregungen und Zuschriften bitte an:
Hogrefe AG
Lektorat Psychologie
Länggass-Strasse 76
3012 Bern
Schweiz
Tel. +41 31 300 45 00
info@hogrefe.ch
www.hogrefe.ch

Lektorat: Dr. Susanne Lauri
Bearbeitung: Angelika Pfaller, Bad Reichenhall
Herstellung: René Tschirren
Umschlagabbildung: Getty Images/Westend61
Umschlaggestaltung: Claude Borer, Riehen
Fotos (Innenteil): @ Getty Images: Noel Hendrickson, PeopleImages, Karen Mathews/EyeEm, Carol Yepes
Satz: Mediengestaltung Meike Cichos, Göttingen
Druck und buchbinderische Verarbeitung: Multiprint OOD, Kostinbrod
Printed in Bulgaria

1. Auflage 2022
© 2022 Hogrefe Verlag, Bern
(E-Book-ISBN_PDF 978-3-456-96121-7)
(E-Book-ISBN_EPUB 978-3-456-76121-3)
ISBN 978-3-456-86121-0
https://doi.org/10.1024/86121-000

Dieses Buch widme ich meinen geliebten Patenkindern
Jessica und Tobias und danke ihnen von Herzen
für ihre wertvolle Unterstützung!

Inhalt

Danksagung 9

Vorwort 11

Einleitung 13

1 Phänomene in Partnerschaften und familiären Systemen bei nicht erkannter ADHS 17

1.1 Nicht erkannte ADHS bei Erwachsenen wirkt sich auf Partnerschaft und Familienleben aus 17

1.1.1 Verletzungen in der Kindheit von Betroffenen – Auswirkung im Erwachsenalter 18

1.1.2 Frühzeitige Diagnose erleichtert das Leben 24

1.1.3 Entwicklung und Last ungerechtfertigter Schuld- und Schamgefühle 38

2 Partnerschaft bei Menschen mit ADHS – Herausforderung und Chance 49

2.1 Aufbau einer Partnerschaft – überdimensionale Verletzbarkeit . . 52

2.2 Zwischen Selbstbestimmung und Kompromissbereitschaft in der Partnerschaft 58

2.3 Missverständnisse in der Partnerschaft aufgrund kommunikativer Schwierigkeiten 61

3 Familiengründung und die Auseinandersetzung mit der eigenen Vergangenheit 69

3.1 Familiensysteme – ein starker sozialer Verbund mit unbewussten Mechanismen 69

3.2 Familienplanung: Wunsch nach Akzeptanz und Sicherheit 71

3.3 Idealistische Vorstellungen bei Familienplanung und Realität des Elternseins 75

3.4 Kommunikationsschwierigkeiten in der Familie und weiteren sozialen Systemen 82

4 Abwehrmechanismen bei Menschen mit ADHS und deren Folgen für Partnerschaft und Familie 87
4.1 Bewusstes Verdrängen und Vergessen (Prokrastination) 87
4.2 Unbewusste Verdrängungsmechanismen 93
4.3 Verdrängung als Abwehrmechanismus 94
4.4 Verleugnung als Abwehrmechanismus 104
4.4.1 Phänomen der Reizüberflutung und deren Folgen 114
4.4.2 Einbezug der besonderen Fähigkeiten und Talente bei der Berufswahl 124
4.5 Kompensation als Abwehrmechanismus – das Leben wird erträglicher 130
4.6 Projektion als Abwehrmechanismus – Ablehnung unerwünschter Eigenschaften und deren Übertragung auf Nahestehende 136
4.7 Mangelnde Abgrenzung aufgrund von Loyalitätskonflikten – Gefährdung der eigenen Gesundheit 142
4.8 Idealisierung und Vereinnahmung des Nachwuchses durch einen Elternteil – Abhängigkeit und Fremdbestimmung des Jugendlichen 148
4.9 Hierarchieumkehr in der Familie – Verharmlosung in der Anfangsphase 156
4.10 Parentifizierung – Kindern müssen die Verantwortung für die Eltern übernehmen 162
4.11 Verdrängung von Loyalitätskonflikten in der Kindheit und Verschiebung auf die eigene Partnerschaft 167

Schlussbemerkung 175

Ausblick 181

Literatur 187

Die Autorin 191

Sachwortverzeichnis 193

Danksagung

Ganz herzlich bedanken möchte ich mich bei meiner Lektorin, Frau Dr. Susanne Lauri. Sie begleitete und ermutigte mich mit fachlicher Kompetenz und Engagement. Ihre Präsenz und Unterstützung waren mir eine große Hilfe. Vielen Dank, Frau Dr. Lauri.

Ein weiterer Dank geht an den Hogrefe Verlag. Durch die Veröffentlichung ermöglicht er mir, das Buch einem breiten Publikum vorzustellen, und fördert dadurch die notwendige, erweiterte Auseinandersetzung mit der ADHS-Thematik.

Bedanken möchte ich mich von Herzen bei meinen Klienten[1], die mir – trotz erlittener Verletzungen in der Vergangenheit – Vertrauen schenken in der Therapie. Sie bereichern meinen Alltag. Nebst den defizitorientierten Symptomen der Aufmerksamkeitsdefizitthematik darf ich die besonderen Fähigkeiten dieser reizoffenen Menschen wie Spontaneität, Kreativität, Humor, Offenheit, Neugierde und Vielfältigkeit erfahren.

Nicht ohne Grund gibt es einige sehr berühmte „ADHS-Persönlichkeiten" wie Musiker, Maler, Erfinder, Politiker, Schauspieler etc. Die ADHS hat viele Facetten. Sowohl in Kapiteln des Buches wie auch im Ausblick werden die besonderen Fähigkeiten Betroffener dargestellt.

> *„Ohne Menschen mit ADHS wäre die Welt eintöniger. Durch ihre besonderen Talente wie Begeisterungsfähigkeit, Neugierde, Kreativität, die unterschiedliche Denk- und Betrachtungsweise, Intensität in der Erlebniswelt und ihrem Durchhaltewillen fördern sie andere Sichtweisen und tragen zu einer vielseitigeren Anschauungsweise des Lebens bei. Dadurch wird unser Alltag bunter." (R. Huggenberger)*

---

1 Der Einfachheit halber wird in diesem Buch die männliche Form benützt; selbstverständlich sind damit alle Genderformen inkludiert.

Vorwort

Nach Erscheinen meines Buches „ADHS in der Familie – Strategien für den Alltag“ war ich überwältigt von der Anzahl und Vielfalt der aufschlussreichen, erfreulichen Zuschriften von Familien, Betroffenen, Angehörigen, Eltern und Fachleuten.

Vielen Dank, liebe Leser, für Ihre wertvollen Äußerungen, Anregungen, Fragen und Reaktionen.

Wie sich herausstellte, schätzen Sie, liebe Leser, besonders die anschaulichen *Fallbeispiele* und daraus gewonnenen Erkenntnisse. Durch die Lektüre dieser realitätsnahen Fragmente aus dem Leben von Menschen mit einer ADHS ist der *Wiedererkennungseffekt* bei Betroffenen und Menschen mit der Vermutung ebenso dieser Gruppe anzugehören groß. Ähnlichen „ADHS-Schicksalen“ und Lösungsstrategien zu begegnen, erhöht sowohl die *Selbstakzeptanz* von Betroffenen wie auch die Verständnisförderung für bisher nicht nachvollziehbare Verhaltensweisen und Reaktionen von Kindern, Partnern, Eltern etc. bei Angehörigen.

Durch die Beschäftigung mit der ADHS und deren Kriterien kam bei einigen Lesern die Annahme auf, Familienmitglieder könnten betroffen sein. Es erreichten mich viele Anfragen, die sich vorwiegend auf die *Auswirkungen der adulten ADHS auf Familien, Partnerschaften und weitere soziale Systeme* beziehen.

Leidensdruck, Hilflosigkeit, vehemente Streitigkeiten, soziale Ausgrenzungen, finanzielle Schwierigkeiten, Trennungsgedanken und Scheidungen sowie Auflösungen von Arbeitsverhältnissen sind kennzeichnend für Familien mit meist nicht diagnostizierten Mitgliedern. *Die besondere Dynamik in Beziehungen mit ADHS-Betroffenen wurde bisher vernachlässigt.*

Die Frage, weshalb die ausgeprägte Hilflosigkeit und Not in derartigen Familiensystemen sich häufen, lässt sich nicht einfach erklären.

Vergleichbar mit einem *Eisberg*, von dem nur ein kleiner Teil sichtbar ist, verhält es sich mit der Aufmerksamkeitsdefizitstörung. Erkennbar sind nur die Besonderheiten und Verhaltensweisen von Menschen mit ADHS in diversen Lebensbereichen. Doch was steckt dahinter bzw. bildet die Grundlage für die

Auffälligkeiten in Familien, Partnerschaften und geschäftlichen Verbindungen? Um den diversen Faktoren der Ursachen gerecht zu werden, treten wir eine Reise unter die Spitze des Eisberges an. Dabei erfahren wir, weshalb schwerwiegende Komplikationen in Freundschaften, Liebesbeziehungen bzw. im sozialen Kontext allgemein auftreten können und Betroffene oft keinen Ausweg aus diesen Konflikten finden. Wir stoßen bei der Ursachenforschung auf (unbewusste) Schuld- und Schamgefühle, Insuffizienzgefühle, Loyalitätskonflikte und Verdrängungsmechanismen.

Liebe Leser, möchten Sie verstehen, weshalb es zu den gehäuften emotionalen Schwierigkeiten in sozialen Systemen mit ADHS-Betroffenen kommt, sowie Lösungsansätze für die Problematiken erhalten? Streben Sie eine Erleichterung in Ihrer Partnerschaft, Familie oder in geschäftlichen Bereichen an? Ist es Ihnen ein Anliegen, das Verständnis für folgende Fragestellungen zu erlangen: Wieso kann der Aufbau einer Partnerschaft oder die Gründung einer Familie markante Probleme mit sich bringen? Welcher Zusammenhang kann bei Menschen mit ADHS zwischen Erlebnissen in der Kindheit und Jugend zu der aktuellen Symptomatik hergestellt werden? Was hat es mit den häufig anzutreffenden Schuld- und Schamgefühlen auf sich? Weshalb treffen wir bei Betroffenen verschiedene, meist unbewusste Abwehrmechanismen an? Welche Dynamiken sind in einem familiären System mit mehreren Betroffenen häufig vertreten? Welche Erkenntnisse gewinnen wir aus den Erfahrungen der Praxis hinsichtlich der verschiedenartigen Arbeitsweise eines ADHS-Gehirns?

Dann schauen Sie hinter die Kulissen der ADHS und begleiten mich auf dieser Reise mit dem Ziel, für Ihre Probleme bzw. diejenigen von Ihnen nahestehenden Menschen größeres Verständnis zu erlangen sowie Strategien und Behandlungsansätze kennenzulernen, damit Sie den Schritt in ein freies, selbstbestimmtes Leben wagen können.

Selbstverständlich werden diese Themenkomplexe durch viele Fallbeispiele[2] untermalt.

Viel Vergnügen bei der Lektüre.
Ruth Huggenberger

---

2 Die Fallbeispiele sind anonymisiert. Allfällige Ähnlichkeiten mit realen Personen sind zufällig.

Einleitung

Im ersten Buch „ADHS in der Familie – Strategien für den Alltag“ wird eine Übersicht mit breitem Spektrum über die ADHS im Kindes-, Jugend- und Erwachsenenalter dargestellt. Den Lesern wird anhand neuster Studien Wissen über Prävalenz, Geschichte, Ursachen der ADHS sowie den mit dem Gehirn und der Neurophysiologie verbundenen verschiedenartigen Funktionsweisen dieses wichtigen Organs vermittelt. Die Erfüllung der Kriterien für das Vorliegen einer ADHS anhand internationaler Standards wird im Zusammenhang mit Fallbeispielen aufgezeigt. In praktischen Beispielen werden die typischen ADHS-bedingten Schwierigkeiten – verbunden mit der Entwicklung von Strategien – in unterschiedlichen Alterskategorien für ein entspannteres Familienleben vorgestellt.

Im vorliegenden Buch finden Sie eine fundierte Vertiefung und Auseinandersetzung mit *ADHS-spezifischen Störungsfeldern v. a. im Erwachsenenalter in Bezug auf soziale Systeme wie Partnerschaft, Familie und berufliche Konstellationen*. Dabei werden verschiedene Lebensstationen wie „Aufbau von Partnerschaft“, „Gründung einer Familie“ und „Reaktivierung der Kindheitserlebnisse“ etc. einbezogen.

Bei frühzeitiger Diagnosestellung käme es in Partnerschaften und Ehen zu einer geringeren Anzahl und deutlich moderateren Ausprägung von Konflikten. Betroffene hätten – bei entsprechend günstigen Reaktionen von Bezugspersonen – einen kürzeren und weniger steinigen Leidensweg und würden dementsprechend in geringerem Maße unbewusste Schuld- und Schamgefühle sowie Abwehrmechanismen entwickeln. Komorbiditäten wären bei rechtzeitiger Erfassung der ADHS in geringerem Ausmaß vorhanden.

In einem dynamischen System ist die ADHS-Problematik schwieriger zu erfassen als bei einem einzelnen Betroffenen. Die vorhandene Vermischung zwischen den Symptomen einer ADHS und den Konflikten in der Partnerschaft muss auseinanderdividiert werden.

Daher darf die Andersartigkeit von ADHS-Betroffenen nicht auf das Individuum begrenzt werden. *Auswirkungen greifen auf Familien und soziale Systeme über.*

Zusammengefasst stehen im Fokus dieses Buches die *häufigsten Konfliktpotenziale sowie deren Ursachenerhebung innerhalb von Partnerschaft, Familie und Beruf* von Menschen mit ADHS, die meist noch nicht diagnostiziert wurden, mit entsprechenden Lösungsansätzen. Kennzeichnend für ADHS-Paare sind Auseinandersetzungen heftiger Ausprägung, wiederholtes Auftreten derselben Streitpunkte ohne Lerneffekt, hohe Frequenz der Eskalationen sowie die mangelnden kommunikativen Fähigkeiten beim Überwinden von Konflikten.

Ursächlich für die Komplikationen im Zusammenhang mit der ADHS sind verschiedene Funktionen im Gehirn, wie bspw. Reizüberflutung, verzerrte Wahrnehmung und Kommunikationsschwierigkeiten.

Selbstverständlich kommen Sie in den Genuss einer Vielzahl von Fallbeispielen, um das Gelesene nicht nur zu verstehen, sondern auch eine Veranschaulichung auf emotionaler Ebene zu erhalten.

Einen Vorgeschmack erhalten Sie durch die Erzählung von Herrn M. Fachliche Hilfe suchte er erst auf, als ihm Arbeitgeber und Lebenspartnerin ein Ultimatum stellten.

Fallbeispiel 1: Herr M.: Schikanen und Fehlleistungen erträgt er nur durch Kompensation

„Als Jugendlicher geriet ich oft in Konflikt mit dem Gesetz. Meistens wurde ich beim Diebstahl erwischt. Jedes Mal, wenn ich in der Schule eine schlechte Klausur schrieb, ging ich in ein Kaufhaus und wollte mir etwas gönnen. Die Klassenkameraden lachten mich wegen meiner Leistungen aus; das konnte ich beinahe nicht ertragen. Anfangs war mir bewusst, dass ich illegal handelte. Mit der Zeit wurde es selbstverständlich. Dadurch galt ich als ‚böser Junge‘ und wurde von meinen Mitschülern noch stärker gemobbt.
Später suchte ich Trost im Alkohol. Ich wechselte meine Anstellungsplätze oft. Dies stand im Zusammenhang mit der häufigen Kritik von Firmen wegen meiner Flüchtigkeitsfehler, des Zuspätkommens und meiner impulsiven Art. Diese Anschuldigungen verletzen mich bis ins Innerste. Stets gab ich mir Mühe, damit ich den Anforderungen genügte. Es gelang mir nie. Daher zweifelte ich vermehrt an mir. Meine Nerven lagen blank und ich ‚rastete‘ immer schneller aus. Abends war ich auf Hochtouren. Um abschalten zu können, suchte ich meine Stammkneipe auf, um mein Feierabendbier zu trinken. Dort traf ich auf Menschen, die mir zuzuhören schienen. Vor drei Jahren verließ mich meine Lebenspartnerin, die ich sehr liebte. Sie konnte meine Alkoholabstürze und Streitsucht nicht mehr ertragen. Es kam so weit, dass sie Angst vor mir hatte. Als ich dies realisierte, erschrak ich und wollte mein

Leben radikal verändern. Ich machte einen Entzug und konnte meinen Alkoholkonsum reduzieren. An der grundsätzlichen Situation hatte sich nichts verändert. Vor einem Jahr lernte ich meine jetzige Lebenspartnerin, Sonja, kennen. Sie ist eine sehr sensible Frau; ich hatte mir stets eine solche Partnerin gewünscht. In meiner derzeitigen Anstellung läuft es nicht gut und ich wurde vor 6 Monaten degradiert. Mir wurde ein Ultimatum gestellt. Würden sich Leistungen und Verhalten nicht verbessern, gäbe es keine andere Lösung als eine Entlassung. Mein Vorgesetzter empfahl mir, einen Psychologen aufzusuchen. Ich war geschockt; mir war nicht bewusst, dass meine Fehlerquote trotz meiner Bemühungen derart hoch war. Der Begriff ‚Psychologe' löste in mir Panik aus. Jetzt würde sich bestätigen, dass ich ‚verrückt' war. Zum ersten Mal, seitdem ich meine Partnerin kennen- und lieben gelernt habe, ging ich nicht nach Hause, sondern suchte nach Feierabend meine ehemalige Stammkneipe auf. Ich kam betrunken nach Hause und wurde wütend, als mich meine Freundin auf meinen Zustand ansprach. Durch meine Reaktion erschrak sie und übernachtete auf dem Sofa. Am nächsten Morgen hatte ich Schuldgefühle. Meiner Partnerin wagte ich mich nicht anzuvertrauen aus Angst, sie zu verlieren. Schließlich war ich ein Versager. Daher schlich ich mich aus der Wohnung. Ich konnte mich etwa 14 Tage zusammenreißen und blieb der Kneipe fern. Unsere Beziehung hatte gelitten. Ich war gereizter und die Stimmung unterkühlt. Als mich mein Vorgesetzter fragte, ob ich einen Therapeuten gefunden hätte, sah ich rot. In der Firma konnte ich mich zusammennehmen. Der Weg führte mich erneut in die Kneipe. Ich kam in einem Zustand nach Hause, an den ich mich nicht gerne erinnere. Sonja stand mit offenem Mund da, als sie mich sah. Sie blieb die ganze Nacht wach, weil sie befürchtete, ich hätte eine Alkoholvergiftung. Am nächsten Tag erwachte ich erst mittags, an meinem Bett Sonja. Sie redete Tacheles: ‚Du weißt, du kannst mir alles erzählen. Dein streitsüchtiges Verhalten und die Alkoholabstürze in jüngster Zeit kann ich nicht mittragen. Entweder du löst deine Probleme, oder ich muss dich bei aller Liebe verlassen.' Mit diesen Worten und Tränen in der Stimme verließ sie das Schlafzimmer. Ich erwachte schlagartig. Diese Frau liebte ich zu sehr, ich durfte sie nicht verlieren. Voller Schamgefühle setzte ich mich zu ihr an den Frühstückstisch und erzählte vom Ultimatum in der Firma. Sie nahm mich in die Arme und unterstützte mich auf meinem Weg. Nun suche ich Hilfe bei Ihnen." Mit diesen Worten beendete er seine Erzählung. Bei Herrn M. waren viele Symptome einer ADHS ersichtlich. Als Folgeerscheinung suchte er Trost im Alkohol. Ich teilte ihm meine Vermutung mit und er war mit einer Abklärung einverstanden. Herr M. erfüllte alle Kriterien einer Aufmerksamkeitsdefizitstörung. Er willigte in eine Therapie ein. Bei ihm war eine Medikation indiziert. Herr M. bat mich, seinen Vorgesetzten in Kenntnis zu setzen hinsichtlich des Ergebnisses der Abklärung und der Therapieaufnahme. Sein Arbeitgeber wollte ihn als Mitarbeiter nicht verlieren und wir blieben in Kontakt. Durch die Medikamente verbesserte sich seine Leistung und niemand sprach mehr von Entlassung. Sonja begleitete ihn bei Bedarf in die Therapie. Sie war erleichtert zu wissen, dass bei ihrem Freund eine ADHS vorlag. Das Auflösen der Kompensationsmechanismen beanspruchte mehr Zeit. Herr M. musste lernen mit Frustrationen umzugehen. Probleme in der Beziehung konnte er durch zunehmende Auseinandersetzung mit sich selbst und der ADHS aufarbeiten. Ebenso lernte er, sich in der Arbeitswelt auf adäquate Weise durchzusetzen.

Durch dieses Fallbeispiel wird ersichtlich, wie Herr M. bereits als Kind durch die Auswirkungen der nicht erkannten ADHS eine Abwehr (Kompensation) entwickeln musste, um dem Leidensdruck standhalten zu können. Im Erwachsenenalter änderte sich die Art des Ausgleichs. Erst als ihm Ultimaten durch seine Freundin und den Vorgesetzten gestellt wurden, suchte er Hilfe. Nachdem ihm der Ursprung seiner Probleme bewusst wurde, konnte er die negative Dynamik auflösen und sich davon befreien.

1 Phänomene in Partnerschaften und familiären Systemen bei nicht erkannter ADHS

Auswirkungen der nicht bzw. spät diagnostizierten ADHS können nicht auf eine Person begrenzt werden; sie greifen auf Familien und soziale Systeme über. *Betroffenen mit einer späten Diagnosestellung widerfuhr bereits in der Kindheit und Jugendzeit häufig schmerzliches Unrecht* durch ihre Bezugspersonen. Überforderung, Unkenntnis oder gar Ignoranz, woher die auffälligen Verhaltensmuster, mangelhaften Leistungen und emotionalen Abweichungen beim Nachwuchs herrühren, führten zu Verletzungen. Um die wiederholt erlittenen Kränkungen und Stigmata zu ertragen, bildeten sich in dieser Phase der Kinder- und Jugendzeit *unbewusst Verdrängungsmechanismen*, die im Erwachsenenalter nicht mehr zugänglich sind. In einer Partnerschaft und Familie können in ähnlichen Kontexten die verdrängten Gefühle aus der Kinderzeit unbewusst reaktiviert werden und für die Umgebung unverständliche Reaktionen evozieren. Da diese Prozesse unbewusst vonstattengehen, steht das soziale Umfeld vor einem großen Fragezeichen in derartigen Extremsituationen (vgl. Fallbeispiel 2). Im Fokus stehen ebenso die in diesem Zusammenhang von Betroffenen entwickelten *Schuld- und Schamgefühle und deren gesundheitsschädigende Folgen* (vgl. Fallbeispiele 3, 4 und 5). Die Folgeerscheinungen einer nicht diagnostizierten ADHS wirken sich nicht nur in der Paar- und Familiendynamik nachhaltig aus, sondern ebenso in den geschäftlichen und gesundheitlichen Bereichen des Einzelnen sowie seiner Angehörigen.

1.1 Nicht erkannte ADHS bei Erwachsenen wirkt sich auf Partnerschaft und Familienleben aus

Es ist nicht zufällig, dass die „ADHS-Familienproblematik“ komplexe und tiefgründige Fragen aufwirft. Familiensysteme und Partnerschaften werden durch starke, unsichtbare, verflochtene Beziehungen begründet.

Struktur und Dynamik solcher Systeme sind schwierig zu ergründen und verändern sich ständig (vgl. 3.1). Wir sind uns bewusst, wie wichtig die rechtzeitige Erkennung der Primärerkrankung (ADHS) ist. In dynamischen Systemen wie Partnerschaften, Freundschaften und Familien kommt es vor, dass selbst erfahrene Therapeuten je nach Komplexität der Folgeerscheinungen oder Komorbiditäten, der unbewussten Abwehrmechanismen und aktuellen Komplikationen, die Primärerkrankung nicht auf Anhieb erkennen (Paucke et al., 2018). Es braucht Zeit, Interesse und Geduld, die einzelnen Symptome dem richtigen Kontext zuzuordnen. Damit die Problematik bei den Einzelnen in einem System erkannt werden kann, bedarf es der Identifizierung der seelischen Verletzungen sowie der Abwehrstrategien, welche sich als Folge entwickelt haben.

1.1.1 Verletzungen in der Kindheit von Betroffenen – Auswirkung im Erwachsenalter

Die meisten Erwachsenen ohne bzw. mit später Diagnosestellung der ADHS erlebten eine *konfliktbeladene* Kindheit. Was läuft innerlich bei Kindern ab, wenn sie ihre Fehlleistungen nicht einordnen können und unter dem Stempel der „Unfähigkeit" leiden? Der Organismus baut Schutzmaßnahmen, sogenannte *Verdrängungs- und Abwehrmechanismen* auf (vgl. Kap. 4). Das Abwehren schädigender Erlebnisse federt diese in ihrer Heftigkeit ab und bildet somit auch die Voraussetzung für das seelische Überleben.

Dadurch können Betroffene in der Kindheit und im juvenilen Alter die für sie unverständlichen und stets wiederkehrenden Ermahnungen, Fehleinschätzungen und daraus resultierenden Frustrationen sowie Strafen und Stigmata der Außenwelt besser wegstecken, beziehungsweise während einer Lebensspanne „vergessen". Der Alltag wird erträglicher. Durch die Tatsache, dass sie unbewusst entstehen, ergibt sich jedoch ein erheblicher Nachteil: Die in der Vergangenheit erlebten Ereignisse sind der Erinnerung im Erwachsenenalter nicht mehr zugänglich. Bei Déjà-vus im Erwachsenenalter in Leistungssituationen, beim Aufbau von Partnerschaften oder in der Phase der Familiengründung *können diese Mechanismen unbewusst reaktiviert werden.*

Im dynamischen Gefüge der Familie mit ADHS-Betroffenen existieren vermehrt maladaptive, dysfunktionale Mechanismen, unter denen die gesamte Familie leidet.

Das nächste Fallbeispiel der Familie Forster illustriert eine derartige unbewusste Reaktivierung biografischer Ereignisse des Vaters von zwei Kindern, die zur Eskalation führt.

Fallbeispiel 2: Herr F.: Verdrängungsmechanismen bröckeln durch Konfrontation des Verhaltens seiner Kinder mit ADHS

Sonja Forster, eine intelligente, sehr emphatische Frau meldete sich bei mir in der Sprechstunde an. Der Grund, weshalb sie sich an mich wandte, waren ihre beiden Kinder Sophie (8 Jahre alt) und Lou (6 Jahre alt). Bei Sophie habe sie eigenartige Wesens- und Verhaltenszüge festgestellt wie träumen, zu spät kommen, häufige Rollenspiele, wenig Außenkontakt, kein Bedürfnis, sich zu verabreden. In der Schule komme nun die Problematik hinzu, dass sie unaufmerksam sei, ihre Unterlagen verlege etc. Nach einem Gespräch mit der Lehrerin fasste sie den Entschluss, Sophie abklären zu lassen. Das Ergebnis war positiv. Sophie ist ein Kind mit ADS. Durch die Ergotherapie und begleitende ADHS-Medikation machte Sophie große Fortschritte.

Lou war ein schwierigerer Kandidat. Bei ihm waren die Impulsivität und mangelnde emotionale Steuerung stark betroffen. Durch seine Mutter erhielt er sehr viel Unterstützung. Lou ist einer der wenigen „Non-Responder", d.h. Menschen, bei denen keines der ADHS-Medikamente anschlägt. Lous Symptomatik war stark ausgeprägt. Seine überschüssige Energie konnte er einzig beim Fußball abbauen.

Frau F. lernte viel durch die Psychoedukation. Im Laufe der folgenden Monate nahmen ihre Kräfte jedoch ab. Sie äußerte den Wunsch ebenso auf ADHS abgeklärt zu werden. Sophie spiegle oft ihr Verhalten als Kind wider. Die Abklärungsergebnisse ergaben, dass die Mutter ebenso von einer ADS betroffen war. Sie entschied sich für eine Therapie und den Einsatz von Medikamenten. Frau Forster befasste sich intensiv mit den Phänomenen der AD(H)S. Wir konnten die Frequenz der Gespräche nach einem Jahr reduzieren und die Mutter meldete sich bei Bedarf.

Vor Kurzem rief sie mich aufgelöst an. Ihr Mann hatte die Arbeit verloren, nun ging sie arbeiten unter der Bedingung, dass die Aufgabengebiete Haushalt und Betreuung der Kinder durch Herrn Forster abgedeckt würden. Ich erkundigte mich, weshalb ihr Mann seinen Job verloren habe. Sie war überzeugt, Dirk würde nicht die Wahrheit erzählen. Offiziell sei er wegen Umstrukturierungen entlassen worden. Letzte Woche sei sie einem gemeinsamen Kollegen und ehemaligen Mitarbeiter ihres Mannes begegnet. Er habe sie gefragt, ob es Dirk wieder besser gehe, ob er sich gefangen habe. Der Kollege habe erwähnt, dieser „Vorfall" habe für viel Aufregung in der Firma gesorgt und biete noch heute Gesprächsstoff. Er habe an ihrem Gesichtsausdruck ablesen können, dass sie von ihrem Mann nicht informiert worden war. Sie fragte nach und bat ihn, ihr die Wahrheit zu erzählen. Er sei in einen

Clinch gekommen und habe sie gebeten, ihren Mann selbst danach zu fragen. Als sie Dirk darauf angesprochen habe, sei er explodiert. Beide Kinder hätten sich durch das Geschrei ihres Vaters erschrocken. Dirk habe sich nicht mehr erholen können und dem Kollegen Rache geschworen. Es war offensichtlich, dass er etwas verheimlichte.
Frau F. weinte. Es brach aus ihr heraus. Sie erzählte mir, ihr Mann sei ein völliger Chaot. Wenn es nur um die Hausarbeit ginge, könnte sie das noch akzeptieren. Abends hätte sie noch Zeit, das Liegengebliebene aufzuarbeiten. Die Situation habe sich jedoch bereits zugespitzt. Obwohl Dirk stets beteuerte, seine Kinder zu lieben, was sie ihm auch glaube, mache er sich nicht die Mühe, die Stundenpläne der Kinder zu studieren und sich zu notieren, wann er Lou zum Fußball-Training und Sophie in die Klavierstunde bringen und jeweils auch wieder abholen sollte. Er habe die beiden nun schon vermehrt vergessen. Glücklicherweise seien Lou und Sophie von den Eltern anderer Kinder nach Hause gebracht worden. So könne es nicht weitergehen. Sie sei unruhig bei der Arbeit und bei ihren Kindern verspüre sie eine Verunsicherung, Dirk werde immer gereizter und habe gestern die Beherrschung verloren, als Lou seine „schwierigen 5 Minuten" gehabt habe. Sie hätte es nie für möglich gehalten, dass Dirk zu so etwas fähig sei. Er sei wie ein Albtraum gewesen. Der Vater habe den Sohn geohrfeigt. Lou sei völlig aus dem Gleichgewicht und wolle nur noch bei ihr sein. Ich bot dem Ehepaar für den nächsten Tag einen Notfalltermin an. Herr Foster erschien widerwillig, den Blick zu Boden gesenkt. Seine Schuldgefühle und das Misstrauen mir gegenüber waren offensichtlich. Erst versuchte Herr F. dem Gespräch auszuweichen und die Schuld auf seine Frau abzuwälzen. Er sei überfordert und gereizt, weil die Aufgaben zu seinen Lasten ungerecht verteilt worden seien. Sonja Forster reagierte geschickt auf diesen Angriff. Sie begann keinen Streit, sondern schwieg. Als er es nicht mehr aushielt, platzte es aus ihm heraus: „Ich liebe meine Kinder, kann aber nicht auf sie aufpassen. Jedes Mal, wenn sie Unsinn machen, werde ich an meine Kindheit erinnert, obwohl ich das nicht will. In solchen Momenten erscheint das Bild meines Vaters mit dem Ledergürtel in der Hand vor meinen Augen." Während dieses emotionalen Ausbruchs liefen ihm die Tränen hinunter und er verließ den Raum. Als er sich emotional stabilisiert hatte, kam er zurück. Ich versuchte, ihm zu erklären, was ich hinter seinem Affektausbruch vermutete und ihm auf diesem Weg zu vermitteln, dass niemand annehme, er habe mit Absicht gehandelt. Er öffnete sich und äußerte, er verstehe und sei mit einer Abklärung einverstanden. Die Diagnose war positiv. Herr F. erzählte, er habe sich bereits in der Kindheit „sonderbar" gefühlt. Er sei von seinem Vater oft geschlagen worden, ohne den Grund zu kennen. Daher sei er früh zu

Hause ausgezogen. Später, als die ersten Schwierigkeiten im Beruf aufgetreten seien, habe er seinen Hausarzt aufgesucht. Nach Aussage des Hausarztes sei er völlig gesund. Er bekam den Rat, mehr Sport zu treiben und sich weniger aufzuregen. Während einer gewissen Zeit habe dies funktioniert. Als er seine Frau kennen- und lieben gelernt habe, sei er unsicher gewesen und habe erneut sein Misstrauen und die emotionale Überreaktion bekämpfen müssen. Er habe sich niemandem mehr anvertrauen können, sei mit seinen Problemen und vielen Fragezeichen allein gewesen, mit der Überzeugung, niemand könne ihm helfen. Schließlich habe ihm der Hausarzt attestiert, gesund zu sein. Seine Schlussfolgerung: Er müsste in der Lage sein, seine Problematik zu lösen. „Ich kann auf keinen Fall zulassen, meine geliebte Familie weiterhin zu verletzen. Daher versuche ich es mit einer Therapie." Herr Forster arbeitete sein Trauma bei einem Psychotherapeuten auf. Gleichzeitig bewarb er sich bei diversen Arbeitgebern. In der Anfangszeit betreute die Großmutter Lou und Sophie tagsüber. Herr F. hat bereits viele Fortschritte gemacht und gelernt, wie er reagieren muss, wenn er überfordert ist.

Resümee Familie Forster:

Sonja Forster:

- Reagierte unverzüglich, als sie bei ihren Kindern Probleme registrierte.
- Nahm Hilfe in Anspruch und unterstützte ihre Kinder.
- Als sie an den Anschlag ihrer Kräfte kam, ließ sich selbst abklären.
- Für sie war ein Rollentausch selbstverständlich, als ihr Mann seinen Job verlor.
- Durch die Lüge ihres Mannes und die Ohrfeige, die er Lou gab, wurde ihr Vertrauen in ihren Mann erschüttert.
- Seit sie den Ursprung seiner Probleme kennt und sieht, dass die therapeutische Arbeit Früchte trägt, sieht sie optimistisch in die Zukunft.

Sophie und Lou:

- Wurden auf Wunsch von Frau Forster abgeklärt. Sophie und Lou haben beide eine Aufmerksamkeitsdefizitstörung. Während Sophie von der stillen Form – der ADS – betroffen ist, ist bei Lou die Hyperaktivität stark ausgeprägt. Die Bezeichnung seiner Aufmerksamkeitsdefizitstörung lautet ADHS. Der Unterschied besteht darin, dass Lou unruhig und gereizt ist, während Sophie eher in ihren Träumen versinkt.
- Sophie und Lou haben eine sehr verständnisvolle Mutter, die den Umgang mit der AD(H)S kennt. Dadurch verringert sich die Gefahr, Spätfolgen zu entwickeln.

Dirk Forster:

- Fühlte sich Zeit seines Lebens unwohl und gereizt.
- Hatte aufgrund von schmerzhaften Erfahrungen in seiner Kindheit Abwehrmechanismen entwickelt.
- Es plagten ihn Schamgefühle, weil seine Eltern ihm stets suggerierten, er sei unfähig, und der Vater ihn schlug, wenn er lauter wurde, emotionale Ausbrüche hatte etc.
- Er suchte sich Hilfe bei seinem Hausarzt, der sein Problem nicht erkannte.
- In der Firma bekam er Schwierigkeiten wegen seiner Gereiztheit, der kurzen Zündschnur und Fehlern, die ihm vermehrt unterliefen.
- Herr F. fühlte sich wieder in die Kinderzeit zurückversetzt und erzählte seiner Frau nichts von seinen Problemen.
- Er konnte nicht zu seiner Problematik stehen und log seine Frau an, aus Angst, sie zu verlieren.
- Nach der Diagnosestellung begab er sich in psychotherapeutische Behandlung und bearbeitete sein Trauma.

Anfänglich können sich die meisten Klienten *bei der Aufarbeitung von Traumata in der Therapie an keine oder höchstens vereinzelte, schmerzhafte Erfahrungen erinnern*. Ein Indiz dafür, wie weit entfernt vom Bewusstsein diese Inhalte durch die oben erwähnten, in der Kindheit erworbenen *Abwehrreaktionen* sind. Schwinden die Abwehrmechanismen wird transparent, wie vehement Menschen mit einer nicht rechtzeitig diagnostizierten ADHS bereits in der Kindheit unter ihren besonderen, meist mangelhaft ausgebildeten kognitiven Wahrnehmungs- und Verarbeitungsprozessen, ihrer auffälligen Verhaltensweise, v.a. der impulsiven Ausbrüche mit emotionaler Überreaktion, der mangelnden Steuerung, ihrer motorischen und inneren Unruhe und den Stimmungsschwankungen litten. Verstärkt wurde ihre Verzweiflung durch das Unverständnis des nahen sozialen Umfeldes und dessen ungerechtfertigten Vorwürfen, Rügen, Tadeln sowie Bezichtigungen.

Selbst in der heutigen Generation werden durch Überforderung, *Ohnmacht und Unverständnis* von Angehörigen vorwurfsvolle Botschaften ausgesprochen.

- „Was soll nur mal aus dir werden? Warum lernst du nicht, mein Junge? Du bist doch intelligent, aber leider auch zu faul."
- „Streng dich an und nimm dir ein Vorbild an deinem Bruder!"
- „Eben hat mich dein Lehrer angerufen. Mit deinen 14 Jahren hast du immer noch nicht begriffen, dass Gewalt keine Lösung ist. Du bekommst noch eine letzte Chance, sonst bist du für die Schule untragbar."

- „Manchmal verzweifle ich ... Es ist schönes Wetter; alle anderen Kinder sind draußen und du malst, obwohl ich dich gebeten habe, mit deinen Kameradinnen zu spielen."
- „Du bist eine Heulsuse, hör sofort auf damit!"
- „Ist es zu viel verlangt, wenigstens einmal in Ruhe abendessen zu können? Du störst den Familienfrieden mit deinen kindlichen Wutausbrüchen jeden Tag. So kann es nicht weitergehen. Wir überlegen uns, dich in einem Internat anzumelden. Dort lernst du Anstand."
- „Machst du das absichtlich? Immer wenn ich dich bitte, mich zu unterstützen, stellst du dich ungeschickt an. Ohne dich komme ich rascher voran."
- „Ich habe dich durchschaut. Bei den Hausaufgaben erzählst du stets, wie müde du bist. Du stehst alle 5 Minuten auf. Mit den Playmobils kannst du dich stundenlang beschäftigen."

Es wäre zu einfach, Eltern und weitere Bezugspersonen als Schuldige zu bezeichnen. Selbst wenn ein Kind diagnostiziert wurde, sind Eltern verständlicherweise in manchen Situationen überfordert, v.a. wenn kein Lerneffekt vorhanden ist. Kinder und Jugendliche mit einer ADHS können einem den letzten Nerv rauben. Sind die Eltern ebenso betroffen, verstärkt sich die ungünstige Familiendynamik. Der Geduldsfaden reißt, und die vorwurfsvollen Kommentare werden in dieser Form der Überforderung lautstark geäußert. Hypersensible ADHS-Kinder werden innerlich erheblich verletzt durch Abwertungen, unerfüllbare Anforderungen, Vergleiche mit den Geschwistern und Drohungen, selbst wenn sie es nach außen hin nicht zeigen.

Durch die Überbelastung im häuslichen Alltag wird Kindern und Jugendlichen nicht selten mit dem Internat gedroht. Erwachsene Patienten erzählen retrospektiv, wie sich eine solche Drohung auf ihr weiteres Leben auswirkte. Sie lebten stets in Angst bei unangepasstem Verhalten ihr Zuhause verlassen zu müssen. Im Schlaf durchlebten sie derartige Szenarien und wachten schweißgebadet auf. Die meisten entwickeln ein gestörtes Vertrauensverhältnis zu nahestehenden Personen. Ein ähnliches Resultat bewirkt der Ausschluss aus dem familiären System. Bekommen Menschen in der Familie keine Beachtung mehr, bedeutet dies die Höchststrafe.

Dazugehören, emotionale Unterstützung, Anerkennung und Akzeptanz innerhalb der Familie und der Peers zu bekommen ist das höchste Ziel vieler dieser Kinder. Sie wünschen sich nichts sehnlicher, als den Anforderungen zu genügen und nicht das sonderbare, nichtsnutzige Kind zu sein. Sie bemühen sich, den Eltern keine Sorgen zu bereiten und versuchen alles, um akzeptiert zu werden, nicht nur von den Eltern, sondern auch den Kollegen, von denen sie oft ausgeschlossen werden.

In der Praxis wird immer wieder dokumentiert, wie viele der unverstandenen Kinder und Jugendlichen sich regelrecht ihren Kopf zermartern, weshalb sie nicht einfach „normal" sein können. Ein bedenklicher Zustand, wenn sich ein Mensch mit ADHS als nicht normal betrachtet.

Ein 8-jähriger Junge äußerte seine Verzweiflung durch folgende Worte:

> „Weißt du, ich möchte nicht so aggressiv sein. Ich hasse meine Wutausbrüche. Das ist kein Leben ... Ich bin immer der Schuldige."

1.1.2 Frühzeitige Diagnose erleichtert das Leben

Wie erwähnt und im letzten Fallbeispiel veranschaulicht, erklärt eine *frühe Diagnose* Kindern, Jugendlichen und Erwachsenen sowie deren sozialer Umgebung ihre *Andersartigkeit* in diversen Bereichen der Wahrnehmung, Konzentrationsleistung, Verhaltensweisen und der emotionalen Befindlichkeit. Sofern Kinder und Jugendliche von zu Hause aus gut unterstützt werden, erfahren sie weniger schmerzhafte Erlebnisse. Selbst wenn Mitschüler oder Kameraden versuchen, sie zu mobben, finden sie Verständnis bei den Eltern und Lehrpersonen, die sich im Optimalfall für sie einsetzen. Traumatisierende Ereignisse können auf ein Minimum reduziert werden. Dementsprechend ist der unbewusste Prozess des Aufbaus von Schutzmechanismen nicht erforderlich bei frühzeitiger Diagnose.

Die ADHS ist eine der häufigsten Störungen im Bereich der Kinder- und Jugendpsychiatrie. Bei Erwachsenen persistieren die Symptome zu einem großen Teil. Eine absolute Prävalenzrate anzugeben ist unmöglich, da die Erhebung von vielen Faktoren abhängig ist, wie bspw. vom angewandten Diagnoseinstrument (Faraone, Sergeant, Gilberg & Biedermann, 2003). Wichtige Indikatoren sind ebenso Alter, Geschlecht und sozioökonomischer Status (Schlack, Hölling, Kurth & Huss, 2007). Untersuchungen zur Prävalenz Erwachsener sind rar. Fayyad et al. (2007) ermittelten in einer Studie aus verschiedenen Ländern eine durchschnittliche Prävalenzrate von 3,4 %. Die Autoren gehen in Deutschland von einer Prävalenz von 3,1 % Betroffener aus. Barkley, Murphy und Fischer (2008) rechnen mit einer Prävalenz von 4,4 %–5 % in den USA. Die offizielle Prävalenz in der Schweiz beträgt 4 % (vgl. Eich-Höchli & Eich, 2015; Estévez et al., 2014). Die Autoren gehen von einer hohen Dunkelziffer und Unterdiagnostizierung aus (vgl. Huggenberger, 2019).

Die Frage, weshalb beim heutigen Wissensstand dennoch viele Erwachsene nicht diagnostiziert werden, kann nicht monokausal begründet werden. Die

ADHS Diagnose ist besonders bei Erwachsenen komplex. Es findet eine Symptomverschiebung gegenüber dem Kindesalter statt. Für die Diagnosestellung braucht es Spezialisten mit viel Erfahrung. Sie wird noch viel zu selten korrekt gestellt und die ADHS bleibt deshalb gemäß der Forschung von Kaufmann (2011) in etwa *neun von zehn Fällen unerkannt*. Kaufmann bezeichnet die Patienten mit ADHS als *„vernachlässigte Risikogruppe" und weist auf die Unterversorgung in der Schweiz hin.*

Die Aufmerksamkeitsdefizitstörung wächst sich nur bei 15 % der kindlichen und jugendlichen Patienten im Erwachsenenalter vollständig aus (Vincent, 2010), während man früher davon ausging, dies sei die Regel. Bei den übrigen 85 % persistieren in etwa drei von vier Fällen objektive Beeinträchtigungen (Barkley & Fischer, 2017; Ramos-Quiroga, Corominas, Castells, Bosch & Casas, 2009; Dopheide & Pliszka, 2009). Im Erwachsenenalter verändert sich das Erscheinungsbild und andere Symptome wie Desorganisation, Affektlabilität, äußere sowie innere Unruhe, Impulsivität, verminderte Stresstoleranz und mangelnde Affektkontrolle rücken in den Vordergrund (Wender, Wolf & Wasserstein, 2001). Daraus resultieren Beeinträchtigungen auf psychischer, sozialer, forensischer, kognitiver, motorischer und emotionaler Ebene (Rothenberger, Banaschewski & Uebel, 2003). Die Symptomatik kann sich auf eine Vielzahl von Lebensfunktionen wie familiäre Beziehungen, Ausbildung und Berufsleben sowie die finanzielle Situation negativ auswirken (Brod, Pohlman, Lässer & Hodgkins, 2012).

Wender (1995) entwickelte explizit die Wender-Utah-Kriterien und leistete damit einen wichtigen Beitrag für die korrekte Diagnosestellung bei den Erwachsenen. Er schuf ein Instrumentarium, welches den Erscheinungsweisen der ADHS-Symptome Jugendlicher, Adoleszenter und Erwachsener gerecht wird.

Eich (2008) setzt Hoffnung für eine validere Diagnosestellung in die höhere Sensibilisierung und bessere Aufklärung der Phänomenologie der adulten ADHS.

Die Auswirkungen einer nicht behandelten ADHS können gravierend sein. Das mit *der ADHS verbundene Risikoverhalten drückt sich in diversen Lebensbereichen* aus: Bei ADHS-Betroffenen ist eine höhere Anzahl von Abtreibungen zu beobachten. Menschen mit ADHS betreiben häufig Extremsport und können als Raser im Verkehr und auf den Pisten identifiziert werden. Die Risikoeinschätzung gelingt oft nicht, sodass sie vermehrt schwere Unfälle verursachen.

Hauptsächlich verantwortlich für die gravierenden Folgen im Erwachsenenalter erachtet Trott (2007) ebenso eine erhöhte *psychische Traumatisierungsgefahr* bereits ab dem Kindesalter. Er konnte als Traumafolgen v. a. Dissoziations- und Angststörungen beobachten (vgl. Fallbeispiel 3). Die soziale Ablehnung durch Gleichaltrige kann gemäß Trott (2007) ebenso eine Traumatisierung hervorrufen.

Die Folgen sozialer Probleme sind vielfältiger Natur: Menschen mit ADHS sind nicht nur von *häufigeren Stellenverlusten und Arbeitslosigkeit* (Sobanski & Alm, 2004; Barkley & Fischer, 2017) sowie vermehrt finanziellen Problemen betroffen. Die Symptomatik äußert sich ebenso im Beziehungsverhalten. Ramos-Quiroga et al. (2009) stellen eine fast *verdoppelte Scheidungsrate* fest; Barkley (2009) beobachtet mehr Partnerschaftskrisen und damit verbunden eine verfehlte Emanzipation und häufigere Rückkehr ins Elternhaus.

Menschen mit einer adulten ADHS weisen ein 7-fach erhöhtes Risiko auf, an einer Komorbidität zu leiden. *80 % der Erwachsenen* sind bei Diagnosestellung bereits von mindestens einer *Komorbidität* betroffen (Schmidt, Waldmann, Petermann & Brähler, 2010). Dazu zählt die Tendenz, in jungen Jahren ein Suchtverhalten zu entwickeln. Bei Alkohol und Cannabis sowie substanzunabhängigen Süchten wie Online-Spielen und der Abhängigkeit von Handys und Computern besteht das größte Suchtpotenzial (Barkley & Fischer, 2017; Trott, 2007). Delinquenz tritt ebenso gehäuft auf (Barkley & Fischer, 2017). Erschreckend ist die 8-fach erhöhte Rate von Selbstmordversuchen ab 18 Jahren (Barkley et al., 2008).

Dissoziative Störungen werden als Oberbegriff für sehr unterschiedliche Krankheitsbilder verwendet. Im Zusammenhang mit der ADHS erlebe ich unter gewissen Umständen die „Dissoziative Amnesie“ und die „Dissoziative Fugue“ (vgl. Sonnenmoser, 2004).

Dissoziative Amnesie: Dabei handelt es sich um Erinnerungslücken an bestimmte Lebensereignisse oder Lebensphasen.

Dissoziative Fugue: Betroffene entfernen sich plötzlich und unerwartet aus der gewohnten Umgebung, können sich aber später nicht mehr daran erinnern.

Das nächste Fallbeispiel zeigt eindrücklich, wie ein solcher dissoziativer Zustand durch verdrängte Schuldgefühle in Kombination mit einem Loyalitätskonflikt entstehen kann, wenn die *Diagnostizierung der Aufmerksamkeitsdefizitstörung spät erfolgt.*

Fallbeispiel 3: Nadjas nicht diagnostizierte ADHS und deren Folgen – Schuldgefühle und Loyalitätskonflikte

Nadja wurde mit 15 Jahren von ihrer Mutter, Frau H., angemeldet wegen schulischer Schwierigkeiten, Verhaltensauffälligkeiten zu Hause und Verdacht auf Alkoholmissbrauch. Beim Erstgespräch setzte sich die Mutter, Frau H., in Szene. Sie legte viel Gewicht auf ihr Äußeres. Frau H. stammt aus Österreich und sprühte vor Temperament. Sie übernahm die Gesprächsführung. Im Vordergrund standen Vorwürfe gegenüber Nadja und ihrem Ehemann, mit dem sie in Trennung lebte. Es wurde während des Gesprächs ersichtlich, dass Frau H. emotional an ihren Noch-Ehemann, Norbert, gebunden war und innerlich die

Trennung nicht akzeptieren konnte. Sie wehrte sich jedoch gegen ihre Gefühle und stellte ihn als schlechten Vater und Ehemann hin. Ihre Aussage: „Zum Glück habe ich rechtzeitig erkannt, dass für ihn nur die Karriere und andere Frauen wichtig sind. Als Vater taugte er nie etwas, ließ mich mit der gesamten Verantwortung und den Kindern allein. Wir heirateten nach Abschluss meiner Lehre, ich war knapp 20 Jahre alt. Norbert und ich wollten junge Eltern sein. Wir sprachen stets von einer Fußballmannschaft." In einem ironischen Ton fügte sie an, es sei ein Wunder, dass sie zwei Kinder bekommen hätten. Norbert habe ihr vor der Hochzeit erzählt, dass sein Job ab und zu Auslandreisen bedinge. „Verschwiegen hat er mir allerdings, dass er fast das ganze Jahr im Ausland verbringt. Anfangs war es für mich interessant, er nahm mich mit auf Reisen. Nach 2 Jahren war ich reisemüde und wollte in der Schweiz ein Nest aufbauen mit Kindern. Norbert war skeptisch und wollte noch abwarten wegen seiner Karrierepläne. Wir einigten uns dann jedoch auf Nachwuchs." In den Augen von Frau H. entdeckte ich eine Träne. Es war ihr deutlich anzusehen, dass sie ihre Kinder liebte. „Lukas, unser Ältester, ging schon früh seinen eigenen Weg. Er klammerte sich jedoch an Norbert, wenn er zu Hause war. Die beiden verbrachten viel Zeit miteinander. Für Nadja und mich hatte es keinen Platz im Leben meines Ex-Mannes. Momentan absolviert Lukas ein Auslandsemester in Kanada. Nadja klärte ich bereits im Kindergarten auf, dass Väter die Jungs bevorzugen. Zum Glück war ich da und konnte seine Inkompetenz als Vater bei Nadja auffangen. Ich bin erleichtert, dass ich Nadja rechtzeitig reinen Wein eingeschenkt habe, was ihren Vater als Taugenichts betrifft." Nadja, die bisher in sich gesunken dagesessen hatte, traute sich nicht, den Augenkontakt herzustellen. Als ihre Mutter das Wort „Taugenichts" in den Mund genommen hatte, blickte sie kurz auf.

Daraufhin sprach ich den Loyalitätskonflikt an, den Nadja durchgelebt haben musste. Die Mutter verteidigte sich: „Ich habe richtig gehandelt und Nadja vor ihrem Vater beschützt. Dabei habe ich die Rolle als Mutter und Vater gleichzeitig wahrgenommen. Wir wurden zu einem richtigen Team und Nadja ist noch heute meine beste Freundin. Wir können über alles diskutieren." Erneut trafen sich die Blicke von Nadja und mir. Frau H. wechselte das Thema und kam auf die Problematik mit ihrer Tochter zurück: Nadja sei faul, schwänze die Schule, werde nichts erreichen, verschwinde oft nachmittags von zu Hause und sei nicht mehr auffindbar. Außerdem konsumiere sie Alkohol. Sie sei gezwungen wegen Nadja mit ihrem Ex-Mann zusammenarbeiten, weil sie der Last nicht mehr gewachsen sei. Das sei das Letzte, was sie wolle. Nadja sprach sie ins Gewissen: „Das habe ich nicht verdient; durch deine Verweigerungen belastest du auch unsere Freundschaft. Verstehst du das denn nicht?" Mit ihrer Aussage vermischte sie zwei Thematiken: die schulischen Schwierigkeiten und ihren Wunsch nach mehr Nähe zu ihrer Tochter (Mutter-Tochter-Verhältnis). Durch ihre Aussage manipulierte sie ihre Tochter emotional: „Wenn du mich auch liebst, dann gehst du auf meine Forderungen ein." Mir gegenüber drückte sie ihre Erwartungen ebenso deutlich aus: „Ich hoffe, Sie können zügig feststellen, was Nadja fehlt, und sie auf die richtige Spur bringen!"

In ruhigem Ton machte ich der Mutter klar, dass eine Therapie ihre Zeit beansprucht. Von Nadja wollte ich wissen, wie sie die Situation einschätze. Nadja war eingeschüchtert und konnte sich in der ersten Stunde nicht öffnen. Es brauchte einige Konsultationen, bis Nadja überhaupt mit mir sprechen konnte. Sie war ein sehr sympathisches Mädchen, welches von der Mutter dominiert und kontrolliert wurde. Ihre gekrümmte Körperhaltung drückte diese Last symbolisch aus.

Inzwischen rief mich Frau H. häufig an oder schrieb mir Mails. Sie beklagte sich, Nadja habe die Schule geschwänzt oder sei abends nicht rechtzeitig nach Hause gekommen. Stets wurde der Alkohol thematisiert.

Als Erstes ging ich mit Nadja die schulischen Schwierigkeiten an. Nadja hatte offensichtlich Versagensangst in Bezug auf die Schule. Sie erzählte mir, sie sei oft müde, höre morgens den Wecker nicht klingeln und verschlafe. Als ich mich nach dem Grund erkundigte, antwortete sie ein wenig verlegen: „Meine Mutter diskutiert gerne mit mir, manchmal gehen wir noch aus. Ich bekomme zu wenig Schlaf. Mittlerweile bin ich schon so oft zu spät in die Schule gekommen, dass es mir peinlich ist. Höre ich den Wecker nicht, mache ich mich nicht mehr auf den Weg in die Schule. Meine Mutter ist jeweils bereits bei der Arbeit." Dies war der richtige Zeitpunkt, um herauszufinden, wie Nadja zu ihrem Vater stand. Daher erkundigte ich mich, ob ihr Vater sie nicht unterstützen könne in einer derartigen Situation. Nadja zuckte mit den Schultern und meinte, das wäre schon möglich, sie wisse es nicht. Emotional zeigte sie keine Regung. Dadurch bekam ich die Bestätigung, dass ihre Mutter ganze Arbeit geleistet hatte und das Vater-Tochter-Verhältnis gestört war. Ich äußerte Nadja gegenüber, dass ich gerne mit ihrer Klassenlehrerin sprechen würde. Nadja war einverstanden. Nadjas Klassenlehrerin mochte ihre Schülerin, zeigte großes Verständnis, sprach aber auch von gröberen Problemen, die Nadja mittlerweile hatte. Nadja gebe die Aufträge zu spät oder gar nicht ab, habe viele unentschuldigte Absenzen und arbeite sehr langsam im Unterricht. Leider habe sie auch keinen sozialen Anschluss in der Klasse. Manchmal glaube sie, Nadja lebe in einer anderen Welt. Sie betonte jedoch

auch, dass Nadja über ein sehr hohes Potenzial verfüge und sie, wie auch das Lehrerkollegium, ihr wirklich eine Chance geben wollten.
Gewisse Verhaltensweisen deuteten auf eine ADS hin, wenn auch Nadja zumindest nicht auf den ersten Blick die typischen ADS-Kennzeichen aufzeigte. Nach dem Gespräch mit der Klassenlehrerin und meinen bisherigen Beobachtungen erhärtete sich mein Verdacht, Nadja könnte unter einer ADS leiden.
Die Mutter war froh, dass ich endlich eine Spur hatte, und ich klärte Nadja ab. Das Ergebnis war positiv. Frau H. war nur an den Medikamenten interessiert und dachte, damit sei die Angelegenheit gelöst. Sie konnte sich den Kommentar nicht verkneifen, von ihr habe sie diese Störung nicht. Es sei typisch, dass ihr Ex-Mann Nadja schlechte Gene weitergegeben habe. Zum Glück konnte Nadja ihre Aussage nicht hören; wir hatten einen telefonischen Termin. Ich konnte mit ihr Klartext sprechen. Obwohl wir begleitend eine Medikation einsetzen, verbesserte sich die schulische Situation von Nadja nicht in angemessenem Ausmaß. Sie konnte sich besser konzentrieren und gab die Aufträge meist zeitgerecht ab. Nadjas Fehlstunden nahmen jedoch zu. Mittlerweile mied sie die Schule. Sie selbst war verzweifelt, weil sie von sich verlangte, die von ihr erwarteten Anforderungen zu erfüllen. Mir war bewusst, dass sie unter einem enormen Druck stand, den die Mutter seit der Oberstufe aufbaute. Nadja konnte dieser Belastung nicht mehr standhalten und entwickelte einen Fluchtmechanismus. Sie wartete ab, bis ihre Mutter zur Arbeit ging, und verließ dann selbst das Haus. Erstes Ziel war stets ein Studentencafé, in dem sie lange Zeit verbrachte. Ansprechbar war sie für niemanden. Sie versank in ihren Büchern. Nach einer Weile zog sie weiter. Sie war jeweils in einer Art Trancezustand, wenn sie in der Lektüre versank. Nadja entwickelte durch diesen Trancezustand unbewusst einen Schutzmechanismus. Sie musste sich nicht mit der Realität auseinandersetzen, konnte die Schule und die Erwartungen der Mutter während einer gewissen Zeit ausblenden. Ich machte mir Sorgen um Nadjas Zustand. Sie brauchte dringend Entlastung. Daher schlug ich eine Repetition der Klasse vor. Frau H. stellte sich quer. Es war sehr schwierig an Nadja heranzukommen in der Therapie. Sie brach öfters in Tränen aus und meinte, sie würde nur allen Problemen bereiten... Durch diese Aussage wurde ersichtlich, wie stark sie unter Schuldgefühlen litt. Meine Sorge um Nadjas Wohlbefinden stieg und ich rief die Mutter deswegen an. Ich wollte sie ermutigen, sich den Schritt mit der Repetition nochmals zu überlegen, gerade vor dem schwierigen Hintergrund ihrer Tochter. Frau H. zeigte keinerlei Kompromissbereitschaft, argumentierte, solange Nadja sich nicht an die Regeln halte, nicht lerne und immer

wieder verschwinde, wäre wohl der Druck von ihrer Tochter nicht derart groß.

Ich erinnere mich noch genau an jenen Frühsommertag, als mich die Mutter ab 21.00 h mit Telefonaten bombardierte, weil Nadja noch nicht zu Hause war. Um 22.00 h riet ich ihr, den Vater ebenso zu informieren und ihn zu bitten, sie bei der Suche nach Nadja zu unterstützen. Widerwillig gab sie nach. Sie war völlig hilflos und hatte mindestens 20 Personen beauftragt, ihr bei der Suche nach Nadja zu helfen. Um Mitternacht wurde die Polizei eingeschaltet. Eine Stunde später die erlösende Nachricht: Der Vater hatte die Tochter auf einer Parkbank vor ihrem Stammlokal, dem „Studentencafé" gefunden. Als sie ihn gesehen habe, sei sie ihm in die Arme gefallen und habe geweint. Sie war derart erschöpft, dass sie nicht wusste, wie sie dorthin gekommen war und was sich an diesem Tag ereignet hatte ... Nachdem Nadja im Bett war, beschuldigte mich Frau H., eine falsche Diagnose gestellt und damit ihre Tochter in Gefahr gebracht zu haben. Die Situation war ernst, jedoch im Zusammenhang mit dem Verdrängungsmechanismus aufgrund des Loyalitätskonfliktes, welchen die Mutter ausgelöst hatte, zu betrachten und beurteilen.

Ich erklärte den besorgten Eltern, dass Nadja einen sogenannten „dissoziativen Zustand" erlitten habe. Dabei handelt es sich nicht um eine dissoziative Störung, sondern um eine vorübergehende Amnesie. Ein solcher vorübergehender Gedächtnisverlust tritt meist in Zusammenhang mit einem traumatischen Ereignis auf und dauert in der Regel nur kurz. Damit verbunden sind völlige Erschöpfung und Entkräftung; Symptome, die bei Naja aufgetreten waren.

Fest stand, Nadja musste etwas erlebt haben, das ihr buchstäblich den Boden unter den Füßen weggezogen hatte. Ich fragte nach, was vorgefallen sei. Die Mutter ging erst in Abwehrhaltung, rückte dann mit der Wahrheit heraus. Sie sei derart wütend gewesen auf Nadja, weil sie in der Schule versagt habe. Da habe sie gedroht, Nadja müsse zum Vater ziehen, sie halte dies nicht mehr aus. Herr H. war völlig verblüfft. Bisher unternahm die Mutter alles, um Nadja an sich zu binden, arbeitete gegen den Vater und nun diese Wendung. So konnte es nicht weitergehen, und wir verabredeten uns für den nächsten Tag.

Ich war sehr froh, dass es Nadja am nächsten Tag wieder besser ging. Sie vermied, an die von der Mutter ausgesprochen Drohung erinnert zu werden. Dennoch war sie erleichtert über unser Übereinkommen, dass wir eine Veränderung vornehmen mussten.

Beim schulischen Teil zeichnete sich die einfachste Lösung ab. Frau H. trat die Verantwortung an den Kindesvater ab. Er war einverstanden unter der

Bedingung, dass sie sich nicht einmischte. Nadja schien erleichtert zu sein. An ihrer Reaktion wurde ersichtlich, dass all die Hetzereien der Mutter die Bindung zum Vater sicherlich beeinträchtigen, jedoch nicht zerstören konnten. Ich sprach die Wohnsituation an. Frau H. meinte, die bleibe, wie sie sei. Gestern habe sie einen schlechten Tag gehabt; Nadja gehöre zu ihr. Zum ersten Mal ergriff der Vater vehement das Wort: „Das kann ich nicht befürworten. Wir dürfen unser Kind nicht mehr in eine derartige Situation bringen. Ich glaube dir, dass du Nadja liebst; du bist als Mutter nachts sehr wenig zu Hause, greifst unsere Tochter an, wenn sie in deinen Augen einen Fehler gemacht hat, und gehst rasch an die Decke." Ich wandte mich an Nadja. Sie schien gleichzeitig erleichtert, aber auch unsicher zu sein. Nadja überraschte mich hinsichtlich ihrer reifen Aussage bezüglich der Wohnsituation. „Ich möchte niemals wieder erleben müssen, was gestern geschehen ist. Das ist furchteinflößend. Du weißt, Mami, dass ich dich liebe, es ist wahr, dass ich oft allein bin mit Lukas und du die meisten Nächte bei deinem Freund verbringst. Ich habe mir auch Gedanken gemacht. Wenn du weg bist, meldest du dich selten. Sobald du aber wieder zu Hause bist, gehst du davon aus, dass ich für dich da bin als Freundin. Mir wurde vieles klar heute Morgen. Am Anfang in der Therapie hast du gesagt, dass wir ‚beste Freundinnen' seien. Du enttäuschst mich jedoch auch oft, wenn ich mich aussprechen möchte und du nicht erreichbar bist." Bei Nadja kullerten die Tränen die Wangen herunter. Nach einer Weile fuhr sie fort „... und außerdem kann ich es nicht ertragen, wenn du stets Papi fertig machst."

Nadja konnte mit dieser Aussage Ängste und Blockaden in sich lösen. Der größte Teil ihrer Not wurde ihr erst jetzt – nach diesem schlimmen Erlebnis – bewusst. Sie konnte die verdrängten Anteile auflösen. Die wichtigste Voraussetzung, um an ihren Problemen arbeiten zu können.

Die Augen ihres Vaters blitzten auf; er wirkte sehr erleichtert. Nur Frau H. schien die Welt nicht mehr zu verstehen. Sie versuchte Nadja erneut zu manipulieren. Die Tochter ging nicht darauf ein.

Die Suche nach einer Unterkunft, in die Nadja heute noch einziehen konnte, gestaltete sich schwieriger. Fest stand für Nadja, dass sie noch heute ausziehen wollte bei der Mutter. Sie hätte bei ihrem Vater wohnen können, war jedoch unsicher. Verständlicherweise, denn sie hatte viel verpasst und kannte ihren Vater nicht richtig. Nadja wandte sich schüchtern an ihren Vater: „Meinst du, ich könnte bei deinem Bruder wohnen?" Zu ihm hatte sie stets ein neutrales, lockeres Verhältnis und er kümmerte sich auch stets um Nadja. Herr H. begrüßte die Idee seiner Tochter und rief seinen Bruder an. Frau H. versuchte immer noch, Nadja zu bearbeiten. Nadja wandte sich an ihre

Mutter: „Nein, Mama, ich kann nicht mehr, es ist zu spät für uns." Sie schluchzte bei diesen Worten. Zum ersten Mal wurde auch die Mutter nachdenklich. Der Vater überbrachte eine gute Nachricht. Sein kinderloser Bruder und seine Frau würden sich sehr freuen über den Einzug von Nadja. Positiv war die Gegebenheit, dass sein Bruder nicht weit von ihm entfernt wohnte.

Der Vater übernahm die Verantwortung für die schulischen Bereiche ohne Vetorecht der Mutter. Am Ende fragte die Mutter, die zusehends unruhiger wurde, wie es mit Besuchen von Seiten Nadjas stünde. Das konnte nur Nadja entscheiden. Sie hatte die Kraft, ihre Gefühle auszudrücken. „Im Moment möchte ich Abstand von allem hier gewinnen, um einen Neustart wagen zu können." Die Mutter schluckte leer.

Von nun an trafen sich Vater und Tochter zweimal wöchentlich, um zu lernen, und wenn sie Prüfungen hatte, begleitete sie der Vater zur Schule. Er machte ihr nie einen Vorwurf, wenn sie eine schlechte Klausur schrieb, die Schule schwänzte etc. In solchen Situationen versuchte er stets eine konstruktive Lösung zu finden und sprach auch mit den Lehrpersonen. Auf diese Weise schaffte Nadja den Abschluss der höheren Schule.

Frau H. ließ nicht locker. Sie vermisste die Stunden mit Nadja und konnte deren Entschluss nicht akzeptieren. Wir bearbeiteten diesen Mutterkonflikt in der Therapie. Die Abgrenzung zur Mutter überstieg Nadjas Kräfte. In der Therapie verfasste sie eine Mail an ihre Mutter, in der sie ihr erklärte, dass sie eine Neuorientierung brauche. Gleichzeitig forderte sie ihre Mutter auf, ihr diesen Freiraum zu gewähren. Nadja betonte, dass sie sich zu einem späteren Zeitpunkt, wenn es ihr besser ginge, wieder bei ihr melden würde. Frau H. gab nicht auf. Für Nadja gab es nur eine Lösung: Sie musste lernen, die Nachrichten der Mutter nicht mehr zu beantworten. Ansonsten war ihr Energieverlust zu groß. Nadja äußerte sich dahingehend, dass sie vorläufig den Kontakt zur Mutter abbrechen wollte. Sie käme durch diese ständigen Nachrichten und Vorwürfe nicht zur Ruhe. Es fiel Nadja anfangs schwer, ihren Wunsch umzusetzen. Allmählich gewöhnte sie sich daran. Mir gegenüber äußerte sie: „Ich erkenne ein Muster in Mamas Schreiben. Sie stellt sich stets als Opfer hin und ignoriert meine Bedürfnisse. Als ich noch zu Hause wohnte, war die Situation ähnlich. Wenn Mama zu Hause war, forderte sie meine Aufmerksamkeit, selbst wenn ich keine Zeit oder Lust hatte. Hatte ich ein Problem, war sie meist bei ihrem Freund und fertigte mich am Telefon schnell ab. Diese einseitige Beziehung möchte ich nicht weiterführen." Nadja hatte große Fortschritte gemacht, seitdem sie nicht mehr im Einflussbereich der Mutter stand. Zwei Jahre später wurde Nadja nochmals bitter enttäuscht von ihrer Mutter. Sie schrieb ihr einen Brief, mit dem Wunsch, sie zu treffen. In ihrem Schreiben hielt sie fest, dass sie nun ihren Platz gefunden habe. Frau H. lehnte diesen Vorschlag ab. Eine schmerzhafte Erfahrung für Nadja. In der Therapie stellt sie sich oft die Frage: „Was für eine Mutter habe ich?“ Sie kam zum Ergebnis, dass sie keine Mutter im eigentlichen Sinn habe.

Es gibt jedoch auch viele erfreuliche Veränderungen, die Nadja erleben durfte: Ein paar Monate nach dem Auszug bei der Mutter fragte sie ihren Vater, ob sie bei ihm wohnen dürfe. Das war ein wichtiger Schritt. Die beiden verbringen viel Freizeit miteinander und finden Antworten in ihren Gesprächen. Die emotionale Verbindung zwischen Vater und Tochter wird dadurch gestärkt.

Nadja studiert heute an der Universität. Sie benötigt nach wie vor die Unterstützung ihres Vaters, was Organisation und Zeitmanagement betrifft. Teilweise hat sie noch mit Schuldgefühlen zu kämpfen, weil sie ihren Vater oft beansprucht. Sie weiß jedoch heute, woher diese Gefühle stammen, und kann sie in Trigger-Situationen relativ schnell wieder auflösen. Mittlerweile gelingt es ihr auch, mit dem Vater darüber zu sprechen. Mit der Mutter hat sie nach wie vor keinen Kontakt.

Resümee Familie H.:

Herr und Frau H.:

- Nach Phase des Verliebtseins unmittelbar Hochzeit, ohne die genauen Bedürfnisse des Partners zu kennen.
- Die Zukunftsvorstellungen des Paares waren zeitlich nicht deckungsgleich. Während Frau H. sich Kinder wünschte, war es Herrn H. ein Bedürfnis, erst noch seine berufliche Position zu stärken.
- Die beiden entschieden sich für Kinder. Herr H. musste nach wie vor oft verreisen. Frau H. wünschte sich, ihr Ehemann wäre mehr zu Hause.
- Eheschwierigkeiten traten bereits auf, als Nadja noch ein Kleinkind war. Frau H. sah in ihrer Tochter bereits damals eine emotionale Stütze und stellte den Vater als Versager hin. Dadurch brachte sie ihre Tochter in einen Loyalitätskonflikt.

Herr H.:

- Herr H. arbeitete sehr viel, nahm sich jedoch stets Zeit für die Familie.
- Frau H. warf ihm vor, er würde zu viel reisen und sei mit der Arbeit verheiratet. Gleichzeitig verbrauchte Frau H. sehr viel Geld für Luxusartikel, die für sie zur Selbstverständlichkeit geworden waren. Herr H. versuchte den Konsum seiner Frau einzuschränken, was damals nicht gelang.

- Herr H. war ein sehr gradliniger Mensch, der seine Familie liebte. Wenn er Zeit hatte, etwas mit den Kindern zu unternehmen, beanspruchte Frau H. Nadja für sich.
- Obwohl er gerne beide Kinder bei Ausflügen an seiner Seite gehabt hätte, wollte er Nadja nicht unter Druck setzen. Damals realisierte er die Manipulation seiner Frau nicht und konnte sich ihr gegenüber auch noch nicht durchsetzen.
- Da er zu seinem Sohn ein gutes Verhältnis hatte und ihn regelmäßig traf, dachte er zu wenig über die Ablehnung seiner Tochter nach.
- Er war bereits gewohnt, dass Nadja nie etwas mit ihm unternahm. Es war ihm zu wenig bewusst, dass er den Kontakt zu Nadja verlor, als er nicht mehr zu Hause wohnte.
- Die Eifersuchtsthematik vonseiten seiner Frau wurde belastend. Sie warf ihm vor, er habe eine Geliebte, wenn er auf Reisen war. Er konnte es seiner Frau noch so oft beteuern, dass sie die einzige Frau in seinem Leben war, sie glaubte ihm nicht.
- Seine Frau wurde stets unzufriedener und fühlte sich unausgefüllt, je älter die Kinder wurden. Er schlug ihr vor, wieder Teilzeit zu arbeiten. Aber auch diesen Vorschlag lehnte sie ab.
- Herr H. war ein ruhiger Mensch und harmoniebedürftig, während seine Frau die Auseinandersetzung suchte.
- Nach einem Firmenanlass mit Tanzabend entdeckte Frau H. Lippenstift an seinem Hemd und ließ sich nicht von der Idee abbringen, dass ihr Mann fremdging.
- Die Vertrauensbasis in dieser Ehe, war endgültig zerbrochen.
- Herr H. wollte aus Rücksicht auf die Kinder nicht ausziehen, sondern eine Freundschaft mit Frau H. pflegen. Sie war einverstanden.
- Die Situation spitzte sich immer stärker zu, sodass es zu heftigen Streitigkeiten kam und Herr H. sich wegen gesundheitlichen Problemen in Behandlung begeben musste.
- Daraufhin zog er aus.

Frau H.:

- Ihr waren Geld, Prestige wichtig.
- Sie wollte jung eine Familie gründen, unterschätzte jedoch die damit verbundene Verantwortung.
- Obwohl sie sich selbstsicher gab, fehlte es ihr an Selbstvertrauen.
- Nachdem sie überzeugt war, dass Herr H. sie betrogen hatte, war sie in ihrer Haltung gespalten: Sie verabscheute ihren Mann aus tiefstem Herzen, wollte

sich jedoch wegen der finanziellen Sicherheit nicht trennen, u. a. um ihre Bedürfnisse abzudecken.
- Ab diesem Zeitpunkt legte sie es darauf an, ihren Mann zu verletzen.
- Sie hatte keine Freundinnen und missbrauchte ihre Tochter emotional (unbewusster Vorgang), indem sie von Nadja absolute Treue ihr gegenüber verlangte, während mehrerer Jahre.
- Ich bin der Meinung, Frau H. war sich nicht bewusst, was sie bei ihrer Tochter bewirkte.
- Als es Herr H. nicht mehr aushielt zu Hause und auszog, war sie nicht in der Lage, ihre negativen Emotionen für sich zu verarbeiten, sondern teilte ihre Wut und Enttäuschung Nadja mit.
- Damit sie neue Menschen kennenlernte, begann sie wieder zu einem kleinen Prozentsatz zu arbeiten.
- Als Herr H. es für einen angemessenen Zeitpunkt befand, dass seine Frau ihr Arbeitspensum erhöhte, kam es erneut zu einem Streit.
- Nachdem sie von ihrem Mann verlassen wurde, war es für ihr Ego das Wichtigste, gutverdienende Männer in einer gehobenen Position an ihrer Seite zu haben.
- Kämpfte Nadja mit schulischen Schwierigkeiten, schob sie alle Schuld auf die Tochter, machte ihr Druck, ohne sie zu unterstützen. Sie demütigte sie derart massiv, dass Nadja mit der Zeit immer öfter die Schule schwänzte und den Tag in ihrem Studentencafé verbrachte.
- Hatte sie Probleme mit einem Freund, musste Nadja als Beraterin zur Stelle sein. Ansonsten kümmerte sie sich wenig um ihre Kinder und übernachtete oft bei ihren Freunden.
- Als die Tochter aufgrund der psychischen Probleme nicht mehr bei ihr wohnen konnte und wollte, respektierte sie den Wunsch ihrer Tochter nach Abstand nicht und wollte Nadja als „beste Freundin" gegen deren Willen festhalten.
- Nadja benötigte eine Neuorientierung und bat die Mutter um diesen Freiraum. Als Nadja den nötigen Abstand hatte und den Kontakt zur Mutter wieder suchte, wandte sich diese von ihr ab.
- Bei Frau H. war die ADHS nicht festgestellt worden. Ich bin überzeugt, dass sie unter einer starken Form leidet, dies jedoch nie zugeben würde.

Nadja:
- Sie kam in einem frühen Alter in die Dynamik der unbewussten Schuldgefühle.
- Durch den Druck der Mutter und deren emotionale Erpressung blieb ihr nichts anders übrig, als loyal gegenüber der Mutter zu sein. Dies bedeutete

gleichzeitig, dass sie eine Illoyalität zu ihrem Vater einging. Sie nahm unbewusst an, sich dadurch schuldig zu machen.

- Die unbewussten Schuldgefühle gegenüber dem Vater verstärkten sich, weil sie realisierte, dass er nichts falsch machte und sie es beiden Elternteilen recht machen wollte.
- Der Druck der Mutter wurde in dieser Hinsicht stets stärker, sodass ihr nichts anderes übrigblieb, als die Gefühle für ihren Vater auszublenden, damit sie gefühlsmäßig nicht ständig hin- und hergerissen wurde. Dabei erlitt sie ein Trauma. All diese Prozesse gingen unbewusst vonstatten.
- Nadja erlitt Verlustängste.
- Bei ihr wurde die ADS spät erkannt. Sobald es Schwierigkeiten in der Schule gab, schob die Mutter die Schuld auf ihre Tochter und machte ihr große Vorwürfe. Nadja nahm mit der Zeit an, sie sei dumm.
- Glücklicherweise hatte die Mutter eine geringe Frustrationstoleranz und holte den Vater mit ins Boot.
- Nadja litt so sehr, dass es zu einem dissoziativen Zustand kam und zu ihrem Wohle eine grundlegende Veränderung vorgenommen werden musste.
- Sachte konnten sich Tochter und Vater einander annähern. Wie sich zeigte, fehlten Nadja einige Jahre der Erinnerung.
- Durch den Einfluss des Vaters, seine Unterstützung und das Zusammenleben mit ihm wurde Nadja stärker. Sie kam ihrem Vater emotional näher.
- Manchmal holen sie die Schuld- und Schamgefühle wieder ein.
- Durch die Therapie hat sie jedoch gelernt, dass diese neurotischer Art sind und sie das verdrängte Trauma aufarbeiten kann.

Es ist eindrücklich, wie stark und andauernd der Verdrängungsmechanismus bei Nadja anhielt. Sie kämpfte wortwörtlich bis zum Umfallen. Nadja ist eine starke Person. Sie wurde durch Schuld- und Schamgefühle, Verlustängste und Loyalitätskonflikte in der Familie belastet.

Ihr angsteinflößendes „Schlüsselerlebnis“ ermöglichte ihr, sich von alten Mustern zu trennen. In der Therapie konnte sie die Traumata aufarbeiten und ist sich bewusst, dass sie keine Schuldgefühle zu haben braucht und geliebt wird, so wie sie ist. Nadja kann immer stärker ihre Bedürfnisse äußern und über ihr Leben selbst bestimmen.

Nadja hatte Glück im Unglück: Bei ihr bildeten sich wegen der starken Belastung in der Pubertät Krankheitszeichen. Hätte Nadja die Möglichkeit einer Abklärung und Diagnosestellung im Schulalter gehabt, wäre ihr und der Familie viel Leid erspart geblieben. Ihr Selbstwertgefühl hätte weniger ausgeprägt unter *Versagens- und Verlustängsten* gelitten, hervorgerufen durch die ständigen Vorhaltungen der Mutter, ihren Ansprüchen nicht zu genügen. In ihrer Klasse hätte sie selbstsicherer und autonomer auftreten können und sozialen Anschluss gefunden. Die massive Entwicklung von Schuld- und Schamgefühlen sowie die Abhängigkeit von der Mutter hätten vermieden werden können.

Viele Menschen, bei denen die ADHS spät diagnostiziert wird, unterschätzen die Leidenszeit und die damit verbundenen Schuldgefühle. Es treten immer wieder Situationen im Leben auf, die sie an frühere subjektiv empfundene Versagens- bzw. Verlustängste erinnern. Erkläre ich ihnen, dass sie während der Schulzeit in ähnlichen Kontexten von Lehrern oder Eltern gerügt worden sind, findet erst eine Verharmlosung statt. Sie trösten sich mit dem Argument, nicht geschlagen worden zu sein. Setzen sich Betroffene mit dem psychischen Druck in ihrer Kindheit und Jugendzeit auseinander, werden sie sich des Ausmaßes bewusst. Es handelt sich nicht um eine Wertung des Verhaltens der Eltern oder Bezugspersonen, sofern sie ihre Kinder nicht absichtlich demütigten.

Fallbeispiel 4: Dorothea W.: Die Studentin erkennt ihre Triggerpunkte aus der Kindheit und kann ihre Blockade auflösen

Vor kurzer Zeit sprach ich mit einer Studentin, Dorothea W., die eine akute Prüfungsangst vor mündlichen Prüfungen entwickelte. Es gab objektiv keinen Grund für ihre Versagensängste. Sie ist sehr intelligent und bereitete sich seriös vor. Wir versuchten der Angst auf den Grund zu gehen. Frau W. meinte, in der mündlichen Prüfung könne sie sich blamieren und die Prüfer hätten ein „Bild" von der Person, nämlich von ihr. Sie habe großen Respekt, nein sogar Angst vor den Experten. Nach einigen Konsultationen konnte sie die Verbindung zu ihrer Kindheit herstellen. Als Kind habe sie sehr gerne Klavier gespielt, für sich allein. Sie habe wahrscheinlich auch Talent gehabt. Ihre Mutter sei auf die Idee gekommen, für Freunde und Nachbarn Konzertabende zu veranstalten.

„Ich wollte das nie und habe mich gesträubt. Meine Mutter hat sich jedoch wie immer durchgesetzt. Sie setzte mich unter Druck, indem sie mir klar machte, dass ich bei fehlerhaftem Vorspielen nicht nur mich, sondern die ganze Familie blamieren würde. Von da an war ich blockiert. Ich habe geübt, geübt und nochmals geübt ... während der Konzerte war ich blockiert und machte Fehler. Nach jedem Auftritt hat mir meine Mutter verdeutlicht, wie enttäuscht sie von mir war. Etwas Schlimmeres hätte ich ihr nicht antun können."

Die junge Studentin konnte den Zusammenhang zu den Erlebnissen rasch herstellen. Sie sei stets traurig gewesen, habe Angst vor der Mutter gehabt

und sich schuldig gefühlt. „Sie hat so lange auf mich eingeredet, bis ich selbst glaubte, ich sei zu ungeschickt, um Klavier spielen zu können."
Nun bei der ersten mündlichen Prüfung musste sie sich einer ähnlichen Konfrontation stellen. Den Unterschied zwischen den beiden Herausforderungen konnte Dorothea W. selbst feststellen. Sie war kein Kind mehr, wusste von ihrer ADHS-Diagnose, war vorbereitet und das Gegenüber wohlwollend eingestellt.
Derartige Stolpersteine trifft man stets wieder im Leben an. Wichtig ist, die Triggerpunkte zu identifizieren. Je besser dies gelingt, umso rascher können neurotische, ungerechtfertigte negative Gefühle aufgelöst werden.

Liebe Leser, Sie erkennen die Gründe für die Indikation einer differenzierten Abklärung der ADHS bei Kindern, Jugendlichen und Erwachsenen bei entstehenden Alltagsschwierigkeiten:

- Verbesserung der Lebensqualität
- Berufliche Ziele können dem Potenzial entsprechend erreicht werden
- Soziale Integration sowie Aufrechterhaltung von sozialen Systemen mit ADHS-Betroffenen
- Prävention und Behandlung von sekundären Erscheinungen beim Einzelnen
- Vermeiden der Bildung von Traumata und Abwehrmechanismen bei Betroffenen

Nehmen Patienten unsere Hilfe an, haben sie ein Anrecht auf eine fundierte, sorgfältige und fachgerechte Abklärung und Behandlung.

Nicht diagnostizierte Betroffene suchen oft jahrelang nach einer Erklärung für ihre Schwierigkeiten in den Bereichen mit hohem Leidensdruck wie Konzentrationsschwierigkeiten, emotionale Störungen, Ruhe- und Rastlosigkeit, mangelnde Struktur etc. Wird die ADHS nicht erkannt, gelangen sie häufig zu der Überzeugung, sie seien in einem derartigen Ausmaß „gestört", dass ihnen niemand helfen könne, und resignieren. Diese Selbsteinschätzung, verbunden mit Selbstaufgabe, gilt es zu verhindern.

1.1.3 Entwicklung und Last ungerechtfertigter Schuld- und Schamgefühle

Unbewusste Schuldgefühle und deren Folgen sind bei Menschen mit ADHS ein Kernthema. Diese Entwicklung steht im Zusammenhang mit der nicht diagnostizierten ADHS und daraus erfolgten Traumata (vgl. Fallbeispiel 3: Nadja).

Da Menschen mit ADHS Fähigkeiten und Potenziale oft nicht nur von der Familie, sondern auch von anderen Respektspersonen und Gleichaltrigen abgesprochen werden, vermehren sich die Zweifel ihrer Daseinsberechtigung. Bei Bestrafungen, welche der sensible Betroffene wegen der ADHS-bedingten Defizite erdulden muss, nimmt er die Schuld auf sich. Verstärkt wird das Gefühl des Versagens durch die Erfahrung, trotz des großen Bestrebens den Anforderungen nicht gerecht werden zu können. Folglich bemüht sich der Betroffene noch vehementer seine Aufgabe zu erfüllen. Dadurch verliert er an Kraft, hat keine Möglichkeit sein Potenzial zu erkennen und wird davon abgehalten, sich seiner Selbstverwirklichung zu widmen. Diese Prozesse laufen unbewusst ab und sind daher schwierig zu erfassen.

Heranwachsende übernehmen die Schuld- und Schamgefühle unbewusst, u.a. auch aus Angst, von der Familie ausgeschlossen zu werden (Boszormenyi-Nagy & Spark et al., 2020).

Unternimmt ein Jugendlicher unter diesen Umständen Versuche der eigenen Abgrenzung und Ablösung, entwickelt er oft die „separation guilt" (Trennungs-Schuld) (Modell, 1965). Schuld- und Schamgefühle sind vielfältig.

Kattermann (2018, S. 167) zitiert Oscar Wilde zu diesem Thema treffend: *„Schicksalsschläge lassen sich ertragen – sie kommen von außen, sind zufällig. Aber durch eigene Schuld leiden – das ist der Stachel des Lebens.*" Geringe Vergehen Mitmenschen gegenüber sind leichter zu verzeihen. Voraussetzung bilden die Entschuldigung beim Geschädigten und dessen Verzeihen. Anschließend existiert die Möglichkeit sich Fragen nach Wiedergutmachung zu stellen. Dabei handelt es sich um alltägliche Schuldeingeständnisse und Schamgefühle.

Schuld- und Schamgefühle können jedoch zu einer großen Belastung werden und Erkrankungen hervorrufen, wenn sie irrational (unberechtigt) und generalisiert auftreten. Im Erwachsenenalter sind sie oft nicht mehr spürbar wegen des häufig erfolgten Verdrängungsmechanismus. Je stärker das Schuldgefühl in der Kindheit vermittelt wurde, desto mehr Energie wird für die Abwehrstrategie benötigt. In kritischen Lebenssituationen rufen sie Krankheitssymptome wie bspw. depressive Episoden oder posttraumatische Belastungsstörungen hervor (Tangney, 1990; Tangney, Wagner & Gramzow, 1992; Zahn-Waxler, Kochanska, Krupnick & McKnew, 1990). Unter welchen Bedingungen werden Schuld- und Schamgefühle pathologisch und bilden damit eine Gefahr für die Gesundheit?

Volkart (1993) veröffentlichte eine Studie der Risikofaktoren:

- Durch Übernahme der ungerechtfertigten Schuld- und Schamgefühle kann die Beziehung zu wichtigen Bezugspersonen (Eltern) nicht aufrechterhalten werden.

- Das Kind übernimmt diese Überzeugung, Schuld auf sich geladen zu haben, im Kontext traumatischer Erfahrungen.
- Im Zentrum der Theorie stehen unbewusste, pathogene Überzeugungen, die typischerweise in der Kindheit vermittelt werden oder als Resultat unbewusster Bewältigungsversuche traumatischer Erfahrungen entstehen.

Aber auch Eltern leiden unter Schuldgefühlen. Damit ist nicht das schlechte Gewissen gemeint, das zeitlich begrenzt und situativer Natur ist. Schuldgefühle entwickeln sich, wenn das Verhalten nicht den eigenen Anforderungen entspricht. Sie sind kräfteraubend und können wie erwähnt psychosomatische wie emotionale Krankheiten hervorrufen.

Im therapeutischen Prozess sind Schuld- und Schamgefühle nicht leicht zugänglich. Je stärker diese Emotionen auf den Schultern lasten, desto häufiger fühlt sich der Betroffene als Täter mit einer Last, die er nicht mehr gutmachen kann. Als Folgen manifestieren sich meist Minderwertigkeitskomplexe und Depressionen. Diese „vermeintliche Schuld" bindet den „Schuldner" unbewusst an sein „Opfer".

Im nächsten Fallbeispiel können Sie erkennen, wie bei zwei Familienmitgliedern (Mutter und Sohn) mit einer nicht diagnostizierten ADHS unbewusste Schuldgefühle und die Verlustangst zu gesundheitlichen Krisen führen.

Fallbeispiel 5: Familie S.: Mutter und Sohn blockieren sich durch gegenseitige Schuldgefühle und entwickeln Krankheitssymptome

Herr S. meldete sich am Jahresende in höchster Verzweiflung bei mir. Er schilderte mir die Familiensituation folgendermaßen: Sein Sohn Clemens sei im ersten Lehrjahr und nach einer Operation krankgeschrieben. Er müsse sein Bein hochlagern und seine körperlichen Aktivitäten seien dadurch eingeschränkt. Dies stelle ein großes Problem dar, weil er immer wieder Risiken eingehe, die den Heilungsprozess behindern und irreversible Komplikationen mit sich bringen könnten. Er lasse nicht mit sich reden, werde wütend bei Ermahnungen. Die Situation spitze sich zu. Clemens sei schon früher risikofreudig gewesen und habe Gefahren nicht einschätzen können. Er habe vieles heimlich gemacht, habe auch bereits einige Unfälle erlitten. Dies sei ein ständiges Streitthema seit der Pubertät. „Meine Frau belastet es noch stärker. Das ist verständlich, weil sie mehr Zeit mit ihm verbringt. Ich bin mit meinem Latein am Ende, mache mir seit einigen Wochen auch Sorgen um meine Frau, die zunehmend Ängste entwickelt."
Ein zweiter Punkt, den auch ihn beschäftige sei ein Verdacht ... Er traute sich beinahe nicht, diesen auszusprechen. Clemens habe zweimal pro Woche

Besuch von einem Mann, den er als seinen Freund bezeichne. Bisher hätten sie als Eltern ihn jedoch nicht gekannt. Er halte sich jeweils nur während kurzer Zeit bei Clemens auf. In letzter Zeit rieche es seltsam im Clemens' Zimmer. Er habe ein Zimmer mit Terrasse und würde vermehrt rauchen. „Nun fragen wir uns, ob er Cannabis konsumiert." Ich bestärkte den Vater, dass er richtig gehandelt habe, indem er alles aufgedeckt habe.
Herr S. erzählte mir, dass er mich kontaktiere, weil er durch die Fallbeispiele in meinem Buch „ADHS in der Familie – Strategien für den Alltag" Ähnlichkeiten im Verhalten bei seinem Sohn entdeckt habe. Der Vater schilderte, dass er alles in Bewegung gesetzt habe, damit bei Clemens eine Abklärung auf ADHS vorgenommen werde. Der Hausarzt habe ihm mitgeteilt, er sei überängstlich. Der Bewegungsdrang seines Sohnes nach dieser OP sei normal. Obwohl er Clemens seit Kindheit kenne, habe er ihn nicht ernst genommen. Er habe ihm einen Termin bei einem Psychiater angeboten, der etwa in ähnlichem Stil verlaufen sei.
Ich bat ihn mehr über seine Frau zu erzählen, um die er sich ebenso sorgte. Seine Frau Birgit habe sich in ihrem Betrieb nicht abgrenzen können und unzählige Überstunden gemacht. Sie sei in ein Burnout gefallen. Ihr Zustand habe sich verbessert. Nachdem Clemens verunfallt sei und sich unvernünftig verhalte, seien Birgits Angstzustände ausgebrochen. Der Zustand zu Hause sei unerträglich. Seine Frau könne ihren Sohn nicht loslassen. Clemens mache seiner Frau vehemente Vorwürfe und beschuldige sie, ihn wie ein Kleinkind zu behandeln.
Trotz meines Vorsatzes, Anfang des Jahres ein wenig kürzer zu treten, bat ich den Vater, mir den Lebenslauf von Clemens zu senden. Wir vereinbarten einen Telefontermin.
Nach Lektüre der Anamnese hatte ich die Gewissheit, dass Clemens dringend eine Abklärung hinsichtlich ADHS benötigte. Beim gemeinsamen Telefontermin, an dem auch seine Frau teilnahm, teilte ich den Eltern meine Annahme mit. Beide waren erleichtert und Birgit meinte: „Dann habe ich also doch nicht auf ganzer Linie als Mutter versagt." Ihre Aussage machte mich stutzig; gleichzeitig wollte ich ihr kein zu hohes Gewicht einräumen, denn die Mutter war nach Aussage des Vaters angeschlagen. Die große Sorge der Eltern: Wer würde ihren Jugendlichen abklären? Ich bot ihnen an, Clemens abzuklären, falls sie dies wünschten. Beim Ersttermin erschien die ganze Familie. Den Vater stufte ich als vernünftigen, empathischen Mann ein, dessen Kräfte aufgrund der belastenden Familiensituation schwanden. Birgit war eine faszinierende, offene Frau. Auf den ersten Blick erkannte ich nicht, dass sie unter einem Burnout litt. Clemens war ein sympathischer und vielseitig

interessierter junger Mann. Er wirkte müde, wurde jedoch im Laufe des Gespräches wacher. Wir sprachen offen alle Lebensbereiche an. In der ersten Konsultation zeigte sich, dass Clemens hochbegabt war, sein Potenzial jedoch wegen Abspeicherungsschwierigkeiten und langsamer Verarbeitungsgeschwindigkeit aufgrund seiner massiven Reizüberflutung nicht ausschöpfen konnte. Clemens zeigte eine massive innere und äußere Unruhe. Am Ende dieser Konsultation setzte ich mich mit Clemens und den Eltern nochmals zusammen, um die bisherigen Erkenntnisse mitzuteilen und einen neuen Termin zu vereinbaren. In diesem Zusammenhang sprach die Mutter ihre Sorgen um die Gesundheit ihres Sohnes, seine Unvernunft und den Verdacht wegen des Cannabiskonsums an. Clemens wurde wütend. Sein Körper war angespannt. Er schrie seine Mutter an, beleidigte sie, hatte sich nicht mehr unter Kontrolle. Da er an Krücken gehen musste, konnte er sich nur langsam erheben. Clemens verließ den Raum und setzte sich in den Wartebereich. Als er sich erholt hatte, bat ich ihn ohne Anwesenheit der Eltern nochmals herein. Er schämte sich für sein Verhalten, erklärte mir, dass er diesen Zustand nicht mehr aushalte. Auf meine Frage, ob er Cannabis konsumiere, antwortete er nicht. Ich wusste Bescheid und machte ihm den Vorschlag, sich in einer Reha Klinik zu erholen. Er konnte zeitnah in eine Klinik eintreten. Aus den bisherigen Abklärungen konnte ich den Verdacht auf ADHS bestätigen. Nach seiner Reha musste er noch gewisse Tests nachholen. Die weitere Therapie war sekundär. Im Vordergrund stand nun, dass sich Mutter und Sohn erholen konnten und Abstand voneinander gewannen.

In der darauffolgenden Woche bekam ich eine Mail von Birgit. Sie schrieb mir, dass es ihr besser gegangen sei, als sie Clemens die letzte Woche in guten Händen wusste. Nun sei sie verzweifelt. Die Klinik dulde keine Drogen und er sei nach einer Verwarnung wieder zu Hause. Das Ganze beginne von vorne und sie wisse nicht, wie sie dies durchstehen solle. Wir gingen die Optionen durch, welche die Familie nun hatte. Am naheliegendsten war ein erneuter Aufenthalt in einer Einrichtung unter Offenlegung der Situation.

Am Ende des Telefonats bat sie ebenso um eine Abklärung bezüglich ADHS. Sie habe das Buch zu Ende gelesen und finde viele Parallelen von Patienten v.a. hinsichtlich Hypersensibilität, emotionaler Labilität und mangelnder Kontrolle über die eigenen Kräfte. Der Entschluss von Birgit war vernünftig. Wir vereinbarten, die Abklärung vorzunehmen, sobald die Familienkrise nicht mehr akut war.

Die nächste Familienkonsultation verlief unbefriedigend. Clemens vermittelte klar und deutlich, dass er den Kontrollwahn seiner Mutter nicht mehr aushalte, und Birgit beschuldigte Clemens, seine Gesundheit aufs Spiel zu setzen. Erneut verlor er seine Beherrschung und sagte zu seiner Mutter: „Du bist das Problem, dann geh doch du in eine Klinik."

Für mich stand fest, dass die beiden vorläufig nicht mehr unter einem Dach wohnen konnten. Da Clemens sowieso nach einer neuen Rehaklinik Ausschau halten musste, schlug ich ihm vor, eine Institution zu suchen, in der kontrollierter Konsum erlaubt war.

Er beklagte sich, alle würden ihm „Sucht" unterstellen. Er sei nicht süchtig. Er würde es uns beweisen und wolle selbst gerne in eine Reha. Erneut organisierte er sich selbst einen Platz in einer Reha und verschwieg die Tatsache seines Cannabiskonsums. In dieser Einrichtung fiel sein Konsum ebenso auf und er wurde dementsprechend auch von dort nach Hause entlassen.

Nun begann für die gesamte Familie ein „Spießrutenlaufen". Clemens ließ sich zu Hause gehen und konsumierte nach Angaben der Eltern immer mehr Cannabis. Ich sprach mit dem Hausarzt, der im Nachhinein ein schlechtes Gewissen hatte, die Sorgen des Vaters nicht ernst genommen zu haben. Ich hatte den Verdacht, dass Clemens uns den Konsum weiterer, härterer Drogen verschwieg. Normalerweise sind solche Symptome, wie Clemens sie zeigte, beim Konsum von Cannabis nicht in derart kurzer Zeit zu beobachten. Sein Hausarzt stimmte meiner Überlegung zu. Da Clemens nach der Reha-Zeit eigentlich wieder hätte arbeiten können, jedoch den ganzen Tag passiv war und Cannabis rauchte, war nun auch seine Lehrstelle gefährdet. Aufgrund seines aggressiven Verhaltens konnten die Eltern nichts unternehmen und Clemens verfügte über genügend Geldreserven, um sich die Drogen zu besorgen. Für die Familie waren dies Höllenqualen. Wir rieten ihm dringend, einen Psychiater aufzusuchen. Er lehnte vehement ab. Der Lehrbetrieb, mit dem der Vater in Kontakt stand, veranlasste nach Absprache einen Termin beim Vertrauensarzt. Den ersten nahm er nicht wahr. Daraufhin machte ihm sein Chef klar, dass sein Nichterscheinen einer Verweigerung entspreche und er ihn verwarnen müsse. Der Vorgesetzte versicherte ihm, dass sie ihn als Auszubildenden weiterhin im Team behalten wollten nach seiner Genesung. Dafür bräuchten sie jedoch ein Arztzeugnis. Clemens bekam einen zweiten Termin, zu dem er erschien. Der Arzt machte wegen Verdacht auf Drogenkonsum einen Urintest, der positiv ausfiel. Clemens konsumierte nicht nur Cannabis, sondern griff auch zu Kokain. In einem Gespräch mit Clemens, dem Arbeitgeber und den Eltern besprachen wir Clemens' Möglichkeiten. Von Vorteil war, dass Clemens noch nicht sehr lange abhängig war. Er realisierte, dass er den Arbeitsplatz gerne behalten würde. Sein Chef verlangte – falls Clemens weiterhin bei ihm angestellt bleiben wollte – einen stationären Entzug und anschließend eine Behandlung. Nach einer

Bedenkzeit willigte Clemens ein und konnte nach einer kurzen Wartezeit einen Entzug machen. Mit der anschließenden Therapie (Entwöhnungsphase) funktionierte es nicht und er wurde erneut rückfällig. Clemens schadete der Rückfall und die Familie konnte sein Verhalten nicht mehr dulden.
Sein Onkel, der auf einem Bauernhof arbeitete, erklärte sich bereit, Clemens aufzunehmen und sich um ihn zu kümmern, unter der Bedingung, dass er sich erneut in stationäre Behandlung begab.
Einen Monat später bekam er eine neue Chance, die er auch packte. Die anschließende Entwöhnung war nicht einfach; er musste sich mit seinem Drogenproblem auseinandersetzen, das zu einem großen Teil mit seiner ADHS zusammenhing. Er entwickelte Angstgefühle, die mit seinen negativen Erlebnissen in der Kindheit in Zusammenhang standen. Glücklicherweise fühlte er sich in der Klinik wohl und hatte einen Psychologen, der ihn gut verstand. Clemens erkannte, dass seine Suchtproblematik eine Flucht vor den Anforderungen des Alltags darstellte, und lernte mit seinen Ängsten umzugehen. Er war beinahe 4 Monate in der Klinik. Da er lange abwesend war, absolvierte er ein Praktikum. Im darauffolgenden Spätsommer konnte er bei seinem ehemaligen Chef nochmals mit der Lehre beginnen, was ihm Halt gab. Zu Hause wohnen kann und will er jedoch bis heute nicht. Er benötigt noch den Abstand zu seiner Mutter. Ressentiments gegenüber ihr spürt er keine; er will sich die Zeit nehmen, um das Vergangene zu sortieren und seine Gefühlswelt zu stabilisieren.
Bei Clemens fielen Schuldgefühle und Versagensängste ebenso ins Gewicht. Als er durch den Unfall seinen Job verlor, fürchtete er unbewusst seine Eltern zu enttäuschen. Auf seine Mutter war er fixiert; sie war diejenige, die ihn während seiner Schulzeit unterstützte. Er wollte sie keinesfalls enttäuschen, ertrug ihre Vorwurfshaltung nicht mehr und griff zu Drogen. Diese Negativspirale verstärkte seine Schuldproblematik (vgl. dazu Resümee).
Bei Frau S. konnte die Diagnose ADHS ebenso bestätigt werden. Bei ihr löste der Abstand zu ihrem Sohn erst eine Erleichterung aus. Danach geriet sie in eine große Krise. Sie gab sich die Schuld für Clemens' Krankheit. Ihr wurde bewusst, dass sie nicht loslassen konnte und Verantwortung für alle übernahm und sich dadurch mit unnötigen Problemen belastete. Es stellte sich in den Therapiesitzungen heraus, dass alle anderen stets an erster Stelle kamen und sie sich und ihre Bedürfnisse darüber vergaß. Ihre ADHS erklärten viele Symptome wie mangelnde Abgrenzbarkeit, Hypersensibilität, niedrige Frustrationstoleranz und ihre übertriebenen Schuldgefühle. Meines Erachtens steckte mehr hinter dem übermäßig starken Kontrollbedürfnis ihrem Sohn gegenüber.

In einer gemeinsamen Sitzung mit den Eheleuten erfuhr ich, dass sie vor Clemens ein Kind in der Schwangerschaft verloren hatte. Sie machte sich große Vorwürfe, weil sie damals gearbeitet hatte. Wir konnten ihr noch so oft versichern, dass sie keine Schuld treffe, sie beruhigte sich nicht und betonte immer wieder, dass sie die Schuld für den Verlust trage. Ihrem Mann war nicht bewusst, dass sie so sehr darunter litt. Nach einer Weile erzählte sie uns unter Tränen, dass sie damals mit ihrer Mutter darüber gesprochen habe. Sie habe ihr gesagt, sie sei nicht verwundert, dass sie ihr Kind verloren habe. Sie sei schon immer leichtsinnig gewesen und habe keine Verantwortung übernehmen können. Herr S. und ich waren schockiert über die Aussage ihrer Mutter. Frau S. klärte uns auf, dass sie in der Kindheit stets zu hören bekommen habe, dass sie eine Versagerin sei, dumm und aus ihr nie etwas werden würde.

Frau S. entwickelte bereits in der Kindheit starke Schuldgefühle. Sie glaubte stets eine Last für ihre Eltern zu sein. In Wirklichkeit musste sie schon früh zu Hause mithelfen. Die Eltern führten ein Restaurant und sie half im Haushalt mit und passte auf ihren kleinen Bruder auf. Damit die Mutter ihre Schuldgefühle verdrängen konnte, projizierte sie diese auf die Tochter. Sie war ein leichtes Opfer: Aufgrund der ADHS hatte sie wirklich erhebliche Schwierigkeiten in der Schule.

In vielen Therapiesitzungen lernte Frau S. die Schulgefühle aufzuarbeiten und entdeckte zum ersten Mal ihre eigenen Bedürfnisse. Ihr bisheriger Beruf als Buchhalterin war nicht geeignet für sie. Sie machte eine Ausbildung zur Ergotherapeutin und geht in ihrem Beruf auf.

Das Ehepaar führt heute eine glückliche, unbelastete Beziehung, nachdem das Trauma aufgearbeitet werden konnte.

Resümee Familie S.:

- Zwei Familienmitglieder, die sich im Wesen sehr ähnlich sind, wussten nicht, dass sie unter ADHS leiden. Schuld- und Schamgefühle (aus teilweise unterschiedlichen Gründen) sowie Angst vor Verlust und mangelnde Abgrenzung lähmten die beiden.

Clemens:

- Hatte wegen seiner ADHS Schwierigkeiten in der Schule.
- Mutter unterstützt ihn gerne.
- Erfährt Mobbing in der Oberstufe: Die Eltern setzen sich für ihn ein, v. a. die Mutter kann nachvollziehen, wie ihr Sohn leidet, und leidet mit.

- Beginn der Lehre: Es treten keine offensichtlichen Schwierigkeiten auf; im Nachhinein gesteht Clemens, dass er bereits damals unter Ängsten gelitten habe, den Anforderungen nicht gerecht zu werden und dadurch andere zu enttäuschen.
- Durch den Unfall, die Reha und verordnete Bettruhe verliert Clemens den Boden unter den Füßen. Er war stolz, eine Lehre absolvieren zu können, bei der nur gute Schüler zugelassen wurden. Freunde hatte er keine. Nun fiel auch diese Insel des Erfolges weg.
- Sucht: Seinen Bewegungsdrang versuchte er anfangs experimentell durch Cannabis zu kompensieren. Er unterschätzte sein Suchtpotenzial und verlor die Kontrolle über den Konsum.
- Seine Reaktion: Verzweiflung und Entwickeln von weiteren Schuldgefühlen, Verstärkung der Reizbarkeit, weniger Toleranz den Eltern gegenüber. In der Mutter sah er einerseits sich selbst (Versager), andererseits ertrug er ihre „Kontrolle" nicht mehr.
- Die Ursache seiner Eskalationen war auf seine Schuldgefühle zurückzuführen. Er wollte die Mutter, welche ihm in seinem Leben viel Unterstützung zukommen ließ, nicht enttäuschen. Vordergründig waren Eskalation und Schuldzuweisungen dominierend.
- Clemens hatte jedoch auch Schuldgefühle gegenüber seinem Vater und dem Vorgesetzten. Er erkannte, dass er die Anforderungen in seinem Job nicht erfüllen konnte und entwickelte dadurch auch Versagens- und Verlustängste.

Birgit:

- Bereits viele Demütigungen wegen der ADHS-bedingten Defizite in der Schule und v.a. vonseiten der Mutter. Der Ursprung der Problematik stand damals nicht fest.
- Durch ihre Hypersensibilität, Offenheit und Spontaneität, leichtes „Opfer" ihrer Mutter für ungerechtfertigte „Schuldgefühle".
- Berufsfindung: Birgit erkannte ihre Fähigkeiten und Bedürfnisse aufgrund der Erfahrungen nicht und erlernte denjenigen Beruf, welchen ihr die Mutter zutraute.
- Glückliche Erfahrung durch Heirat von Herrn S.
- Verlust des ersten Kindes: großer, erschütternder Einschnitt während der Ehe. Birgit gab sich die Schuld – geschürt durch die Anschuldigungen ihrer Mutter – für den Verlust des Kindes. Sie sei wieder unvernünftig, leichtsinnig gewesen wie in der Kindheit. Kein Hinterfragen dieses Vorwurfes ihrer Mutter, sondern Verstärkung des Schuldgefühls. Selbst mit ihrem Mann konnte sie nicht darüber sprechen, zu stark waren bewusste bzw. unbewusste Schuld- und Schamgefühle.

- Erneut Mutter (Clemens) zu werden, bescherte ihr ein Glücksgefühl.
- Wunsch, ihrem Sohn eine bessere Kindheit und Jugend zu ermöglichen.
- Stand ihrem Sohn sehr nahe, weil sie ihn verstand. Beide waren von ADHS betroffen, ohne Diagnosestellung. Auch Clemens hatte ein sehr enges Verhältnis zur Mutter.
- Sohn und Mutter hatten auch während der Pubertät eine starke Bindung. Durch Retardierung von Clemens' sozialer und emotionaler Entwicklung und den Schwierigkeiten von Birgit, sich abzugrenzen, wird die symbiotische Beziehung nicht erkannt.

Herr S.:

- Erkannte die schädliche Dynamik zwischen Ehefrau und Sohn erst, als beide krank waren.
- War zu stark mit der Arbeit beschäftigt.
- Liebte seine Familie und war harmoniesüchtig.
- Das Verhältnis zu Clemens war eher schwierig. Er verstand seine Probleme in der Schule nicht und warf seiner Frau vor, zu nachsichtig zu sein.
- Engagierte sich jedoch sehr, als er bemerkte, dass im Familiensystem Änderungen notwendig waren, und setzte sich auch für seinen Sohn ein.
- Vater-Sohn-Verhältnis verbesserte sich dadurch.

In dieser Familie litten sowohl Sohn wie Mutter unter Scham- und Schuldgefühlen. Hauptgrund dafür: die nicht vorhandene Diagnose der ADHS und Wegfallen von Erklärung gewisser ADHS-bedingter Defizite. Birgit hatte als Kind schlechte Erfahrungen gemacht wegen der nicht diagnostizierten ADHS und wollte ihrem Sohn Clemens ein besseres Leben ermöglichen. Durch ein biografisches Ereignis (Verlust des Kindes) wurde die Angst, Clemens zu verlieren, wenn sie sich zu weit von ihm entfernte, überdimensional.

Clemens war seiner Mutter dankbar für ihren Support in schulischen Angelegenheiten. Als er glaubte, seine Eltern zu enttäuschen durch den krankheitsbedingten Ausfall in der Lehre, entwickelte er unbewusst vehemente Schuld- und Schamgefühle. Mutter und Sohn brachten ihre Schuld- und Schamgefühle sowie die Verlustangst unterschiedlich zum Ausdruck.

2 Partnerschaft bei Menschen mit ADHS – Herausforderung und Chance

Menschen mit ADHS sind vulnerabler für die Entwicklung nachteiliger Mechanismen und Dynamiken in Beziehungen. Erklärungsansätze, weshalb diese *unbewussten, ungünstigen Konstellationen und Muster* bei Familien mit ADHS-Betroffenen häufiger anzutreffen sind, existieren viele. Sie wissen bereits einiges über die höhere Quote der Anfälligkeit und werden in diesem Buch noch weitere Faktoren kennenlernen. Bei diesem Aspekt darf die Tatsache nicht vernachlässigt werden, dass die in der Kindheit erlebten Leitbilder prägend sind und ohne Intervention nicht verändert werden können.

Betonen möchte ich an dieser Stelle, dass *nicht alle Menschen mit ADHS* von den in diesem Buch beschriebenen Symptomen betroffen sind und auch *Menschen ohne ADHS derartige Reaktionen* zeigen können.

Häufig gehen zwei Menschen mit einer meist nicht diagnostizierten ADHS eine Beziehung ein (vgl. Neuhaus, 2004). Die befruchtenden Eigenschaften wie Unbeschwertheit, Spontaneität, unkonventionelle Ideen, Kreativität und Empathie bewirken eine dynamische Partnerschaft. Menschen mit ADHS neigen in der Verliebtheitsphase dazu, unbekümmert in den Tag hineinzuleben, keine langfristigen Zukunftspläne zu schmieden und unterschwellig auftretende Konflikte zu bagatellisieren. In der Anfangsphase werden ausschließlich die positiven Aspekte gesehen und die Beziehung beginnt stürmisch. Alles andere wird nebensächlich. Ihr Zusammensein genießen sie intensiv.

Barkley (2010) hebt hervor, dass die Lebensweise von ADHS-Betroffenen oft emotionaler, leidenschaftlicher und von großer Überzeugung ist als bei Menschen ohne ADHS.

Der *Schritt vom Singleleben in eine Partnerschaft* darf nicht unterschätzt werden. Er ist diffizil und stellt Betroffene vor unverständliche und unüberschaubare Aufgaben. In einer Beziehung ist das für die ADHS charakteristische *Misstrauen* nicht verschwunden. An der *hart erkämpften Selbstbestimmung* wird zum Selbstschutz festgehalten. Das Singleleben hat folgende Vorteile:

- Befriedigung des Freiheitsdrangs
- Tiefgründigen Konfrontationen kann ausgewichen werden.

- Über wichtige Faktoren wie Ordnungssystem, Freizeitgestaltung wird selbst bestimmt.
- Der Grad und die Intensität, wie viel Nähe zugelassen wird, legt der Single fest. Beziehungsängste können so in Schach gehalten werden.
- Selbstbestimmung bleibt erhalten, es ist unmöglich, dass eine Fremdbestimmung stattfindet. „Traumata" aus der Kindheit können sich auf diese Weise nicht wiederholen.

Diese Aspekte – von der Freiheitsliebe bis zu spontanen Entscheidungen – sind charakteristisch für Menschen mit ADHS. Die „Freiheit" in der Annäherungsphase kommt dem Naturell vieler Menschen mit ADHS entgegen. Weshalb sind viele Beziehungen nicht tragfähig?

Nebst diesem Ungebundensein werden selbstverständlich auch Erwartungen an den Partner gestellt, wie beispielsweise:

- Zuverlässigkeit
- Pünktlichkeit
- Einhalten von Vereinbarungen
- Verständnis des Partners für eigene Bedürfnisse
- Empathie
- Kompromissbereitschaft
- Gemeinsames Treffen von Vereinbarungen
- Kommunikative Klärung bei entstehenden Schwierigkeiten

Bestehen beide Partner auf Selbstbestimmung und Erfüllung ihrer Wünsche, kommt es zu Konflikten.

In *Veränderungsphasen*, wenn aus einer lockeren Verbundenheit eine verbindlichere Beziehung wird, braucht es Anpassungen und von beiden Seiten mehr Toleranz sowie die Bereitschaft, die eigene sichere Insel zu verlassen und dem Partner entgegenzukommen und ihm Vertrauen zu schenken. Damit verbunden ist das Überdenken des eigenen Standpunktes. Bei Streitigkeiten sind Menschen mit ADHS bekannt dafür, unflexibel zu sein und auf ihrer Meinung zu beharren. Diese Eigenschaft haben sie entwickelt aus Angst vor einer Blöße, bzw. davor fremdbestimmt zu werden. In einer Beziehung sollte jedoch jeder auch zu den eigenen Fehlern stehen können. Das schafft Vertrauen. Vor diesem Schritt, mehr Nähe zuzulassen und dem Partner Vertrauen zu schenken, scheuen sich viele Menschen mit ADHS aufgrund ihrer verletzenden Erfahrungen in der Vergangenheit, die Narben hinterlassen haben. Lernen Betroffene jemanden kennen, der ihnen guttut und den sie verstehen, möchten sie am liebsten den Anfangsstatus beibehalten. Das betrifft nicht nur Menschen mit ADHS, sondern ergeht anderen ebenso. Die meisten haben bereits erfahren, dass eine Beziehung in die Brüche gehen kann. Dadurch verstärkt sich die *unbewusste Verlustangst*. Treten Schwierigkeiten auf, unternehmen konfliktscheue Menschen alles, um sich nicht mit ihnen auseinandersetzen zu müssen; Abwehrmechanismen setzen ein. Sind sie an einem Punkt angelangt, an dem der Verdrängungsmechanismus nicht mehr funktioniert, bleibt ihnen nichts anderes übrig, als sich den Problemen zu stellen.

In dieser Phase sollten sich die Partner ganz besonders Zeit nehmen füreinander und miteinander kommunizieren. Der Zeitraum, in dem man vor unangenehmen Konfrontationen fliehen konnte, ist vorbei. Diskussionen sollten von kurzer Dauer sein. Ein wichtiger Bestandteil ist das Äußern der eigenen Bedürfnisse und das Anhören der Anliegen des Gegenübers. Kommen beide einander entgegen, stehen die Chancen für die Bildung einer festen Beziehung gut. Aus DU und ICH wird WIR. Die Annahme, in einer Gemeinschaft dem andern ausgeliefert zu sein, geht auf die Erlebnisse der Kindheit zurück. Die meisten konnten sich gegenüber Ungerechtigkeiten in der Kindheit nicht wehren und waren den Eltern ausgeliefert. In einer Partnerschaft im Erwachsenenalter ist die Ausgangslage eine andere. Neben dem WIR hat jeder seinen eigenen Freiraum. Es lohnt sich, in die Beziehungsarbeit zu investieren. Durch die *Auseinandersetzung* miteinander entstehen Nähe und Bindung.

Zusammenfassend die wichtigsten *Konfliktpunkte*, die in der Zeitspanne des Beziehungsaufbaus Krisen hervorrufen können:

- Mangelndes Bewusstsein, dass Beziehungsarbeit geleistet werden muss.
- Die Partner sind sich ihrer eigenen Probleme zu wenig bewusst.
- Fixierung auf eigene Bedürfnisse und Mühe, Kompromisse einzugehen, meist aus Angst vor Fremdbestimmung.
- Problematik, sich in den Partner hineinversetzen zu können und dessen Position zu verstehen.
- Defizitäre Kommunikationsfähigkeit: Partner können in Krisensituationen zu „Parteien“ werden und ihren Standpunkt zu vehement vertreten. Wegen ihres mangelnden Vertrauens sprechen sie ihre Bedürfnisse nicht an und sind zu wenig Zugeständnissen bereit.
- Unbewusste Reaktivierung von verdrängten Erlebnissen durch die Auseinandersetzung mit dem Partner.
- Sind Probleme tiefgründiger, wird meist zu wenig für die Beziehung gekämpft. Trennungen haben oft einen präventiven Charakter. Um nicht verlassen zu werden, wird aus Selbstschutz ein Schlussstrich gezogen.
- Angst beziehungsunfähig zu sein, weil sich die Muster wiederholen.

2.1 Aufbau einer Partnerschaft – überdimensionale Verletzbarkeit

Menschen mit ADHS werden mit Mimosen verglichen. Sie verfügen über eine Alarmanlage mit dem Zweck, schmerzliche *Reizsituationen* umgehend zu identifizieren. Wird in einem Kontext, wie z.B. einem Gespräch, einer dieser Reize wahrgenommen, fühlen sich Betroffene angegriffen und sind übermäßig gekränkt. Meist sind derartige Bemerkungen aus dem Kontext gerissen und Aspekte, die wichtig für den Gesamtzusammenhang sind, werden nicht erkannt. Es kann den Betroffenen noch so oft versichert werden, dass es sich nicht um eine persönliche, gegen sie gerichtete Angelegenheit handelt. In derart heiklen Momenten „beißen sie sich fest" und das Gefühl, nicht ernstgenommen und ungerecht behandelt zu werden, baut sich auf. Setzt dieser Automatismus ein, verlieren sie die Selbstbeherrschung sowie die Kontrolle über ihr Verhalten. Der Tonfall wird lauter, gewinnt an Bestimmtheit und verunmöglicht ein klärendes Gespräch.

Für Angehörige, Partner und Freunde ist es unverständlich, weshalb ein einziges „falsches" Wort reicht, um bei einem Menschen mit ADHS derartige emotionale Überreaktionen und Ausbrüche zu aktivieren. Für sie ist es unbegreiflich, weshalb keine vernünftige Diskussion geführt werden kann und jeder Versuch einer Erklärung die Atmosphäre vergiftet. Werden die Worte zu verletzenden Pfeilen, verschlechtert sich auch deren Stimmung und die Kränkungen treffen sie. Niemand kann beliebig viele Verletzungen ertragen, selbst wenn die Ursachen derartiger Ausbrüche der ausgeprägten Impulsivität, Hypersensibilität, Wahrnehmungsschwierigkeiten sowie mangelnder Regulation der Emotionen zugeschrieben werden können. Bei wiederholten Attacken bleiben in einer Partnerschaft zwei Verlierer zurück.

Derartige überdimensionale affektive Ausbrüche kommen in der Anfangszeit einer Partnerschaft häufiger vor. Die Ursachen sind vielfältiger Natur: Menschen mit ADHS haben in ihrem Leben meist viele, evtl. unbewusste Enttäuschungen erlebt und müssen erst lernen, dem Partner zu vertrauen. In der Kindheit fassen sie meistens einen Entschluss, nach dem sie ihr Leben ausrichten. Ihr Motto: *Wenn ich den Erwachsenen nicht mehr ausgeliefert bin, werde ich keine Ungerechtigkeiten mehr dulden.*

Jeder Mensch hat unterschiedliche „Reizthemen", abhängig von seinen Erfahrungen.

Fallbeispiel 6: Paolo und Mia: Paolos unberechenbare impulsiv-emotionale Wutausbrüche

Mia war bei mir in Behandlung wegen einer Erschöpfungsdepression. Wir kamen auch auf die Partnerschaft zu ihrem Freund Paolo zu sprechen. Sie liebte ihren Paolo, gestand jedoch, dass sie sich in letzter Zeit öfters streiten würden. Paolo und Mia waren noch nicht lange ein Paar. Für Mia war der Beweggrund für die häufiger auftretenden Konflikte unverständlich. Sie litt unter diesen häufigen Missstimmungen.
In einer Konsultation sprach sie ihre Vermutung laut aus: „Wer liebt schon einen Menschen mit einer Depression?“ Sie war sehr traurig und die Zukunft mit Paolo erschien ihr hoffnungslos.
Ich war anderer Ansicht. Die beiden hatten sich kennen- und lieben gelernt, als es um Mias Gesundheit nicht zum Besten stand. Daher erkundigte ich mich bei Mia, ob es gewisse Themen gäbe, bei denen ihre Ansichten derart weit auseinander gingen, dass es zum Streit käme. Mia suchte nach Beispielen, konnte jedoch keine eindeutigen Auslöser erkennen. „Das macht mich fix und fertig. Hätte ich eine Erklärung für seine Wutanfälle, könnten wir uns darüber unterhalten... Es ist paradox, manchmal denke ich, Paolo leidet ebenso unter einer Depression... Er verhält sich wie eine Mimose, ist sehr überempfindlich und bezieht alles auf sich.“ Ich fragte nach, in welchen Situation Paolo so heftig reagiere. Sie antwortete mir: „Es fühlt sich wie ein Albtraum an. Ich kneife mich bei derartigen Streitigkeiten in den Arm, um zu überprüfen, ob ich mich in der Realität befinde... Mache ich Paolo ein Kompliment, bedanke ich mich bei ihm oder lobe ihn, verspannt er sich. Das ist doch nicht normal. Andere Paare streiten sich bei Unstimmigkeiten. Ah, genau, ich kann mich an ein Beispiel von letzter Woche erinnern. Paolo wurde innerhalb der Firma befördert und ich gratulierte ihm. Paolo reagierte schroff und wies mich zurecht, es gäbe keinen Grund, ihm Komplimente zu machen. Von dieser Kritik musste ich mich erstmal erholen. Danach konfrontierte ich ihn nochmals damit. Diesmal wollte ich nicht einfach aufgeben und widersprach, es müsse ja schon einen Grund für die Beförderung geben. Eine positive Eigenschaft in seiner Arbeitshaltung sei der Geschäftsleitung sicherlich aufgefallen.
Nach diesem Satz war Paolo richtiggehend gereizt. ‚Was willst du damit ausdrücken? Dass ich ein Streber bin?‘ Ich war verblüfft. Meine Anerkennung war ehrlich, ohne Hintergedanken. Ich verstand die Welt nicht mehr. Abends wälzte ich mich im Bett, suchte eine Antwort für sein merkwürdiges Verhalten. Auch Paolo war lange wach.

Am nächsten Morgen fühlte ich mich matt. Bevor Paolo das Haus verließ, bat ich ihn, einzukaufen. Er konterte: ‚Es ist dir aber bewusst, dass der Streber in der Firma damit nicht punkten kann.' Da ich emotional in keinem guten Zustand war und seine Äußerung nicht verstand, zog ich mich zurück. Bevor er das Haus verließ, erkundigte er sich, was er einkaufen sollte. Sein schlechtes Gewissen war spürbar. Er entschuldigte sich für seinen Ausbruch und meinte, er sei früher oft so bezeichnet worden. Diese wiederholten, unverständlichen Streitigkeiten rauben mir die Kraft und lösen eine Hoffnungslosigkeit in mir aus.

Abends war Paolo auf die Themenfelder ‚Neid' und ‚Ungerechtigkeit' fixiert. Er war aufgewühlt und konnte nicht verstehen, weshalb es derart viel Ungerechtigkeiten auf dieser Erde gibt. Seine Firma nahm Umstrukturierungen vor. Während er befördert wurde, hatte sein Freund Pech. Er wurde in der Hierarchie zurückgestuft. In seinem heftigen Monolog ging es nicht um ihn, sondern um seinen Freund. Ich wollte nur noch meine Ruhe und hielt mich zurück. Sein Chef habe keinen Grund für dieses ungerechte Vorgehen nennen können. Im Gegenteil, er habe ihn zurechtgewiesen. Zu seinem Aufgabenbereich gehöre nicht die Personalpolitik... ‚Das ist unfassbar, unverschämt. Er wollte mir durch die Blume sagen, dass ich als Streber mein Ziel erreicht habe – und zu mehr reiche es nicht. Ich kann diese Welt der Ungerechtigkeit nicht mehr ertragen.' Die Thematik seiner Beförderung und der Ungerechtigkeit beschäftigte ihn weiterhin.

Nachdem er sich erholt hatte, verbrachten wir zwei harmonische Wochen.

An einem Freitagabend hatte ich Sehnsucht nach Paolo und hätte gerne noch mit ihm geredet und gekuschelt. Ich schlief vor dem Fernseher ein und ging danach zu Bett. Im Halbschlaf hörte ich, wie er die Türe leise aufschloss. Er setzte sich neben mich hin, strich mir übers Haar und flüsterte: ‚Bitte verlass mich nicht.' Er war überzeugt, dass ich schlief, sonst hätte er einen Streit begonnen."

Nach der nächsten Auseinandersetzung bat Mia ihren Partner, sie in die Therapie zu begleiten. Sie wusste nun von seiner Verlustangst. Paolo willigte ein. Er war ein braungebrannter, sympathischer junger Mann. Vom Typ her wirkte er offen. Mia sprach über ihre gemeinsamen Probleme: „Ich liebe Paolo. In letzter Zeit nehmen unsere Konflikte zu und ich merke, wie mir das Kraft raubt. Es ist mir ein Rätsel, weshalb er so unerwartet und heftig emotional reagiert auf gewisse Themen, selbst wenn ich ihm ein Kompliment machen will. Ich weiß, dass ich sehr sensibel bin. Ich sitze manchmal wie auf Nadeln. Diese Ungewissheit, wann der Zeitpunkt einer erneuten ‚Explosion' von

Paolo kommt, verunsichert mich. Ich werde jedes Mal verletzt. Durch die entstehenden Unstimmigkeiten und seine impulsive Art sowie übertriebene emotionale Verhaltensweise verspüre ich mittlerweile auch Angst bei einem Ausbruch.“ Mia sprach in der 3. Person und blickte während der Schilderung der Probleme zu mir.

Paolo konnte Mia ebenso nicht in die Augen schauen, er schämte sich offensichtlich. Als Erstes stellte er klar, dass es nie seine Absicht gewesen sei, Mia zu verletzen. Im Gegenteil, er habe oft Angst, sie zu verlieren. Mia forderte ihn auf, mit ihr zu sprechen.

Er begann zu erzählen: „Wenn ich das Wort ‚Streber‘ höre, gehen die Pferde mit mir durch. Ich fiel in der Kindheit als Kind mit ADHS-Diagnose auf und habe in der Schule viel Schmach und Mobbing erfahren. Nachdem ich wusste, dass ich eine ADHS habe und medikamentös eingestellt wurde, bemerkte ich, dass ich viel besser arbeiten konnte. Ich wollte nicht mehr der Außenseiter sein, der wegen schlechter Noten gehänselt und als ‚dumm‘ bezeichnet wurde. Daher gab es für mich nur einen Weg. Ich wollte mir und allen andern beweisen, was in mir steckt, habe hart gearbeitet und wurde zum Perfektionisten. Zum ersten Mal war ich zufrieden mit mir. Freunde hatte ich immer noch keine; im Gegenteil: Die Klassenkameraden wurden neidisch und warfen mir vor, ich sei ein ‚Streber‘. Sie mobbten mich in der Schule. Das tat weh. Je stärker sich meine Mitschüler von mir distanzierten, desto mehr fixierte ich mich auf meine schulischen Leistungen. Schnappe ich dieses Wort (Streber) auf, erinnere ich mich an damals, ohne es zu wollen. Ich werde in solch einem Moment gereizt und verliere die Kontrolle. Es tut mir leid. Ich werde von den Erinnerungen übermannt und befinde mich wieder in der belastenden Zeit der Schule. Es ist mir bewusst, dass mein Verhalten dir gegenüber unfair ist. Ich kann es nicht steuern. Dadurch habe ich einige Freundschaften sowie zwei Beziehungen verloren. Zum Gerechtigkeitsfanatiker wurde ich während dieser Entwicklung und durch meine Lebenserfahrungen. Ich habe mich nach den Verlusten lange zurückgezogen, um mich vor Verletzungen der Mitmenschen zu schützen. Bis ich dich traf. In dir finde ich einen ehrlichen Menschen, den ich liebe und mit dem ich den Rest des Lebens verbringen möchte. Ich habe jedoch bemerkt, dass ich viel Zeit benötige, um wieder Vertrauen zu fassen... Ich möchte mich nicht schroff verhalten, es geschieht einfach mit mir.“

Ich fragte Paolo, ob er schon mal eine Therapie gemacht habe. Er verneinte, war jedoch einverstanden, sich einen Therapeuten zu suchen.

Mia war erleichtert. Er wollte sie also nicht verlassen, sondern reagierte dermaßen aus Überforderung.

Die beiden nahmen sich Zeit, sich kennenzulernen und Vertrauen zueinander zu fassen. Sie lernten miteinander zu sprechen, wenn sie sich gekränkt fühlten. Heute sind sie einen bedeutenden Schritt weiter. An ihrer Gesprächskultur arbeiten sie stets.
Mias Gesundheitszustand verbesserte sich rasch nach der gemeinsamen Sitzung. Diese Beziehung, das Unverständnis der Reaktionen, die erlittenen Kränkungen hatten ihr mehr Energie entzogen, als sie vermutete.

Resümee Paolo und Mia:

Mia:

- Lernte Paolo in einer Gesundheitskrise lernen.
- Sie war nicht von ihm abhängig, liebte ihn jedoch sehr.
- Durch die unerwarteten, für sie unverständlichen, emotionalen und impulsiven Ausbrüche von Paolo in Gesprächen wurde sie verunsichert und gekränkt.
- Sie bezog die Krise auf ihren Gesundheitszustand und entwickelte Verlustängste.
- Das klärende Gespräch zeigte ihr die Zusammenhänge auf. Sie erkannte, dass diese Zurückweisungen Paolos Problem waren und nicht mit seiner Liebe zu ihr verbunden waren. Mia fasste den Entschluss, mit Paolo am Problem zu arbeiten.
- Ihr Selbstvertrauen wuchs.
- Mia hat gelernt, dass eine gesundheitliche Krise eine Beziehung nicht zerstört.

Paolo:

- Hatte als Kind die Diagnose ADHS bekommen.
- Wurde gemobbt wegen Handicaps in Zusammenhang mit seiner ADHS.
- Nachdem er den Ursprung seiner Probleme erkannt hatte und Medikamente bekam, spürte er, dass er sich besser konzentrieren konnte, und wollte allen beweisen, dass er nicht „dumm“ war. Er lernte viel, und das mit Erfolg.
- Rückzug seiner Freunde, als er gute Leistungen erbrachte; dadurch fühlte er sich unverstanden und verletzt.
- Wurde als „Streber“ bezeichnet und entwickelte einen unbewussten Mechanismus. Durch das starke Leiden als Kind und Erwachsener und seinen hohen Einsatz reagierte er übertrieben negativ auf diesen Reiz. Verbunden damit wurden die Erinnerungen seiner erlebten Enttäuschungen.
- Er wurde zum Gerechtigkeitsfanatiker.

- Wegen mangelnder Gesprächskultur verlor er Freunde und zwei Beziehungen gingen zu Bruch.
- Zog sich zurück von der Außenwelt zum Eigenschutz.
- Lernte Mia kennen und schätzen, konnte seinen verinnerlichten Mechanismus jedoch nicht loswerden. Große Verlustangst.
- In Krisensituation suchte er Hilfe auf und lernte den Hintergrund kennen.
- Ebenso erkannte er, dass er seine ADHS nicht verstecken musste, sondern auftretende Probleme anzusprechen. Dadurch konnte er Vertrauen aufbauen.

Es fiel den beiden anfangs wegen ihrer Verlustangst nicht leicht, bei Problemen miteinander zu sprechen. Sie konnten sich jedoch gegenseitig unterstützen. Mia gab meist den Impuls, ohne Paolo zu drängen. Sie versicherte ihm stets, Offenheit sei wichtig, und stärkte dadurch sein Vertrauen in der Partnerschaft. Anfangs konnte er nur in kleinen „Einheiten" sprechen. Er fasste sich kurz und Mia akzeptierte seine Grenzen. Beide konnten meist ruhig bleiben während der Gespräche. Als Paolo die Gewissheit hatte, dass Mia ihn mit seiner ADHS respektierte, wurde er wieder humorvoller und entspannter. Er lernt nun auch, Mia ohne Vorwurfshaltung anzusprechen, wenn ihn etwas an Mia stört.

Der überdimensionale Gerechtigkeitssinn von ADHS-Betroffenen, wie in Fallbeispiel 6 bei Paolo dargestellt, könnte als Ich-Bezogenheit gewertet werden. Die meisten Menschen mit ADHS sind jedoch fürsorglich und setzen sich ebenso für andere ein.

Vier von fünf Teilnehmern antworteten in einer Umfrage, ob ADHS-Betroffene einen ausgeprägteren Gerechtigkeitssinn als andere haben, mit einem „Ja". Man könnte den großen Gerechtigkeitssinn als ein Resultat von bereits erlebten Ungerechtigkeiten bezeichnen. Diese Erklärung deckt sich mit meiner Erfahrung als Therapeutin. Habe ich vor Augen, wie oft mir ADHS-Patienten von ihren erniedrigenden und kränkenden Erlebnissen berichten, ist diese Entwicklung nur allzu verständlich.

Rossi (2012) macht den ADHS-typischen Wahrnehmungsstil dafür verantwortlich. Durch ihre sensible Wahrnehmung erfassen ADHS-Betroffene Benachteiligungen intensiver. In vielen Fällen scheint das Gefühl des „Sich-unfair-behandelt-Fühlens" also zu stimmen.

Sie setzen sich nicht nur für sich selbst, sondern auch für Schwächere ein, sobald sie eine Ungerechtigkeit wittern. Im eigenen Leben haben sie erfahren, wie allein und traurig sie sich bereits als Kinder fühlten, durch das Bewusstsein unangebracht behandelt zu werden.

2.2 Zwischen Selbstbestimmung und Kompromissbereitschaft in der Partnerschaft

Nach sozialer Akzeptanz, einem stabilen Umfeld und Pflege von Freundschaften sehnen wir uns als soziale Wesen alle. Bei vielen ADHS-Betroffenen ist dieser Herzenswunsch besonders ausgeprägt. Zweifel an ihrer Beziehungsfähigkeit erinnern sie an vergangene Zeiten, in denen sie soziale Isolierung und Ausgrenzung erfuhren.

Fühlen sich die Betroffenen von Nahestehenden akzeptiert und angenommen, verbessert sich die gesamte Symptomatik. Die Rolle des *psychosozialen Einflussfaktors* ist erheblich.

ADHS-Betroffene ziehen sich in Beziehungen an (Neuhaus, 2004). Dabei führen sie oft eine „Hass-Liebe". Sie kennen ihre Stärken und können Gemeinsamkeiten intensiver, eingehender und leidenschaftlicher genießen. Ebenso ausgeprägt sind die Erwartungen an den Partner. Am meisten geschätzt werden Charaktereigenschaften wie Perfektion, Anerkennung, Liebe und Sicherheit.

Im Naturell von ADHS-Betroffenen liegt das *Hochschaukeln der Emotionen* und daraus resultierenden Reaktionen bei auftretenden Konflikten. Dieser Mechanismus liegt v. a. in der Anfangsphase vor. Sie fühlen sich unsicher in der Beziehung. Ängste erneut zu scheitern werden reaktiviert. Nimmt das Vertrauen gegenüber dem Partner zu, gelingt es ihnen in kleinen Schritten, sich dem Partner zu nähern. Bevor dieser Prozess in Gang kommen kann, wird der Partner unbewusst in *hochemotionalen Auseinandersetzungen* geprüft. Zu tiefgründig sitzt die Angst vom Gegenüber bestimmt und/oder verlassen zu werden.

Ihr Motto lautet „Selbstbestimmung statt Fremdbestimmung" und geht bis in die Jugendzeit zurück, in der sie den Erwachsenen ausgeliefert waren und von ihnen beurteilt wurden.

Das nächste Fallbeispiel zeigt auf, wie tief beim Aufbau einer Partnerschaft die Angst vor Fremdbestimmung verankert ist.

Fallbeispiel 7: Raphaela und Silvan: Die 2. Chance nach der ADHS-Diagnose und therapeutischer Arbeit

Raphaela, eine meiner Freundinnen, vertraute sich mir in privatem Rahmen an: „Ich glaube, mit Silvan habe ich endlich den perfekten Partner gefunden. Wir erleben wunderschöne Zeiten miteinander, teilen denselben Humor und haben ein aufregendes Sexualleben." Bei dieser Bemerkung schmunzelte sie. „Wenn nur diese Streitsucht zwischen uns nicht existieren würde. Wir kämpfen beide dagegen an und wissen nicht, wie lange wir trotz großer Verliebtheit diese Spannungen ertragen."

Ich war erstaunt über diese Aussage von Raphaela. Wir kennen uns schon lange und gut und ich habe sie nie als provozierend oder streitsüchtig erlebt. Raphaela hatte schon einige gescheiterte Beziehungen hinter sich. Anfangs machte ich mir keine großen Gedanken. In unserer Freundschaft hatten wir nie ernsthafte Probleme oder Krisen. „Lasst euch Zeit; du musst Silvan erst kennenlernen! Du bist nicht mehr 20 und hast deine Erfahrungen bereits gemacht. Silvan ist nicht dein Ex-Partner, der dich betrogen hat, gebt euch eine Chance", ermunterte ich sie.

Ich stellte später infrage, ob ich einen zu lapidaren Kommentar abgegeben hatte. Raphaela war eine Freundin und ich wollte nicht in die Therapeutenrolle fallen.

Eine Eigenschaft irritierte mich jedoch bei Raphaela und wir hatten auch schon darüber gesprochen. Raphaela verschwand oft von der Bildfläche, beantwortete keine Nachrichten oder sagte im letzten Moment eine Verabredung unter einem Vorwand ab. Sie versuchte in derartigen Situationen einem Gespräch aus dem Weg zu gehen und versicherte mir jeweils: „Das hat nichts mit dir zu tun. Manchmal wird mir einfach alles zu viel." Sie blockte ab. Mir wurde bewusst, dass sich bei Raphaela in dieser Hinsicht wohl nie etwas ändern würde. Sie war, wenn sie präsent war, eine bereichernde Freundin. So entschloss ich mich, keine Erwartungen mehr zu haben und ihr das Regime über die Vereinbarung von Gesprächen und Treffen zu überlassen. Offenbar war dies die richtige Entscheidung, denn seit diesem Gespräch meldete sie sich öfters bei mir.

Die Streitigkeiten zwischen Silvan und ihr und die Angst vor dem Scheitern der Beziehung schienen sie zu beschäftigen. Als Freundin hatte ich ein offenes Ohr für ihre Probleme, wollte jedoch nicht zu ihrer Therapeutin werden. Als ihr Leidensdruck anstieg und sich auch in unseren Gesprächen alles nur um dieses Thema drehte, riet ich ihr, die Treffen mit Silvan zu reduzieren. Raphaela musste Silvan erklären, wie sie sich fühlte. Er sollte im Bilde sein, weshalb sie manchmal so zickig war. Erklärte sie ihm, dass sie von ihrem Grundwesen ein Mensch war, der viel Freiraum benötigte, würde er Verständnis aufbringen. Ich erhoffte mir, dass Raphaela nicht mehr so gereizt war, wenn sie nicht unter Druck stand. In unserer Beziehung hatte diese Strategie eine positive Veränderung bewirkt.

Raphaela sank in sich zusammen und meinte: „Das ist doch etwas ganz anderes, du bist immer für mich da und verstehst mich. Silvan könnte das gegen sich auffassen und gekränkt sein. Was wenn er mich verlässt? Außerdem ist dir sicherlich schon aufgefallen, dass ich nicht gut bin im Kommunizieren. Ich komme immer wieder vom Thema ab und spreche über etwas anderes. Das passiert mir stets und ich verstehe Silvan, wenn er nicht mitbekommt, was ich ihm mitteilen möchte.“ Raphaela hatte ihr Gesprächsverhalten gut analysiert. Sie machte oft Gedankensprünge und ließ sich v. a., wenn sie emotional erregt war, nicht unterbrechen. Es entstand eine Pause. Bedrückt räumte sie ein: „Ich bin gespalten in meinen Gefühlen. Einerseits klammere ich mich an ihn. Sobald er jedoch einen anderen Standpunkt einnimmt, kann ich diesen nicht akzeptieren. Auch wenn es Kleinigkeiten sind.“ Ich fragte nach, was sie am meisten an ihm störte. Raphaela musste zuerst nachdenken. „Eigentlich sind es Kleinigkeiten. Ich kann es nicht leiden, wenn er unordentlich ist und seine Kleider im gesamten Schlafzimmer verstreut sind, seine Unpünktlichkeit ist für mich am schlimmsten zu ertragen. Wenn sich Silvan verspätet, verspüre ich eine Hilflosigkeit und Wut. Ebenso auf die Palme bringen mich seine häufigen Fehlleistungen, schließlich will ich einen zuverlässigen Partner.“

Ich wollte mich wie erwähnt nicht als Psychologin einmischen. Der Leidensdruck stieg und ebenso meine Befürchtung, dass die Beziehung trotz guter Voraussetzungen und vorhandener Liebe scheitern könnte. Aufgrund meiner Erfahrungen als Therapeutin erkannte ich bei beiden Symptome einer ADHS. Ich fühlte mich verpflichtet, Raphaela darauf hinzuweisen. Daher riet ich ihr zu einer ADHS-Abklärung. Raphaela leistete zuerst Widerstand. Ihr Standardspruch lautete: „Du leidest unter einer ‚Deformation professionelle‘ und siehst hinter jedem Busch eine ADHS.“ Ich widersprach ihr nicht; schließlich wollte ich weiterhin auf privater Basis mit ihr befreundet sein.

Eines Abends rief mich Raphaela schluchzend an: „Es ist endgültig aus ... wir hatten einen fürchterlichen Streit. Kannst du vorbeikommen?“ Raphaela hatte mich noch nie gebeten, wegen eines Problems vorbeizukommen. Sie war stets tough und gab vor, ihr Leben im Griff zu haben. Es musste ihr viel an der Beziehung zu Silvan liegen.

Sobald ich bei ihr angekommen war, sprudelte es aus ihr heraus: „Ich kann mir gar nicht mehr vorstellen, wie wir beide derart die Kontrolle verlieren konnten. Ich kann mir nicht verzeihen. Es gelang mir nicht, mich zurückzuhalten und ich fuhr die Beziehung an die Wand. Silvan, der meist ruhiger bleibt, hat es nicht verdient, dass ich ihn derart beleidige. Wir planten die Ferien. Ursprünglich wollten wir Ende Juni 2 Wochen in Sardinien verbringen. Wir waren dabei die Flüge zu buchen. Silvan übernahm die Führung. Die Vorfreude war riesig. Währenddessen bereitete ich das Abendessen vor. Von Silvan hörte ich lange Zeit nichts, was für ihn untypisch ist. Er saß niederge-

schlagen am Esstisch und beichtete mir, dass er seine Ferien einen Monat später eingegeben habe. Er entschuldigte sich bei mir. Ich stieß ihn wutentbrannt weg und erschrak selbst über meine Reaktion. Ich warf ihm vor, nicht mal fähig zu sein, Ferien zu beantragen und erkundigte mich wutentbrannt, ob er auch noch einen Flug nach Norwegen anstatt Sardinen gebucht habe. Zuzutrauen wäre es ihm ja. Silvan verhielt sich erst ruhig, während ich immer mehr in Rage geriet. Ich forderte von ihm, seinen Fehler umgehend rückgängig zu machen. Ich wurde hysterisch und wiederholte meine Forderung. Silvan versuchte mir zu erklären, dass er am Wochenende seinen Chef nicht erreichen konnte. Am Montag würde er seinen Fehler sofort korrigieren. Ich war fixiert, konnte mich nicht mehr beruhigen und machte ihm stets heftigere Vorwürfe. Was ich ihm alles an den Kopf warf, weiß ich nicht mehr genau. An den Satz: ‚So blöd kannst selbst du nicht sein', kann ich mich erinnern und er lässt mir keine Ruhe.
Er war auch der Auslöser für Silvans Wutausbruch. ‚Das ist ja die Höhe. Ich dachte, du würdest mich wirklich lieben. Ich bin nicht mehr länger dein Blitzableiter.' Dabei tigerte er in der Wohnung herum, bekam einen hochroten Kopf und fand erst keine Worte mehr. ‚Wenn alles nach dem Willen der Prinzessin geht, ist die Welt in Ordnung. Du bestimmst stets, Kompromisse gehst du keine ein. Nein, es dreht sich ja alles um dich. Ich bekomme keinen Tobsuchtsanfall, wenn du pingelig bist wegen meiner Ordnung oder Fehlleistungen. Ich leide schließlich auch darunter. Du wirst dann zu einer ‚Zeitbombe', die verletzend ist. Das schmerzt mich jedes Mal. Versuche ich dir das zu erklären, geht die Sicherung auch bei mir durch, weil ich dich viel zu lange schütze und meinen Mund halte. Das ist jedoch vorbei. Du kannst gerne über dein Leben entscheiden; ich spiele da nicht mehr mit.'
Silvan verließ mich lautstark mit den Worten: ‚Such dir einen anderen Dummen, der nach deiner Pfeife tanzt und perfekt ist.'"
Als sich meine Freundin ein wenig erholt hatte, schrieb sie Silvan. Sie wurde auf eine Geduldsprobe gestellt. Silvan ließ sich Zeit mit der Antwort.
Meiner Freundin riet ich nun einen Fachmann für ADHS aufzusuchen. Einige Monate nach der positiven Diagnose und der therapeutischen Arbeit bereute sie, nicht bereits früher diesen Schritt gewagt zu haben. Es stellte sich heraus, dass bei ihr v.a. eine hohe Reizbarkeit mit Neigung zur emotionalen Überreagibilität vorlag. Auslöser war stets die Angst, von anderen Menschen bestimmt zu werden. Entweder zog sie sich zurück, wie anfangs in unserer Beziehung, oder sie war ihren Gefühlen ausgeliefert, wurde sehr impulsiv aus Angst, nicht mehr über ihre Wünsche und Bedürfnisse in ihrem Leben entscheiden zu können. Von Vertrauten, wie Silvan einer war, fühlte sie sich

fremdbestimmt und reagierte mit heftigen Gefühlsausbrüchen. Sie beharrte auf ihrer Meinung und konnte keine Flexibilität zulassen.
Die Frage war, weshalb sie in einem derartigen Ausmaß reagierte. Im therapeutischen Prozess erkannte meine Freundin, dass sie durch Erlebnisse in der Kinderzeit getriggert wurde. Bei Unpünktlichkeit wurde sie durch Liebesentzug von den Eltern bestraft. Sie erzählte, dass sie manchmal kein Mittagessen bekam, wenn sie sich auf dem Nachhauseweg verspätete. Abends stand sie vor einer verschlossenen Tür, wenn sie trotz wiederholter Ermahnung unpünktlich war. Sie musste in solchen Situationen richtiggehend betteln, damit der Vater ihr die Türe öffnete. Für Raphaela waren diese Erfahrungen demütigend und mit Angst verbunden. Ihre Eltern wollten ihr damit aufzeigen, wie wichtig Pünktlichkeit ist. Sie arbeitete an ihrer Pünktlichkeit. Im Erwachsenenalter erwartete sie von Nahestehenden übertriebene Pünktlichkeit. Unterbewusst verband sie Pünktlichkeit mit Zuverlässigkeit. Sie wurde in ihrer Beziehung mit den negativen Konsequenzen, den abschätzigen Kommentaren und ausgestandenen Ängsten während ihrer Kindheit konfrontiert. Silvan war ihr Partner und durch seine Neigung, es mit der Pünktlichkeit nicht so genau zu nehmen, wurde sie unbewusst stets an diese schrecklichen Kindheitserlebnisse erinnert. Erkennen konnte sie den Grund für ihre Kompromisslosigkeit erst in der Therapie.
Sie entschloss sich, Kontakt mit Silvan aufzunehmen. Erst war er skeptisch und teilte ihr mit, dass seine Kraft für eine solche Beziehung nicht mehr ausreichend sei, zumal ihn das geschäftliche Leben sehr fordere. Eine positive Auswirkung habe dieser schreckliche Streit: Er habe einen Psychologen aufgesucht und eine ADHS-Diagnose erhalten. Nun könne er sich wenigstens erklären, weshalb ihm derart viele Fehler unterlaufen seien.
Die beiden verabredeten sich zu einem Nachtessen und stellten fest, dass die gegenseitige Anziehungskraft noch vorhanden war. Gleichzeitig fürchteten sie sich vor Verletzungen, ausgelöst durch das Gegenüber. Sie ließen es langsam angehen und erkannten, dass beide noch an sich arbeiten mussten.
Zwei Jahre später fanden sie auf neuer Basis wieder als Paar zusammen. Sie sind sich jedoch bewusst, welches Risiko die Auswirkungen der ADHS in der Partnerschaft mit sich bringt, und haben gelernt, bei auftretenden Missständen das Gespräch zu suchen und bei Bedarf Hilfe in Anspruch zu nehmen.
Raphaela hat ihre Dominanz in der Beziehung erkannt und versteht die Hintergründe. Sie kann nun auch nachvollziehen, wie sich Silvan gefühlt haben musste, wenn sie nicht bereit war, Kompromisse einzugehen. Durch die Fixierung auf ihre Durchsetzungskraft entging ihr der allmähliche Rückzug ihres Freundes.

Silvan kann nach dem Therapieprozess nachvollziehen, weshalb Raphaela derart heftig reagierte, wenn er zu spät kam.
Das Paar hat eine Regel festgelegt: Bei Verletzungen weichen sie einander nicht mehr aus, sondern versuchen miteinander zu sprechen, mit dem Ziel den eigenen Standpunkt zu vertreten, Kränkungen einzugestehen und Lösungen zu entwickeln. Wichtig ist für beide, ‚Ich-Botschaften' zu formulieren. Der Humor kommt in ihrer Beziehung nicht zu kurz. Bevor es zu Streitigkeiten kommt, unterbrechen sie ihre Diskussion und schlafen eine Nacht darüber. Beide versuchen die Triggerpunkte des anderen zu meiden.

Resümee Silvan und Raphaela:

Raphaela:

- Ist eine liebenswürdige, temperamentvolle Person.
- Eigenartig war ihre Tendenz, sich plötzlich zurückzuziehen.
- Sie hatte einige gescheiterte Beziehungen hinter sich.
- War in gewissen Situationen den Gefühlen ausgeliefert.
- Ihr Redeverhalten war assoziativ, sie sprang, wenn sie emotional erregt war, von einem Thema zum anderen. Ihre Logorrhö erschwerte die Diskussionen. Sie wurde oft missverstanden.
- Als ihre große Liebe in ihr Leben trat, sank ihre Frustrationstoleranz und sie erniedrigte ihren Partner, ohne es zu wollen.
- Erst als die Beziehung zu Ende war, ließ sie sich helfen.
- Durch die Erfahrungen in der Kindheit, die mit ihrer ADHS zusammenhingen, war sie stur und konnte schlecht Kompromisse eingehen.
- In der therapeutischen Arbeit wurde der Bezug zur Kindheit hergestellt. Mittlerweile sind ihr die Triggerpunkte bewusst.
- Sie lernte auch den Standpunkt des Gegenübers zu verstehen und ist nach der Therapie fähig, mit Silvan ein konstruktives Gespräch zu führen.

Silvan:

- Von Grund aus eher ruhiger Typ.
- Pünktlichkeit und Ordnung waren nie seine Stärke.
- Litt jedoch unter seinen Fehlleistungen, v. a. wenn es Raphaela betraf.
- Wurde oft verletzt von Raphaela, ohne sich wehren zu können.
- Wut kam bei ihm auf, wenn Raphaela seinen Schwachpunkt ansprach und ihn als unfähig, unzuverlässig, faul oder dumm bezeichnete, weil er sich dies als Kind von seinen Mitschülern anhören musste.
- Trennte sich von Raphaela, weil er ihre Ausbrüche und Beschuldigungen, die ihn sehr verletzten, nicht mehr ertragen konnte.

Die zweite Chance:

- Beiden wurde nach der Trennung bewusst, dass sie sich ihren Problemen stellen mussten.
- Sie begaben sich unabhängig voneinander in Therapie und arbeiteten an ihren Problemen.
- Ihr Lernprozess, Geduld zu üben und nichts zu überstürzen, fruchtete.
- Näherten sich langsam einander wieder an und holten sich bei Konflikten Hilfe.
- Beide reflektierten ihre Verhaltensweisen.
- Sie änderten ihre Gesprächskultur und lernten zu ihren Gefühlen zu stehen. Humor, Ehrlichkeit hinsichtlich ihrer Bedürfnisse, Ich-Botschaften, den anderen nicht zu verletzen und bei Impulsivität das Gespräch zu unterbrechen, ist ihr Erfolgsgeheimnis.

2.3 Missverständnisse in der Partnerschaft aufgrund kommunikativer Schwierigkeiten

Probleme in Freundschaft, Partnerschaft, Familie und am Arbeitsplatz können häufig mit mangelnden Kommunikationsfähigkeiten und dadurch entstehenden Missverständnissen in Zusammenhang gebracht werden.

Die *andersartige Denkweise von Menschen mit ADHS* schlägt sich ebenso in der *Kommunikation* nieder. Eine wesentliche Einschränkung kann bei der ADHS durch die mangelnde Aufnahme, Priorisierung, Weiterverarbeitung und Abspeicherung der Informationen entstehen. Diese kognitiven Defizite innerhalb des Denkens wirken sich ihrerseits auf die Kommunikation aus. Im nächsten Abschnitt werden die häufigsten Problematiken (formale Denkstörungen) sowie die wichtigsten Anregungen für eine gute Gesprächskultur aufgezeigt (Neuhaus, 2004).

Formale Denkstörungen der ADHS widerspiegeln sich in der Kommunikation und erschweren den sozialen Kontakt. Sie beziehen sich auf den Ablauf der Gedanken wie z. B. eine Verlangsamung des Denkens oder eine gedankliche Zerfahrenheit.

Nach Gleixner, Müller & Wirth (2015) sind folgende *formale Denkstörungen* am häufigsten:

- *Logorrhö:* Wird übersetzt mit „Rededurchfall“. Betroffene halten einen Monolog und sprechen ohne Punkt und Komma. Dient dem Abbau von negativen Gefühlen und ist oft verbunden mit assoziativem Denken (vgl. Fallbeispiel 11).

- *Ideenflucht/assoziatives Denken:* Sprunghaftes Denken aufgrund von Reizüberflutung. Übergänge zwischen einzelnen Themen fehlen und Zuhörer können dem Gedankengang oft nicht folgen (vgl. Fallbeispiel 11).
- *Vorbeireden:* Betroffene antworten inhaltlich nicht adäquat auf die gestellte Frage, weil die Frage verzerrt oder nicht wahrgenommen wurde.
- *Gedankenabreißen:* Verlust des roten Fadens während eines Gesprächs. Ein gefürchtetes Phänomen bei Menschen mit ADHS (vgl. Fallbeispiel 8).
- *Eingeengtes, umständliches Denken:* Begrenzung des inhaltlichen Denkumfangs. Kommt vor bei ADHS, wenn der Erzähler emotional belastet ist.

Mangelnde Kommunikationsbereitschaft sowie -fähigkeit kann eine Partnerschaft schwer belasten. In einer Beziehung ist betretenes Schweigen unerträglich. Können Partner nur über Oberflächliches sprechen und nicht über Gefühle, ist die Konversation künstlich und bricht ab. Die Gesprächspartner fühlen sich unbehaglich und beginnen dem Gegenüber Vorwürfe zu machen. Menschen mit ADHS sind sensibel und fühlen sich überdurchschnittlich schnell angegriffen (vgl. Fallbeispiel 6).

Diverse Faktoren können dazu führen, dass Menschen mit ADHS nicht fähig sind, tiefergehende Gespräche zu führen.

Fallbeispiel 8: Herr und Frau G. freuen sich auf einen Abend zu zweit – böses Erwachen

Frau G. meldete sich und ihren Mann wegen Verständnisschwierigkeiten in der Therapie an. Sie gab an, ihr Mann würde ihr keine Aufmerksamkeit schenken und bei einem gemeinsamen Abendessen das Handy ihrer Gesellschaft vorziehen. Herrn G. kannte ich bereits; bei ihm wurde ca. 5 Jahre zuvor eine ADHS diagnostiziert. Ich hatte ihn als lebensfrohen Mann in Erinnerung. Beim Wiedersehen erschrak ich: Herr G. war sichtlich gealtert und kam gebeugt in die Praxis. Seine Frau war eine zierliche Person voller Energie. Ich forderte sie auf, mehr über ihre Probleme zu erzählen. Sie schilderte ein gemeinsames Abendessen, das desaströs endete. „Wir haben Kinder und es ist schwierig, Zeit für uns zwei freizuschaufeln. Marc arbeitet viel und das Kindermädchen muss verfügbar sein. Manchmal sind wir auch einfach zu müde und setzen uns vor den Fernseher. Zu unserem Jahrestag haben wir es geschafft. Marc reservierte einen Tisch in einem renommierten Restaurant für uns und ich freute mich wie ein Kind auf diesen Abend zu zweit. Das Wetter spielte ebenso mit und wir beschlossen kurzfristig, draußen zu essen. Erst hatten wir unsere liebe Mühe mit den Wespen. Marc schlug vor, ins Innere des Restaurants zu wechseln. Ich widersprach, denn ich wollte den wunderschönen Abend genießen. Es waren viele Gäste da und wir mussten laut miteinander sprechen, damit wir uns verstanden. Bereits zu diesem Zeitpunkt konnte Marc nicht mehr mithalten. Er wurde nervös und erneuerte den Wunsch im Restaurant zu essen. Ich bat ihn, das Abendessen draußen fortzusetzen. Die schöne Stimmung erinnerte mich an unser Kennenlernen. Ich machte Marc darauf aufmerksam und wollte weitererzählen und in Erinnerungen schwelgen. Unser Hauptgang kam und wir waren mit Essen beschäftigt. Neben uns setzte sich ein Verein, der feierte. Marc wurde immer einsilbiger. Schon früh gähnte er. Ich konnte es nicht fassen, dass Marc bereits nach 22.00 h gähnte. Ich stellte ihn zur Rede. Er gab an, müde zu sein. Das nahm ich ihm nicht ab. Er konnte ruhig zugeben, dass er keine Lust hatte, über unser Kennenlernen zu sprechen. Marc wurde unruhig und konterte, dass es ihm unmöglich sei zu sprechen. Einen Grund konnte er nicht nennen. Erneut griff ich ihn an, worauf er impulsiv reagierte: ‚Nun ist aber Schluss, du hast ja alles bekommen, was du gefordert hast: Wir haben ein gutes Essen in freier Natur genossen, was willst du mehr?‘ Ich wollte kein Aufsehen erregen und antwortete nicht. Innerlich war ich enttäuscht und wütend. Wie konnte er mich dies fragen. Es trat eine beklemmende Stille zwischen uns ein. Wir fielen nicht auf, weil der Betrieb um uns rege war. Beim Kaffee nahm Marc sein Handy und checkte seine Mails. Das war der Gipfel. Ich war sprachlos und enttäuscht. Marc beglich die Rechnung und wir gingen schweigend nach Hause. Dieses Schweigen hält seit diesem Abend an. Wir sprechen nur noch das Nötigste miteinander. Die Kinder reagieren bereits.“ Nun fragte ich Herrn G. wie er diesem Abend empfand. Nach kurzem Überlegen antwortete er: „Ich fühlte mich unwohl. Ich kann aber nicht eruieren weshalb, denn ich freute mich genauso auf unser Zusammensein. Sicherlich machten mich die Wespen kribbelig. Es war schwierig sich zu unterhalten, weil es so laut war. Ich strengte mich an, verstand nicht alles und ich hatte das Gefühl, bzw. die Angst, eine falsche Antwort auf eine Frage zu geben. Gaby ist in dieser Hinsicht sehr heikel. Sie wirft mir in solchen Situationen vor, ich würde ihr nicht zuhören, was nicht der Wahrheit entspricht. Es kostete mich viel Kraft.“ Er stockte, hatte keine Erklärungen mehr. Mir wurde bewusst, welche Befürchtung Herr G. hatte: Er vertraute seiner Konzentration nicht und wollte Verletzungen vermeiden. Herr G. hatte aufgrund seiner ADHS Schwierigkeiten mit dem Fokussieren. Daher schlug er instinktiv vor, nach drinnen zu gehen. Dort hätte er besser fokussieren können. Er wollte seiner

Frau einen besonders schönen Abend bereiten und verdrängte, dass er häufig den Faden verlor im Gespräch.
Ich teilte den beiden meine Annahme mit. Herr G. schlug sich mit der Hand vor die Stirn: „Natürlich haben Sie recht. Weshalb fiel mir dies nicht ein?" Frau G. verstand die Folgen der Konzentrationsschwierigkeiten ihres Mannes nicht und erkundigte sich: „Weshalb ging er nicht auf meine Erinnerungen beim Kennenlernen ein? Dafür braucht es nicht viel Konzentration." Ich vermutete: „Wahrscheinlich war Ihrem Mann diese Erinnerung derart wichtig, dass er noch mehr Respekt vor einer unpassenden Antwort hatte. Er befürchtete, dem Gespräch nicht folgen zu können." Herr G. antwortete wie vom Blitz getroffen „Genau, das ist der Grund. Ich habe mir den Kopf zerbrochen deswegen und mich immer wieder gefragt, weshalb ich nicht auf dich eingehen konnte. Jetzt weiß ich es: Ich hatte regelrecht Angst, es zu vermasseln und wollte dir keinesfalls das Gefühl geben, das Gespräch sei mir nicht wichtig." Am Ende trat genau dies ein. Frau G. warf fragend ein: „Er holte dann sein Handy raus, um sich zu beruhigen, richtig?" Mit dieser Vermutung hatte Gaby den Nagel auf den Kopf getroffen. Nach dieser Konsultation verstanden sie die Zusammenhänge. Bis zur nächsten Sitzung sollten sie in kurzen Gesprächen ihre Gefühle äußern, ohne sich zu beschuldigen. Sie berichteten, dass sie Fortschritte gemacht hätten, sich jedoch immer noch Vorwürfe machen würden. Sie bemühten sich daraufhin mit Erfolg ihre Bedürfnisse zu äußern ohne Wertung des Partners. Anschließend bekam das Ehepaar die Aufgabe, Zeitpunkt und Ort ihrer Gespräche sorgfältig auszusuchen. Beide hatten das Recht, zu einem Gespräch ‚nein' zu sagen, wenn sie sich nicht danach fühlten. Durch diese Übungen gelang es dem Paar die ersehnten, tiefergehenden Gespräche zu führen. Herr G. besiegte seine Angst, vor dem Verlust des roten Fadens.

Tipps

- Keine Verurteilung, wenn das Gegenüber den Faden verliert. In einem solchen Fall, dem Partner den Einstieg ins Gespräch erleichtern.
- Sich erinnern, wie viel Aufmerksamkeit ein Gespräch erfordert.
- Keine Angst vor Antworten, die nicht kongruent sind mit der gestellten Frage.
- Kürzere Gespräche, Vereinbarung, wenn Aufmerksamkeit nicht mehr vorhanden ist, Gespräch am nächsten Tag weiterführen zu können.
- Wahl eines ruhigen Ortes.

- Ausdrücken von Bedürfnissen durch Ich-Botschaften.
- Eigene Verletzungen äußern ohne Vorwurfshaltung.
- Zeichen wie Unruhe, Impulsivität, erhöhte emotionale Reaktionen einbeziehen und als Signale der Überforderung der ADHS wahrnehmen.

Abbildung 1: Missverständnisse in der Kommunikation (Foto: Noel Hendrickson, Getty Images)

3 Familiengründung und die Auseinandersetzung mit der eigenen Vergangenheit

Die Mehrzahl, der von ADHS betroffenen Paare wünscht sich Kinder und gründet zeitnah nach dem Aufbau einer Partnerschaft eine Familie. Gemäß ihrem Naturell leben sie im Hier und Jetzt und sind teilweise nicht fähig, die Konsequenzen dieses großen Schrittes abzusehen. Sie sind kinderlieb und möchten ihren Kindern ein besseres Leben bieten. Das Auseinanderdriften von Wunsch und Realität erfolgt bei den meisten Paaren. Die genetische Prädisposition wird mit 60–80 % beziffert (Banaschewski, Roessner, Uebel & Rothenberger, 2004; Krause & Krause, 2014). Daher gehen Menschen mit ADHS ein hohes Risiko ein, dass mindestens eines ihrer Kinder ebenso mit dieser Veranlagung zur Welt kommt. Ist dies der Fall, müssen sich die Eltern meist durch ähnliche Verhaltensweisen der Kinder mit der eigenen Vergangenheit auseinandersetzen, was schmerzvoll wie auch lehrreich sein kann (vgl. Fallbeispiel 2).

3.1 Familiensysteme – ein starker sozialer Verbund mit unbewussten Mechanismen

Dem Familienbegriff wird eine biologische, rechtliche, soziale und psychische Verbundenheit zugeschrieben.

Die stärksten Bindungen zwischen sozialen Wesen überhaupt existieren zwischen den Familienmitgliedern. Diese sind meist unbewusst, aber stets vorhanden. Die Kunst des Therapeuten besteht darin, die unsichtbaren Bindungen zwischen den einzelnen Mitgliedern zu erkennen und darauf aufzubauen.

Schneewind (1999) bezeichnet die Familie als *Personensystem*. Relevantes Merkmal ist das Spannungsfeld von Autonomie und Verbundenheit, das zur Entstehung enger persönlicher Beziehungen beiträgt. Als fördernde und erhaltende Aspekte bezeichnet er eine gewisse Abgrenzung und Privatsphäre, aber auch Nähe und Dauerhaftigkeit. Er räumt einer Familie größere Erfolgschancen ein, wenn das Ausmaß an Ähnlichkeit, beziehungsrelevanter Merkmale wie Interessen, Werte (z. B. Respekt, Ehrlichkeit, Treue usw.), Lebensstil, Persönlichkeit der Beziehungspartner sowie Geben und Nehmen im Sinne von Symmetrie und Komplementarität hoch ist.

Die Offenheit in der Kommunikation bildet die Voraussetzung für die Konfliktregulierung und Weiterentwicklung des Einzelnen. Die Intensivität des gegenseitigen Vertrauens stellt die Basis für den Erfolg dar.

Neuy-Bartmann (2010) stellt die *Familiendynamik* in den Vordergrund. Grundvoraussetzung für die Möglichkeit, sich im familiären System weiterentwickeln zu können, bildet ein gesundes Verhältnis an Nähe und Distanz. Sie spricht familiendynamische Prozesse an, die meist unbewusst ablaufen und eine Eigendynamik annehmen. Die Autorin legt das Schwergewicht nicht nur auf die Veränderung des Einzelnen, sondern auf eine Dynamik des modifizierten Systems.

Als die wichtigsten Aspekte und Werte werden *Geben und Nehmen* im Sinne einer *Komplementarität* betrachtet.

Den Schwerpunkt auf das Vorhandensein eines äußerst komplexen, meist unbewussten und unbekannten Mechanismus in Familien setzen die Familientherapeuten Boszormenyi-Nagy et al. (2020). Dabei werden die *unbewussten Familiendynamiken* in den Mittelpunkt gestellt. Als Grundprinzipien in dieser Familiendynamik definieren die Autoren: *Loyalität gegenüber den Eltern bzw. Kindern, Ausgeglichenheit zwischen Geben und Nehmen und den ausgeprägten Wunsch, niemanden zu enttäuschen.* Die Familienmitglieder sind sich dessen meist nicht bewusst. Durch den ausgeprägten Gerechtigkeitssinn von Menschen mit ADHS wird dieser Zug noch verstärkt. Jede zwischenmenschliche Beziehung und ganz besonders die Struktur von Beziehungen definieren die Autoren als eine Serie von auferlegten Prinzipien durch die einzelnen Familienmitglieder. Das familiendynamische Konzept der beiden Autoren ist durch den Begriff der Gerechtigkeit geprägt. Sie arbeiten familientherapeutisch nach den Methoden der Fairness und Werte innerhalb der Familie. Dieser Ansatz dient dazu, die Verflechtung innerhalb des Familiensystems zu erkennen und lösen. Die Autoren gehören zu der ersten Generation von Familientherapeuten und erkannten bereits in den 50er-Jahren, dass die Familie ein System ist, das krank machen kann.

Wie bereits erwähnt, leiden Menschen mit ADHS häufiger unter Schuld-, Scham-, Insuffizienzgefühlen und Loyalitätskonflikten. Damit verbunden sind verständlicherweise Verlustängste. Durch die unbewusst vorhandenen Schuld- und Schamgefühle kommt der Trugschluss auf, *den Bedürfnissen anderer Familienmitglieder nicht gerecht werden* zu können.

3.2 Familienplanung: Wunsch nach Akzeptanz und Sicherheit

Ein Großteil der Paare mit ADHS gründet nach dem Kennenlernen zeitnah eine Familie. Nebst dem geplanten Nachwuchs werden Frauen signifikant häufiger unbeabsichtigt schwanger (vgl. Barkley et al., 2017).

Wir beschäftigen uns mit der beabsichtigten Familienplanung. Der Wunsch, mit dem geliebten Partner zusammen eine gemeinsame Zukunft aufzubauen, ist zentral. Viele werdende Eltern wissen nichts von ihrer ADHS-Betroffenheit. Sie sehnen sich nach einer Oase des Verständnisses, der Akzeptanz und der Geborgenheit. Nachvollziehbar ist der Wunsch, mit Partner und Kindern ein eigenes „Universum" zu gründen und den alltäglichen Druck sowie die Kritik der Außenwelt vor den Toren ihres Reiches zurückzulassen.

Erkundige ich mich bei einem Paar in der Therapie, ob der Kinderwunsch vorhanden sei, bejaht die Mehrheit begeistert. „Am liebsten eine ‚Fußballmannschaft'", lassen vorwiegend Männer verlauten.

Menschen mit ADHS können durch ihr Naturell in folgenden Komponenten partiell mit dem Wesen von Kindern verglichen werden: Sie sind von Natur aus in der Regel unkompliziert, spontan, authentisch, liebevoll, nicht nachtragend, humorvoll, neugierig, liebesbedürftig, hilfsbereit, loyal und leben im Hier und Jetzt.

Erfrischend empfinde ich ihre spontanen, überraschenden Handlungen (vgl. Fallbeispiel 25 im Ausblick). Es läuft nicht alles nach einem rigiden Programm ab; die Freizeit wird meist kurzfristig geplant. So kann es durchaus vorkommen, dass ein Paar am Freitag schwärmt, wie schön es wäre, das Wochenende auf einem Zeltplatz zu campieren. Es bleibt nicht nur bei der Idee, sondern sie wird auch umgesetzt. Selbst wenn der Campingplatz überfüllt ist, finden sie in der Regel eine Lösung wie bspw. Übernachten auf einem Bauernhof. Diese Leichtigkeit im richtigen Maße, gepaart mit der Hartnäckigkeit, Vorhaben nicht aufzugeben, sind Wesenszüge von vielen Menschen mit ADHS, welche die Lebensqualität erhöhen.

Naheliegend ist der Wunsch, *den eigenen Kindern einen besseren Start ins Leben zu ermöglichen*. Berücksichtigen wir die konfliktbehaftete Jugend der potenziellen Eltern mit einer nicht erkannten ADHS, ist dieses Anliegen mehr als verständlich.

Die Kindheit sollte derjenige Zeitabschnitt sein, in der die *Kinder spielen und Erfahrungen sammeln* können durch ständiges Ausprobieren. Dadurch entdecken sie die Welt (Wettig, 2006). Die meisten Betroffenen hatten in ihrer

Kinderzeit einen erschwerten Zugang zum Spielen, v.a. zu interaktiven Spielen. Im Spiel *setzen sich Kinder aktiv und intensiv mit sich selbst und ihrer Umwelt auseinander*. Das Spiel bietet daher ideale Voraussetzungen für erfolgreiche Lernprozesse in allen Bereichen der kindlichen Entwicklung (Hajszan, Pfohl & Bodeving, 2018). Es kann als Vorbereitung für das Leben betrachtet werden: Kinder erlernen durch die extensiven Spielerfahrungen zahlreiche Fähigkeiten und Fertigkeiten in verschiedenen Bereichen des Lebens.
Im Zentrum stehen beim Spiel folgende Aspekte:

- Weiterentwickelung ihrer Identität und Persönlichkeit
- Kennenlernen der eigenen Stärken und Grenzen
- Erwerb sozialer und Kompetenzen (Rücksichtnahme)
- Gestaltung von zwischenmenschlichen Beziehungen (Zusammenarbeit mit anderen, Erarbeiten von gemeinsamen Regeln beim Spiel, Erprobung von Lösungsstrategien)
- Durch das aktive Handeln und Experimentieren im Spiel lernen Kinder die Welt, in der sie leben, immer besser kennen und erweitern ihr ganz persönliches Wissen Stück für Stück, im kognitiven sowie im zwischenmenschlichen Bereich.

Diese Erfahrungen und die damit verbundenen Kompetenzen konnten Eltern mit Verhaltensauffälligkeiten in der Kindheit wegen des Ausschlusses durch Gleichaltrige oft nur bedingt machen.

Wie vehement Kinder unter der Ausgrenzung durch Gleichaltrige leiden, zeigt das nächste Fallbeispiel. Ohne gemeinsame Erlebnisse mit Kameraden kann keine Gruppendynamik entstehen und Freizeitbeschäftigungen erhalten einen faden Beigeschmack.

Fallbeispiel 9: Herr H.: Wunsch nach Integration in Peergroup ist unmöglich

Herr H., ein 40-jähriger Mann, schilderte die Barrieren zwischen ihm und der restlichen Peergroup folgendermaßen: „Meist forderte mich meine Mutter auf, mit den anderen Kindern im Quartier zu spielen. Für mich bedeutete ‚Spielen' eine Strafe. Ich konnte nie erkennen, ob sich die anderen über mich lustig machten. Ich habe einen besonderen Humor; die Frage lautete: Lachten die Nachbarkinder mit mir oder über mich? Es gab drei Verhaltensmuster, an die ich mich heute noch erinnere:

- Hatte ich das Gefühl, die Gruppe würde mich provozieren, ging meine impulsive Art mit mir durch und ich setzte meine Fäuste ein. Es war mir bewusst, dass ich den anderen auf diesem Gebiet überlegen war. Später tat es mir leid, v.a., wenn jemand verletzt wurde.

- Es gab auch Spielsequenzen, bei denen ich den Sinn nicht einsah, bzw. das Spiel nicht verstand. Meist entfernte ich mich vom Platz.
- Bei der dritten Variante befand ich mich mitten im Geschehen, war jedoch unbeteiligt und mit den Gedanken an einem anderen Ort.

Eine emotionale Verbundenheit zu den anderen empfand ich nie. Das hat sich teilweise bis heute fortgesetzt. Ich verstehe die ‚Sprache' von Menschen ohne ADHS oft nicht. Erkundigte sich meine Mutter, ob wir ‚schön' gespielt hätten, bejahte ich. Ich konnte meiner Mutter meine Gefühle nicht erklären und wusste, dass ihre guten Ratschläge mich noch mehr verletzen würden. Sie konnte sich nicht vorstellen, wie es in meinem Inneren aussah, und gab mir meist denselben Tipp: ‚Gib nicht auf, Junge, eines Tages erreichst du dein Ziel.' Wie ich diese Worte hasste. Sie hatte nicht den Hauch einer Ahnung, wie sehr ich mich bemühte, mich der Gruppe anzuschließen. Es reichte mir, wenn ich deswegen von meinem zwei Jahre älteren Bruder Felix gehänselt wurde. Er war das Gegenteil von mir: Er brauchte stets Spannung, sonst war ihm langweilig. Felix war derjenige, der Regeln missachtete und zu spät nach Hause kam, ohne je Konsequenzen tragen zu müssen. Ich konnte nicht verstehen, weshalb er für sein Fehlverhalten beinahe noch belohnt wurde. Beim Essen hörten meine Eltern meinem Bruder Felix gebannt zu, während ich keine Gelegenheit hatte, etwas zu erzählen.
Als Kind konnte ich mich selbst beschäftigen; wünschte mir jedoch auch Freunde. Verstand ich die Spielregeln nicht, fühlte ich mich dumm. Es war die bessere Entscheidung, den Spielplatz zu verlassen, bevor die anderen bemerkten, weshalb ich nicht mitspielte. Mich schmerzte am meisten, dass selbst meine Eltern nicht bemerkten, wie sehr ich unter dieser Situation litt. Zu Hause fühlte ich mich auch unverstanden und einsam. Selbst heute habe ich wenig Freunde. Ich konnte dank eines Internatsbesuches mein Studium absolvieren und bin glücklich in meinem Beruf und in der Firma. Mich auf engere Freundschaften einzulassen, fällt mir schwer. Zu viele Beziehungen sind gescheitert." Abschließend verriet er mir: „Ich bin ein absoluter Kinderfan. Ich möchte eine ehrliche Partnerin finden, mit der ich eine Familie gründen kann. Aber hierfür benötige ich eine Gebrauchsanweisung." Ich konnte Herrn H. beruhigen. Vielen Menschen, welche die Diagnose ADHS erst als Erwachsene erhalten, fehlt die Erfahrung der positiven Sozialkompetenz. Ein Rezept oder eine Gebrauchsanweisung existiert nicht. Durch die Auseinandersetzung mit der ADHS und Therapie konnte er lernen, sich selbst zu verstehen und akzeptieren. Er fand für die Reaktionen seiner engeren Umwelt eine Erklärung und begriff, dass sie damals überfordert waren. Verzei-

hen kann er seinen Eltern die Bevorzugung seines Bruders und die Härte, mit der sie ihm begegneten, nicht. Das Gefühl der Einsamkeit und der Eindruck, in der Familie unerwünscht zu sein, hinterließen Spuren bei ihm.

Resümee Herr H.:

Herr H.:

- Wollte als Kind und Jugendlicher auch zur Peer-Gruppe gehören.
- Versuchte Strategien zu entwickeln. Keine war erfolgreich; er wurde von den anderen nicht akzeptiert und fühlte sich einsam.
- Er resignierte und ging nicht mehr freiwillig spielen. Seine Mutter schickte ihn stets nach draußen.
- Erzählte er seiner Mutter von seinen Erlebnissen, stieß er auf wenig Verständnis. Er gab auf, seine Gefühle auszudrücken. Seine Mutter verstand ihn nicht und insistierte, dass er mit den anderen spielte. Widerworte waren zwecklos.
- Als die Lehrerin seine Eltern auf die ausgeprägte „Aggressivität" von Herrn H. hinwies, fielen sie aus allen Wolken. Sie schoben die Schuld den Lehrern zu. Der Vater kam aus einer intellektuellen Familie und wollte seinen Sohn fördern. Auf diese Weise durfte er ein Internat besuchen. Die Institutsleitung war sehr angetan von diesem cleveren Jungen. Seinem Studium stand nichts im Wege.
- In seinem Beruf und dem Team ist er glücklich.
- Privat fällt es ihm schwer, Vertrauen zu fassen. Verbunden damit sind auch die Erinnerungen an die elterlichen Reaktionen.
- Sein Bruder, der stets über die Stränge schlug, wurde von seinen Eltern belohnt und akzeptiert. Herr H. war in der Kindheit angepasst und versuchte seinen Eltern keinen Kummer zu bereiten. Nach elterlicher Liebe strebte er lange Zeit seines Lebens vergebens.
- Es war ein langer Weg nach der ADHS-Diagnose, bis er seine Reaktionen akzeptieren sowie seine Schuld- und Schamgefühle abbauen und sich von alten Mustern befreien konnte.
- Nach einiger Zeit, in der Herr H. sich in Therapie befand, stellte seine Firma eine neue Mitarbeiterin im Bereich Marketing ein. Ich spürte sofort, dass Herr H. Gefallen an ihr fand. Er tastete sich langsam an sie heran. Anfangs waren sie nur Arbeitskollegen, die sich sehr gut verstanden. Bei einem Mittagessen erfuhr er von ihrem Schicksal, das seinem ähnelte. Sie hatte bereits eine Therapie hinter sich und war sich im Klaren, was sie nie wieder erleben wollte: enttäuscht werden. Die beiden fanden zueinander und sind in freudiger Erwartung eines gemeinsamen Kindes.

- Seinen Eltern kann er nicht verzeihen und möchte, dass sie keinen Kontakt zu seinem Kind haben.
- Dieser Entschluss zeigt die tiefe Verletzung von Herrn H. Ausschlaggebend ist nicht, ob er seinen Eltern verzeihen kann, sondern dass er seinen inneren Frieden findet.

Eltern:

- Nahmen die Konflikte und die innere Not ihres Sohnes auf die leichte Schulter.
- Sie wählten den einfachsten Weg: Traten Schwierigkeiten im sozialen Kontakt auf, suchten sie den Fehler bei ihrem Sohn.
- Als es in der Schule zu Schwierigkeiten kam, wurde den Lehrern die Schuld zugewiesen. Herr H. wurde in ein Internat abgeschoben. Es könnte sein, dass der Hintergedanke, weniger mit den Problemen ihres Sohnes konfrontiert zu werden, eine Rolle spielte.
- Beide Elternteile kümmerten sich nicht um den Ursprung seiner Probleme, sondern verlangten mehr Disziplin. Bei ihnen ist die Empathie- und Konfliktfähigkeit nur mangelhaft ausgebildet. Sie zeigen keine Bereitschaft, ihre Erziehungsmethoden zu hinterfragen.
- Der Fokus lag auf ihrem rebellischen Sohn Felix. Herr H. bekam kaum Aufmerksamkeit oder Liebe von seinen Eltern.

3.3 Idealistische Vorstellungen bei Familienplanung und Realität des Elternseins

ADHS-Betroffene verfolgen ihre Ziele in der Regel hartnäckig. Selbst bei Hinweisen auf nachteilige Aspekte lassen sie sich nicht unterkriegen und finden ein Gegenargument. So auch bei der Familiengründung. Eltern und Freunde können Einwände vorbringen, sie seien zu jung, würden ihr Kind finanziell nicht versorgen können, seien selbst noch Kinder etc. Haben sie beschlossen, Nachwuchs zu bekommen, setzen sie alles daran, damit es funktioniert.

Angesprochen auf das Kinderthema, können werdende Eltern euphorisch werden bei der Darstellung ihrer Zukunftsvision der eigenen Familie. Versetzen sich zukünftige Eltern in die Zeit nach der Geburt des Nachwuchses, können sie einen mit ihren Erzählungen richtiggehend begeistern. Sie versinken in solchen Momenten in ihrer Traumwelt. Was eine Schwangerschaft bedeutet, erfahren die Frauen erst, wenn sie in freudiger Erwartung sind. Vorstellung und Realität dieses Zustandes driften beim ersten Kind meist auseinander.

Ich muss schmunzeln, wenn ich mich an die kürzliche Sitzung eines Paares (Familie M.) erinnere. Frau M. war etwa im 6. Monat schwanger. Sie war müde und gereizt. Erst zählte ihr Mann eine nicht endend wollende Litanei von Aktivitäten auf, die er mit seinem Sohn unternehmen werde, wenn er ein wenig größer sei. Frau M. verdrehte die Augen. Angesprochen darauf, dass er evtl. Vater eines Mädchens werden könnte, antwortete er strahlend: „Dann tuckern wir eben Puppenkleider zusammen." Seine Vorfreude blieb bestehen. Nur die Reaktion seiner Frau war niederschmetternd: „Du überschätzt dich wie immer, als ob du so etwas könntest."

Die Vorstellung des Elterndaseins unterscheidet sich bei Eltern mit und ohne ADHS von der Realität. Bei Eltern mit einer ADHS liegt eine erheblich *höhere Wahrscheinlichkeit* vor, dass der *Nachwuchs ebenso von einer ADHS* betroffen ist und in der Regel mehr Aufmerksamkeit, Energie und Geduld fordert (vgl. Franke et al., 2012).

Die meisten Paare bemerken nach der Geburt ihres ersten Kindes, dass die Familienbildung eine Menge von Umstrukturierungen erfordert, mit denen sie nicht gerechnet haben. Babys, Kleinkinder und Kinder sind wundervoll, sie geben viel, können jedoch auch sehr anstrengend und fordernd sein. Schlafmanko, Unsicherheit und Überforderung sind vorprogrammiert. Jedes Alter ihrer Kinder bringt neue Herausforderungen mit sich (vgl. Huggenberger, 2019).

Knapp ein Viertel der Eltern schätzte sich im Alltag mit Kindern als stark belastet ein (Bolster, Rattay, Hölling & Lampert, 2020). Innerhalb weniger Monate müssen Eltern in diversen Bereichen des Lebens zurückstecken. Manchmal überfordert, genervt, verunsichert, wütend und am Ende der Kraft zu sein, ist völlig normal.

Walsh (2003) erachtet gerade in schwierigen Lebenssituationen die klare Kommunikation untereinander, den offenen Ausdruck von Gefühlen und den Versuch, gemeinschaftlich ein Problem zu lösen, als zentral. Die offene Kommunikation ohne Vorwurfshaltung und emotionale Ausbrüche fällt Menschen mit ADHS oft nicht leicht. Der Austausch zwischen den Partnern ist umso wichtiger als Eltern. Tritt eine Veränderung ein, müssen Anpassungsprozesse besprochen werden. Eltern haben ebenso die Aufgabe, sich in den Grundsätzen der Erziehungspraktiken zu einigen. Als eine wichtige Komponente erweist sich eine emotional sichere und stabile Beziehung zu mindestens einer Bezugsperson.

In der Erziehung ist eine wertschätzende und emotional zugewandte Haltung gegenüber dem Kind fundamental. Kinder sind auf eine Leitlinie angewiesen. Eltern müssen daher den Kindern klare Grenzen und eindeutige Regeln vermitteln.

Wie unterschiedlich die idealisierte Vorstellung sich von der Wirklichkeit mit Kindern abhebt, zeigt das folgende Fallbeispiel.

Fallbeispiel 10: Reto und Romina W.: Überforderung bei der Erziehung ihres Sohnes Roman

Die Anfrage nach Unterstützung der Familie W. kam per Mail. Die Eltern wirkten verzweifelt bei der Erstkonsultation. Ihr Sohn Roman besuche seit ein paar Monaten die Spielgruppe. Er sei jedoch bereits von der sozialen Einrichtung ausgeschlossen worden, da er trotz des hohen Einsatzes der Leiterin bei den anderen Kindern anecke und aggressiv werde. Romina brach in Tränen aus: „Ich weiß, dass wir vieles falsch gemacht haben und die Umstände alles andere als ideal waren. Es darf nicht sein, dass Roman dieselbe Misere erlebt wie ich damals." Durch meine Nachfrage erfuhr ich, dass Romina W. in der zweiten Klasse die Regelklasse verlassen musste, weil sie in der Schule untragbar gewesen sei. Sie habe ähnlich reagiert wie ihr Sohn, wenn sie provoziert worden sei. Daraufhin sei sie in einem Schulheim platziert worden. Während der gesamten Primarschulzeit habe sie nur am Wochenende nach Hause gehen dürfen. Sie weinte und äußerte kleinlaut: „Ich hatte niemanden, der mich unterstützte. Ich wollte am Sonntag meist nicht ins Heim zurück. Als Erklärung bekam ich von meiner Mutter zu hören: ‚Kind, du musst in die Institution, vergiss nicht, dass du krank bist und bei uns im Dorf nicht zur Schule gehen kannst.' Bei mir wurde eine ADHS diagnostiziert. Ich verstand nie, was das bedeutete. Es war mir nur bewusst, dass ich dumm war, denn in der Schule war ich außer in Turnen und Zeichnen grottenschlecht. Mir wurde stets vorgehalten, faul zu sein und mich nicht genügend anzustrengen. Die Lieblingsaussage meiner Mutter, mit einer derartigen Einstellung und den unverständlichen Aggressionen könne aus mir nichts werden, verunsicherte mich. Für meine Ausbrüche schämte ich mich. Ich strengte mich in der Schule an, erzielte dennoch keine dem Aufwand angemessenen Noten. Da ich in der Sonderschule ebenso wenig auf Verständnis stieß, war ich immer stärker der Überzeugung, dass die anderen recht hatten mit ihren Beschuldigungen, und ich hätte mich am liebsten verkrochen. Ich bin schulisch einfach ungeeignet, bestand nicht mal die Lehre zur Verkäuferin wegen der Schulnoten. Dafür hatte ich im Liebesleben Glück; ich traf Reto und wir waren uns einig, zeitig eine Familie zu gründen." Von Herrn W. hatte ich noch wenig erfahren, daher erkundigte ich mich nach seiner Kindheit. Seine leiblichen Eltern waren bei einem Autounfall ums Leben gekommen, als er drei Jahre alt gewesen war. Er wurde von einer Pflegefamilie aufgenommen, die Mitglieder einer Freikirche waren. Eine Kindheit habe er nicht gehabt. Er habe harte Strafen bekommen, wenn er im Teenageralter mit Freunden ausgegangen sei und Alkohol getrunken habe. In dieser Entwicklungsphase sei ihm gar nicht bewusst gewesen, dass sein Verhalten normal war und die Denkweise der Adoptiveltern fragwürdig. Er habe stets zu hören bekommen, er habe dankbar zu sein, dass sie ihn aufgenommen hätten. Der Druck sei derart hoch gewesen, dass er nach der Lehre möglichst bald ausziehen wollte. Ohne die Liebe zu Romina wäre ihm das nie gelungen. In einer Nacht- und Nebelaktion sei er umgezogen. Seine Stiefeltern hätten ihn nicht gehen lassen. In einer entfernten Region hatten sich die beiden eine Wohnung gemietet und geheiratet und ein neues Leben aufgebaut. Ihre Liebe war echt; die Verletzungen der Ehepartner zu massiv, um allein damit fertig zu werden. Keiner von beiden realisierte dies. Bei beiden kam der Kinderwunsch auf. Als Romina schwanger wurde, freuten sie sich riesig. Am Ende der Schwangerschaft habe Romina Beschwerden bekommen und die Geburt sei auch nicht komplikationslos verlaufen. Das Ehepaar räumte ein, sie hätten nicht im Traum daran gedacht, dass die Gründung einer Familie mit derart vielen Schwierigkeiten verbunden sein könnte.

Roman sei ein Schreibaby gewesen. Sie hätten schlaflose Nächte gehabt, seien arg überfordert gewesen. Einen Arzt hatten sie nicht aufgesucht; sie suchten den Fehler bei sich selbst und fühlten sich als Versager. In der Vergangenheit sei ihnen stets vermittelt worden, sie seien Loser. Herr W. habe arbeiten müssen. Das Schlafmanko habe ihn belastet. Er sei ungeduldig, reizbar geworden und habe sich selbst nicht ausstehen können. Romina habe versucht, Roman zu versorgen, sei jedoch derart übermüdet gewesen, dass sie Schlaf nachgeholt habe, wenn ihr Sohn schlummerte. Die Hausarbeiten seien liegen geblieben und wenn Reto nach Hause gekommen sei, habe es dicke Luft gegeben. Alltägliche Probleme seien jeweils in einem Streit ausgeartet. Reto habe ihr vorgeworfen, faul zu sein. Sie wiederum habe ihren Mann kritisiert, weil er sich nicht um den gemeinsamen Sohn kümmerte. Als Roman pflegeleichter wurde, habe sich dieses Muster bereits eingespielt. Romina habe ihren Kleinen geliebt, sei jedoch schnell in die Luft gegangen, wenn Roman quengelte und habe zu wenig Geduld gehabt. Der Haushalt sei ihr auch nicht leicht von der Hand gegangen. Sie habe sich immer wieder verzettelt. Abends habe es oft schlimmer ausgesehen in der Wohnung als am Morgen. Sie sei traurig und frustriert gewesen, habe sich als Versagerin gefühlt und sich den Ausgleich vor dem Fernseher geholt. Meist sei sie auch zu erschöpft gewesen, um andere Tätigkeiten in Angriff zu nehmen.

Reto habe während langer Zeit einen großen Anteil des Haushaltes erledigt. Nun habe er aus energetischen Gründen kapituliert. Um sich zu regenerieren, verbringe er ebenso einen großen Teil seiner Freizeit auf der Couch. Romina und Reto liebten ihren Sohn, konnten aufgrund mangelnder Erfahrung, Kraft und Wissen ihrem Kind jedoch nicht gerecht werden. Romina schaudert es jetzt noch, wenn sie daran denkt, wie oft sie ihren Sohn angeschrien habe, wenn er quengelte und sie müde gewesen sei. Reto habe bessere Nerven gehabt und sich mehr mit Roman abgegeben. Mit 2 Jahren stellte der Kinderarzt fest, dass es Roman nicht gut gehe. Er kränkelte ständig und war unruhig. Er habe ihnen ans Herz gelegt die Familienberatung aufzusuchen. Das sei ihr Glück gewesen. Sie hätten viel über Erziehung gelernt. Die Fachleute hätten ihnen erklärt, weshalb Aufstellen gemeinsamer Regeln derart wichtig sei für die Entwicklung ihres Sohnes. Dadurch hätten sie als Eheleute wieder einen Zugang zu gemeinsamen Gesprächen gefunden. Ihre Ehe habe sich verbessert; der Streitpunkt um den Haushalt sei geblieben.

Als Roman drei Jahre alt gewesen sei, habe Romina den Sozialisierungsprozess ihres Sohnes unterstützen wollen. Wo immer er auf andere Kinder gestoßen sei, bspw. auf dem Spielplatz oder bei Besuchen von gleichaltrigen Kindern sei er als schwieriges Kind aufgefallen. Er habe anderen Kindern ihre Spielsachen weggenommen und Spielkameraden bei Streitigkeiten geschlagen und gebissen. Anfangs sei das Verständnis anderer Eltern noch vorhanden gewesen. Als keine Besserung eintrat, schützten sie ihre Kinder vor Roman. Romina habe nicht mehr den Mut gehabt auf den Spielplatz zu gehen. Man habe ihr zu verstehen gegeben, sie sei unerwünscht. Die Eltern fanden auch keinen Babysitter für ihren Kleinen und mussten auf gemeinsame Zeit zu zweit verzichten.

Das Gefühl nicht dazuzugehören, das die Eltern bereits in ihrer Kindheit zu spüren bekamen, und der Ausschluss aus der sozialen Gemeinschaft machte ihnen schwer zu schaffen. Anstatt Unterstützung bekamen sie die abwertende Haltung anderer Eltern zu spüren.

Ich bat das Paar bei der nächsten Sitzung ihren Filius mitzunehmen. In diesem Alter eine Diagnose zu stellen ist meiner Meinung nach verfrüht. Roman hatte sehr viele Anteile der ADHS. Zusammen mit dem Kinderarzt schauten wir, dass er Förderung erhielt und die Eltern Entlastung. Als Erstes wurde beschlossen, dass Roman die Spielgruppe definitiv nicht mehr besuchte und stattdessen zweimal in der Woche den Tag auf einem Bauernhof mit einem Sozialpädagogen, der auch Kinder hatte, verbringen durfte. Morgens war Roman mit dem Pädagogen allein, begleitete ihn auf das Feld und durfte viele Erlebnisse in der Natur erfahren. Es machte ihm auch Spaß mitzuhelfen.

Anfangs begegnete er den beiden Kindern des Ehepaars nur mittags. Da diese schon größer waren, freute sich Roman stets auf ihre Gesellschaft. Sie waren seine Vorbilder und keine Konkurrenz. Silke und Lukas, die Kinder des Paars, mochten den Kleinen. Silke begann auch mit dem Babysitten von Roman zu Hause. Schon nach kurzer Zeit verbesserte sich der Zustand von Roman. Die Eltern beschlossen zusammen mit dem Pädagogen und dem Kinderarzt, ihren Sohn ein Jahr später in den Kindergarten einzuschulen, denn stabil war er noch nicht. Während des zweiten Jahres kam ein 5-jähriger Junge mit Verhaltensauffälligkeiten dazu. Bevor Roman den Kindergarten besuchte, klärte ich ihn auf die ADHS ab. Die Diagnose war positiv. Roman behielt bei, was er bereits seit zwei Jahren genossen hatte, er verbrachte viel seiner Freizeit auf dem Bauernhof. Er bekam jedoch auch Medikamente für den Fall, dass die Reizüberflutung im Kindergarten zu groß wurde. Der Eintritt in den Kindergarten gelang problemlos und Roman konnte auch Freundschaften schließen.

Romina erkannte, dass ihr die Diagnose nichts geholfen hatte, ohne das Phänomen ADHS zu verstehen. Sie kam zu mir in die Therapie, lernte sich und die ADHS kennen. Diese Erkenntnisse konnte sie bei der Entwicklung von Strategien und in der Erziehung ihres Sohnes umsetzen. Gleichzeitig lernte sie Schuld- und Schamgefühle abzubauen, weil sie erkannte, dass die ADHS-bedingten Defizite Ursache der häufigsten „Versagensmomente", wie Romina ihre Schwierigkeiten nannte, waren. Romina konnte das erste Mal in ihrem Leben frei bestimmen. Sie schloss später, als sich alles beruhigt hatte, eine Lehre im kaufmännischen Bereich ab und bildete sich weiter, sodass sie viele Arbeiten von zu Hause aus erledigen konnte. Etwa alle 6 Wochen kamen beide Elternteile in eine Psychoedukationssitzung. Herr W. befreite sich ebenso von den Glaubensdoktrinen, die ihn bis ins Erwachsenenalter begleitet hatten, bei einem Seelsorger. Heute können sie ihre Liebe leben, mit Roman zusammen auch ein wenig ihre Kindheit nachholen bei gemeinsamen Erlebnissen. Sie haben erkannt, dass Roman ein stabiles Fundament benötigt. Ebenso mussten sie erfahren, dass an einer Beziehung und der Familie stets gearbeitet werden muss, und fürchten sich auch nicht mehr vor unterschiedlichen Meinungen.

Resümee Familie W.:

Romina W.:

- Wurde in der Schule abgeklärt und bekam die Diagnose ADHS.
- Niemand beschäftigte sich mit den Konsequenzen der ADHS.

- Die Eltern bestraften sie durch Liebesentzug.
- In der zweiten Klasse wurde sie bereits in ein Schulheim abgeschoben; dort erfuhr sie keine Förderung, sondern eine Verurteilung ihrer Selbstkompetenz.
- Mit der Zeit glaubte sie, an ihrem Versagen selbst die Schuld zu tragen.
- Konnte keine Lehre absolvieren.
- Ihr Plan einer raschen Familiengründung ging auf.
- Als sie durch Roman in der Erziehung und mit dem Haushalt überfordert war, hing der Haussegen schief und ihre Selbstzweifel wuchsen.
- Erst als sie begann, sich mit der ADHS auseinanderzusetzen, verstand sie Roman und sich selbst besser und fand inneren Frieden.
- Heute lebt sie in einer glücklichen Familie, in der sie auch ihre Bedürfnisse anbringen kann.
- Nebenbei absolvierte sie noch eine kaufmännische Lehre.

Reto W.:

- Verlor seine Eltern als Kleinkind und wurde von einem Ehepaar aufgenommen, das an die Dogmen ihrer Freikirche glaubte und ihrem Kind keine Liebe schenken konnte.
- Er musste dankbar sein, dass die Familie ihn aufgenommen hatte, und wurde bei jedem Fehltritt hart bestraft.
- Entwicklung von Verlustängsten, denn er wusste, in einem Heim wäre es unter Umständen noch viel schlimmer.
- Passte sich an, bis er seine große Liebe fand.
- Floh in einer Nacht- und Nebelaktion.
- Stellte es sich einfacher vor, Kinder zu betreuen.
- War überfordert, weil er arbeitete, dachte, seine Frau sei faul.
- Hatte nie gelernt, über Probleme und seine Bedürfnisse zu sprechen.
- Musste erkennen, dass er unbewusst Muster aus der Freikirche übernommen hatte, und löste diese mithilfe eines Seelsorgers auf.
- Auf diese Weise wurde er frei und kann nun ein guter Ehemann und Vater sein.

Roman:

- Kam mit einer ADHS zur Welt.
- Als Schreibaby forderte er viel Aufmerksamkeit.
- Spürte die Schwierigkeiten seiner Eltern und wurde auffällig.
- Durch guten Kinderarzt gingen Eltern in Familienberatung und er bekam Strukturen und Regeln.

- Soziale Integration gelang nicht.
- Eltern reagierten umgehend und passten das Entwicklungsprogramm seinen Bedürfnissen und Möglichkeiten an.
- Er lernte dadurch viel hinsichtlich der sozialen Gemeinschaft und konnte ein Jahr später in den Kindergarten eintreten.
- Heute hat er keine Probleme mehr mit der ADHS, v.a. weil sich seine Eltern ihren Problemen stellten und lernten, was ein Kind benötigt.
- Tauchen ADHS-bedingte Probleme auf, versteht ihn seine Mutter bestens und die beiden finden eine Lösung.
- Roman bekommt viel Liebe von seinen Eltern und wird mit seinen Stärken und Schwächen akzeptiert.

Der Mangel an liebevoller Zuwendung und strenge, ungerechtfertigt strafende sowie inkonsistente Erziehungspraktiken sind prägend und das Risiko für die Entstehung von kindlichem Problemverhalten wird dadurch erhöht (Reinelt, Samdan, Kiel & Petermann, 2019). Bei Reto und Romina W. wird ersichtlich, dass die im *Kindesalter erduldeten, unverständlichen Strafen Folgen bis ins Erwachsenenalter nach sich ziehen* (Hohm et al., 2017). Bereits im Kindesalter werden unbewusst Abwehrmechanismen entwickelt, von deren Existenz Betroffene nichts wissen. Über durch Lebenskrisen hervorgerufene Trigger Situationen können diese Abwehrmechanismen in der Therapie erkannt und aufgelöst werden.

Eltern von Kindern mit ADHS weisen ein erhöhtes Scheidungsrisiko auf (Barkley, Fischer, Edelbrock & Smallish, 1990; Brown & Pacini, 1989; Wymbs, Pelham, Molina & Gnagy, 2008). Das ursächliche Problem in einem Familiensystem mit ADHS-betroffenen Eltern stellt jedoch nicht der Nachwuchs mit ADHS dar, wie in der Literatur oft beschrieben wird. Es entsteht eine Wechselwirkung zwischen Paarkonflikten und kindlichen Störungen (Cummings & Davies, 2010).

3.4 Kommunikationsschwierigkeiten in der Familie und weiteren sozialen Systemen

In den vorherigen Kapiteln erlebten Sie v.a. die Tücken der Kommunikation in der Partnerschaft. Wie Sie beim letzten Beispiel verfolgen konnten, wird es nicht einfacher, wenn Kinder im Spiel sind.

Häufig sind es Kinder und Jugendliche selbst, welche die Kommunikation in der Familie erschweren. Die *Logorrhö*, das Reden ohne Punkt und Komma mit Gedankensprüngen, ist eine häufig vertretene Form der Kommunikation, welche v.a. eine Herausforderung für die Empfänger der Informationen darstellt.

Kennen Sie derartige Szenen, wenn Ihr Sprössling nach Hause kommt? Er beschlagnahmt Sie durch einen Monolog. Sie müssen ihm unmittelbar nach seiner Heimkehr für seine Berichterstattung die volle Aufmerksamkeit schenken, haben keine Möglichkeit, ihre Meinung einfließen zu lassen. Ihre Konzentration ist gefordert, weil er nicht chronologisch erzählt, sondern assoziativ.

Fallbeispiel 11: Familie A.: Ronaldo und seine Logorrhö

Herr und Frau A. genießen den wohlverdienten Feierabend an einem lauen Sommerabend. Das Ehepaar ist in eine Diskussion vertieft, als ihr Filius Ronaldo wie ein Wirbelwind in den Garten stürmt. Abrupt ist es mit der Ruhe zu Ende. Kaum hat er den Garten betreten, können sie seinem Redeschwall nicht mehr entweichen:
„Peter ist so unfair. Ich verstehe ihn nicht. Es war einfach nur ungerecht ... mich auf die Ersatzbank zu setzen. Timo hat viel stärker gefoult. Marc wurde dabei verletzt. Warum darf sich ein so doofer Mensch wie Peter Trainer nennen? Ich war im Ballbesitz ... So ein Mist!“ Mit diesen Worten wirft er seine Trainingstasche auf einen Stuhl. Wütend setzt er sich hin und fährt sich mehrmals durch die Haare. Seine Beine kann er nicht stillhalten. Er erzählt erneut vom Spiel. Die Eltern verstehen den Zusammenhang nicht. Weitere Namen, die ihnen nichts sagen, fallen. Die Mutter möchte sich erkundigen, wie es Marc, dem Nachbarn geht. Ronaldo wehrt ab: „Nicht der Rede wert ... Ich begreife immer noch nicht, dass er mich so ungerecht behandelt hat. Er ist einfach unfair!“ Die Eltern tappen stets noch im Dunkeln, was den Ablauf des Fußballspieles betrifft. Sie sind auch nicht im Bilde, wer Peter ist. Ronaldos Trainer war Pascal. Mit einer Nachfrage hätten sie keinen Erfolg, dessen sind sie sich bewusst. Ronaldo fährt fort: „Bald ist die WM, zum Glück, da wird richtiger Fußball gezeigt. Pa, unser Deal steht doch noch? Ma, ich habe höllischen Hunger.“ Der hungrige Fußballer holt sich das Essen, das die Mutter ihm warm gestellt hat. Mit vollem Mund fährt er fort: „Der Gerling kann wohl seinen Rasenmäher-Roboter nicht programmieren. Der hat sowieso von Elektronik keine Ahnung.“ Ronaldo bricht in schallendes Gelächter aus. Der Vater möchte seinen Sohn ermahnen, seine Lautstärke zu senken, verpasst jedoch seine Chance. Ronaldo fährt bereits fort. „Sylvie hat sich heute selbst übertroffen; sie hat dem Steigmeier einen Volleyball an den Kopf geworfen. Der hat es verdient nach der letzten Aktion mit Alexa. Die Welt ist

voller seltsamer Menschen. Heute bekamen wir eine neue Schülerin aus diesem Land ... diesem Land mit doofen Sitten. Sie trägt ein Kopftuch, bei dieser Hitze, ein Kopftuch! Könnt ihr euch das vorstellen?" Das ist der Moment, in dem die Eltern intervenieren möchten. Ronaldo ist erneut rascher. Bevor die Mutter zum Sprechen ansetzen kann, wird sie mit Fragen bombardiert: „Ma, hast du noch etwas von dem leckeren Käsekuchen? Das kann doch nicht sein; wer hat das Eis von heute Mittag aufgegessen, ohne mich zu fragen? Nein, ich nehme lieber noch etwas von der Lasagne." Ronaldo isst den Inhalt aus der Form. Das Ritual des Verschlingens von Nahrungsmitteln kennen alle. Da Ronaldo Medikamente zur Verbesserung der Symptomatik einnimmt, hat er mittags wenig Appetit und isst abends die doppelte Menge. Die Lasagne verschlingend, versichert er sich beim Vater, dass er ihn morgen zum Match fährt. Dann verschwindet er in sein Zimmer. Abrupt kehrt Ruhe ein. Die Eltern werfen sich vielsagende Blicke zu. Besonders ausgeprägt ist sein Redebedürfnis, wenn die Medikamente nicht mehr wirken. Der Vater wendet sich seiner Frau zu: „Heute war unser Sohn wieder unglaublich fordernd. Es ist ermüdend ihm zuzuhören." Die Mutter stimmt ihm zu: „Ja, du hast recht. Ich mache mir Sorgen. Mit diesem Verhalten findet er keine Freunde. Wenn ich nicht wüsste, dass er von ADHS betroffen ist, würde ich denken, wir hätten einen Egoisten großgezogen." Beim Betreten der Küche findet sie wie immer ein Chaos vor und der Vater bringt es auf den Punkt: „Chaos im Kopf, Chaos in der Küche."

Die Logorrhö mit assoziativem Denken und Wiederholungen ist auf das Fehlen der Selbststeuerung, der ausgeprägten Impulsivität und Hyperaktivität zurückzuführen. Ronaldo ist ein Schnelldenker. Er denkt aufgrund seiner ADHS *divergent und nicht linear*. In seinen Gedankengängen hat er das Ziel im Auge und prüft mehrere Möglichkeiten. Ausgewählt wird dann die *interessanteste*. Im Gegensatz zur divergenten Denkweise denkt der größte Teil der Menschheit geradlinig, linear: Das Ziel wird direkt und mit gleichmäßiger Geschwindigkeit angesteuert, bis es erreicht ist. Schule, Ausbildung und Karriere bedürfen eines linearen Denkens.

Divergente Denkvorgänge sind bei Menschen mit ADHS weit verbreitet und werden per se nicht als minderwertig betrachtet; im Gegenteil, sie werden eher als *Merkmal der Kreativität* verstanden (vgl. De Bono, 1971). Die Kohärenz, der Zusammenhang zwischen aufeinander folgenden Sätzen muss jedoch gewährleistet sein. Im vorherigen Beispiel ist die Kohärenz nicht gegeben.

Die Ausprägung des assoziativen, divergenten Denkens ist unterschiedlich. In Fallbeispiel 25 werden wir erleben, wie Saskia durch ihren Redefluss Lebendigkeit und Spontaneität in das Gespräch bringt. Am besten verstanden wird sie jedoch durch Paolo, ihrem guten Freund, der auch von ADHS betroffen ist.

In Fallbeispiel 7 litt Raphaela und ihre Partnerschaft unter ihrer Logorrhö. In angespannten Situationen war es für ihren Partner, Silvan, beinahe unmöglich, seine Argumente und Wünsche zu äußern, weil sie von einem Thema zum anderen sprang. Er konnte ihr inhaltlich oft nicht folgen, was ihre Spannungen verschärfte.

Was können Sie dagegen tun?

- Stoppen Sie Ihren Gesprächspartner, wenn Sie etwas sagen möchten.
- Falls er Ihre Intervention nicht bemerkt, berühren Sie ihn am Arm.
- Sie fördern die Frustrationstoleranz, indem Sie nicht stets zur Verfügung stehen, wenn ihr Nachwuchs, Partner Sie in Beschlag nehmen will durch einen Monolog. Trauen Sie sich zu sagen: „Nein, jetzt nicht!“ und bieten Sie einen späteren Zeitpunkt an. Erklären Sie, weshalb Sie keine Zeit haben. Auf diese Weise trainieren Sie das Einfühlungsvermögen des Gegenübers.
- Äußern Sie Ihre Bedürfnisse. Falls Sie stets Wiederholungen anhören müssen, machen Sie den Gesprächspartner darauf aufmerksam.
- Springt er von einem Thema zum anderen, teilen Sie es mit. Kinder und Jugendliche sollten so früh wie möglich lernen – ihren Möglichkeiten entsprechend – strukturiert zu denken.
- Äußern Sie Ihre Gedanken wohlwollend.

Gespräche unterbrechen und Vervollständigung des Satzes des Gegenübers

Eine weitere, die Kommunikation erschwerende Form von schnelldenkenden Menschen könnte den Eindruck erwecken, Menschen mit ADHS seien Egozentriker. Sie neigen dazu, Gespräche durch neue Inputs zu unterbrechen und das Gegenüber nicht aussprechen zu lassen. Empfinden sie ein Gespräch als langatmig, sprechen sie den angefangenen Satz ihres Partners zu Ende. Beide Angewohnheiten sind Kommunikationskiller. Der Mensch mit ADHS steht im Vordergrund, der Gesprächspartner verstummt früher oder später. Es ist sehr ermüdend, wenn man stets kämpfen muss, um einen Gedanken aussprechen zu können. Zurück bleiben ein bitterer Beigeschmack und Enttäuschung.

Ein 40-jähiger Mann, bei dem das Kernproblem im nicht vorhandenen sozialen Umfeld lag, kam geknickt nach einem Abendessen mit seinem besten Kollegen in die Praxis. „Ich vermute, nun habe ich auch noch Xavier vertrieben." Diese Annahme erstaunte mich, denn die beiden kannten sich eine Ewigkeit. „Gestern habe ich übertrieben; die Pferde gingen mit mir durch. Xavier konnte kaum einen Satz zu Ende sprechen. Er wies mich darauf hin, dass dieses Gespräch anstrengend sei. Ich konnte einfach nicht runterfahren und habe alles kaputt gemacht. Mein Freund wollte sich auch nicht auf eine neue Verabredung einlassen und erklärte mir, er müsse sich erst von mir ‚erholen'. In diesem Augenblick wurde ich traurig und realisierte, dass ein Gespräch nicht nur anstrengend war für mich, sondern auch für Xavier."

Diese ständigen Unterbrechungen verunmöglichen einen Dialog. In derartigen Gesprächen werden Menschen mit ADHS als egoistisch erlebt. Als Ursachen können Impulsivität, Hyperaktivität (innere Unruhe), schnellere Denkweise, Reizüberflutung und der Mangel an Einfühlungsvermögen eruiert werden.

Was können Sie in einem solchen Fall tun?

- Sprechen Sie Ihren Gesprächspartner darauf an. Meist bemerkt er selbst nicht, dass er andere stets unterbricht.
- Schildern Sie Ihr Befinden in einem derartigen Gespräch, machen Sie dem Gegenüber bewusst, dass Sie Ihre eigene Thematik nicht einfließen lassen können.
- Eine derartige Gesprächsform löst neben Frustration und Müdigkeit ebenso Wut aus, weil Sie in den Hintergrund gedrängt werden.
- Reagieren Sie! Sie können ein Codewort vereinbaren. Wird dieses ignoriert, berühren Sie Ihr Gegenüber. Hilft alles nichts, schweigen Sie am besten. Der Erzähler wird mit der Zeit aufmerksam, dass er Ihre Stimme schon lange nicht mehr gehört hat und bricht seinen Monolog ab.
- Suchen Sie sich ruhige Plätze für Diskussionen.
- Diese Art der Kommunikationsschwäche kann gut therapiert werden.

4 Abwehrmechanismen bei Menschen mit ADHS und deren Folgen für Partnerschaft und Familie

Im folgenden Kapitel werden Ihnen, liebe Leser, die *wichtigsten unbewussten Abwehrmechanismen und deren Auflösung* vorgestellt. Damit bezwecke ich keinesfalls theoretische, tiefenpsychologische Exkurse. Die Veranschaulichung der Abwehrmechanismen mit entsprechenden Fallbeispielen soll Ihnen zu mehr Verständnis und Lösungsansätzen in Krisensituationen verhelfen. Dynamik und schädliche, meist unbewusste Muster sowie automatisierte Handlungen in sozialen Systemen – resultierend aus Erfahrungen bei nicht erkannter ADHS – stehen dabei im Fokus. Die Beispiele sollen dazu dienen, in Ihrer eigenen Partnerschaft oder Familie allfällige ähnliche Strukturen zu erkennen und Ihnen die Möglichkeit zur Aufhebung aufzuzeigen.

Es gibt zwei Arten von Verdrängung: die *bewusste und unbewusste*. Bewusstes Verdrängen oder Aufschieben erfolgt nach dem Motto: „Ich will nun nicht daran denken und abschalten!" Dabei wird eine Entscheidung getroffen. Die unbewusste Verdrängung erfordert einen ständigen psychischen Aufwand, auch „Verdrängungsarbeit" genannt (Jiménez, 2013).

4.1 Bewusstes Verdrängen und Vergessen (Prokrastination)

Liebe Leser, wir kennen alle das Aufschieben ungeliebter Tätigkeiten. Sie sind guter Laune, decken liebevoll den Tisch für Ihre Gäste, räumen vorher noch Ihre Briefe beiseite. Dieser verflixte Brief mit dem Logo des Straßenverkehrsamtes Ihres Kantons sticht hervor. Diesen Brief möchten Sie am liebsten vernichten. Wer braucht schon eine Mahnung, weil dieser Termin vergessen ging? Sie beschließen, sich die gute Stimmung nicht verderben zu lassen, und legen die Aufforderung beiseite. Dabei handelt es sich um einen *bewussten Entschluss/Entscheid*. In der Literatur wird unter diesem Mechanismus bewusstes Verdrängen verstanden (Jiménez, 2013). Anfangs bringt die Verdrängung Vorteile. Sie wollen nicht ständig an diese verhasste Ermahnung erinnert werden und schützen durch das „Beiseiteschieben" Ihre Psyche. *Das bewusste Verdrängen hat den Charakter eines psychischen Schutzmechanismus.*

Problematisch wird es erst, wenn Sie die als unangenehm empfundene Pflicht, einen neuen Termin zu vereinbaren, so lange verdrängen, bis Ihre Autonummer eingezogen wird.

Den Vorgang des wiederholten *bewussten Verdrängens und der mangelnden Motivation* trifft man bei Menschen mit ADHS überdurchschnittlich häufig an. Es handelt sich um die *Prokrastination* (vgl. Fallbeispiel 12).

Fachleute machen u. a. den Mangel oder die Unausgewogenheit der neurophysiologischen Stoffe (Dopamin und Noradrenalin) und die dadurch ausbleibende Motivation dafür verantwortlich. Fest steht: Betroffene haben vermehrt Mühe, das Lustvolle aufzuschieben (geringe Frustrationstoleranz) und sich mit dem Notwendigen auseinanderzusetzen. Als Ursache der Prokrastination kristallisiert sich in der Therapie – nebst neurophysiologischen Aspekten – meist Respekt vor der Challenge heraus. Ein derartiges Muster verfestigt sich.

Fallbeispiel 12: Herr M. und Frau S. Prokrastination: Von der ersten Mahnung bis zur definitiven Einschätzung

Herr M. und Frau S. sind seit 3,5 Jahren ein Paar. Frau S. suchte mich kurz nach dem Kennenlernen ihres Freundes auf. Sie liebte Herrn M. und war sich auch seiner Gefühle sicher. Dennoch konnte sie seine „Launenhaftigkeit", wie sie es bezeichnete, kaum mehr ertragen. Er könne von einem zum anderen Moment in ein „depressives Loch" fallen oder „aggressiv" werden.
Ich bat Herrn M. ebenfalls, in einer Sitzung dazuzustoßen und stellte einige ADHS-Anteile fest. Er ließ sich daraufhin abklären. Nach der positiven Diagnose wünschte er medikamentöse Hilfe. Therapeutische Begleitung lehnte er ab. Inzwischen lief es in der Beziehung gut und die therapeutischen Abstände konnten bei Frau S. verlängert werden.
Herr M. und Frau S. stritten sich häufig wegen der Hausarbeit. Die Vorstellung der beiden von Sauberkeit war grundverschieden. Ich schlug eine Aufteilung der Aufgabengebiete vor zur Lösung dieser Problematik.
Herr M. übernahm die Pflege der Wäsche. Frau S. kümmerte sich um Einkauf und Reinigung der Wohnung. Übrig blieben Administration und Ausfüllen der Steuererklärung. Während seines Lebens als Single tat sich Herr M. schwer mit dem „Papierkram". Rechnungen und Mahnungen stapelten sich auf seinem Küchentisch. Logischerweise hätte Frau S. diesen Sektor über-

nehmen sollen. Zwei Faktoren bewogen sie, einen Pilotversuch zu wagen: Sie wäre überlastet gewesen und ihr Ehemann war motiviert, zu lernen, diese Materie sauber zu bearbeiten. Sie schlossen einen Kompromiss: Frau S. würde die Buchhaltung jeden Monat überprüfen.

In einer Sitzung fragte ich Frau S., weshalb sie niedergeschlagen sei. Sie antwortete nach einiger Zeit, ihr Freund habe ein Geheimnis vor ihr. Sie denke, er betrüge sie, denn er habe alle Briefkastenschlüssel an sich genommen. Bevor sie morgens frühstückten, leere er jedes Mal den Briefkasten. Meist komme er erleichtert zurück.

In die nächste Sitzung erschien Frau S. aufgelöst. Sie brachte einen eingeschriebenen Brief mit dem Briefkopf der Stadt mit. Die Enttäuschung stand ihr ins Gesicht geschrieben. Sie war erstarrt. Ich erkundigte mich, was sie beschäftige. Ihre Hände zitterten und sie hielt mir den ungeöffneten Umschlag entgegen. „Dabei hat er es mir versprochen", murmelte sie. Ich wusste nun nicht konkret, wovon sie sprach. „Ich hätte eben nicht zustimmen dürfen. Es war mir bewusst, dass mein Mann Schwierigkeiten hatte, Fristen einzuhalten. Er sollte jedoch auch eine Chance bekommen, sein Handicap zu überwinden. Damit eine gewisse Kontrolle bestand, vereinbarten wir, jeweils Ende des Monates zusammenzusitzen und miteinander über die Bücher zu gehen. Es gab keine Beanstandungen im ersten Jahr. Wir waren zu leichtsinnig, denn in diesem Jahr sahen wir beide keinen Anlass mehr in meiner Kontrolle... Gestern wollte ich reinigen und fand diesen Umschlag. Ich weiß nicht, was ich damit machen soll, bin so enttäuscht von ihm." Da Frau S. außer sich war, schlug ich ihr vor, den Umschlag wieder mitzunehmen und abends mit Herrn M. vorbeizukommen. „Das schaffe ich nicht. Ich kann ihn nicht anrufen." Frau S. stellte sich die schlimmsten Szenarien vor und ließ sich nicht beruhigen. Sie steigerte sich dermaßen in Vorwürfe und Schuldgefühle hinein, dass sie zu hyperventilieren begann. Daher rief ich ihren Mann mit der Bitte an, abends in die Praxis zu kommen. Frau S. wollte den Brief bei mir deponieren. Eine ungewöhnliche Bitte. Angesichts ihres Zustandes stimmte ich zu.

Abends streckte ich den beiden Eheleuten den Brief entgegen. Keiner wollte ihn anfassen. Ich ermutigte Herrn M., ihn zu öffnen. Schließlich fiel es in sein Aufgabengebiet. Er schaffte es nicht. Nach einer Weile öffnete Frau S. den Brief, relativ unsanft. Sie wurde bleich und flüsterte kraftlos: „Definitive Einschätzung und Buße wegen Missachtung." Herr M. verlor seine Fassung und begann zu schluchzen. Frau S. geriet in Rage. Ich hatte sie noch nie in einem derartig erregten und wütenden Zustand erlebt. Sie beschimpfte ihren Lebenspartner aufs Übelste.

Als sich die Gemüter ein wenig beruhigt hatten, erklärte Herr M. zögernd: „Du weißt ja, weshalb ich diesen Auftrag übernehmen wollte. Als ich allein lebte, gelang es mir nie, Fristen einzuhalten, u.a. auch nicht bei der Steuererklärung. Letztes Jahr funktionierte es gut und ich freute mich darüber. Ich konnte die Scham- und Schuldgefühle begraben, die ich in mir getragen hatte und dachte: ‚Nun hast du es geschafft.' Als die Steuererklärung dieses Jahr zugestellt wurde, nahm ich das Couvert nicht richtig wahr, wir hatten ja noch Zeit. Auf die erste Mahnung seitens der Gemeinde wollte ich reagieren, vergaß es jedoch. Bei der zweiten Mahnung wurde es mir mulmig und ich traute mich nicht mehr, mit dir darüber zu sprechen. Da ich auf jeden Fall vermeiden wollte, dass du die Mahnung findest, ließ ich sie verschwinden. Vor ca. 2 Wochen begann das Spießrutenlaufen. Die Gemeinde versuchte mich per Mail und telefonisch zu erreichen. Ich stellte mich tot. Ich bin ein Versager, das steht fest. Ein paar Tage später erhielt ich erneut einen eingeschriebenen Brief von der Gemeinde, mit der letzten Aufforderung, die ausgefüllte Steuererklärung der Gemeinde innert 5 Tagen zukommen zu lassen. Ich war blockiert, erstarrt und konnte nicht reagieren. Es war, als lebte ich wieder in meiner Vergangenheit und schob alles beiseite. Es ist schwierig zu erklären, ich versuchte zu vergessen. Dies gelang mir auch immer wieder, bis morgens der Postbote kam. Nach 2 Wochen kam dieser Brief an. Ich traute mich nicht, ihn zu öffnen, bis heute nicht. Nun kenne ich den Inhalt: ‚Definitive Einschätzung und Buße wegen Missachtung'." Herr M. erhob sich und wollte das Zimmer verlassen mit den Worten „Du hast jemand Besseren verdient."

Wir benötigten mehrere Sitzungen innerhalb der Krisenintervention, um unbewusste Hintergründe aufzudecken und eine für beide akzeptable Lösung zu finden. Frau S. verlangte von Herrn M., seine Schwachpunkte in einer Therapie aufzuarbeiten, ansonsten sah sie keine gemeinsame Zukunft. Herrn M. war bewusst, dass er vor seiner Vergangenheit nicht mehr fliehen konnte, und er willigte in eine Therapie ein.

Resümee Frau S. und Herr M.:

- Nach der Phase der Verliebtheit registrierte Frau S. bei ihrem Freund Charaktereigenschaften, die sie bisher nicht kannte. Sein Verhalten war ihr fremd. Daher holte sie sich Hilfe. In der Beziehung trat eine partielle Entspannung ein.
- Herr M. hatte keine Ahnung, weshalb er teilweise derart ungehobelt reagierte und seine Freundin verletzte. Er gab zu, dieses „Auf und Ab der Gefühle"

beinahe nicht zu ertragen und stand der ganzen Situation hilflos gegenüber. Nun bekam er die Chance, den Ursachen auf den Grund zu gehen.

- Nach seiner positiven Diagnose der ADHS wollte er nur medikamentöse Hilfe annehmen, Therapie war für ihn keine Option. Frau S. besuchte weiterhin Konsultationen bei mir, um Verhaltensweisen von ADHS-Betroffenen besser zu verstehen. Herr M. arbeitete nicht an der Thematik, sondern favorisierte eine Symptombehandlung. Das Paar sprach nicht darüber.
- Im gemeinsamen Haushalt wollte Herr M. dazulernen und übernahm den Sektor „Administration“, mit dem er bereits früher Schwierigkeiten hatte. Der Hintergedanke: Seine Freundin würde ihm bei der Bewältigung seines Problems helfen. Beide unterschätzen jedoch, wie viel Zeit eine derartige Umstrukturierung im Gehirn und den exekutiven Funktionen in Anspruch nehmen würde.

Herr M.:

- ADHS wurde bei ihm spät erkannt. Er verfügte über kein Hintergrundwissen des Phänomens und wollte sich dieses anfangs auch nicht aneignen; trotz seines Leidensdrucks.
- Nach der positiven Diagnose wünschte er medikamentöse Unterstützung, Therapie war keine Option für ihn.
- Frau S. holte sich professionelle Hilfe, in der Beziehung trat eine gewisse Entspannung ein.
- Nach dem Erfolgserlebnis im ersten Jahr hinsichtlich der Administration nahm das Ehepaar an, er habe gelernt mit seiner ehemaligen Schwäche umzugehen.
- Als im zweiten Jahr erneut Probleme auftraten, ging Herr M. in Abwehrhaltung. Die Negativspirale nahm mit jedem Schreiben zu. Er geriet in ein Gefühlschaos wie in seinen schlimmsten Jahren.
- Zum Zeitpunkt, an dem sich Probleme nicht mehr verstecken ließen, kam eine große Verlustangst auf, die er jedoch überspielte.
- Er konnte nicht mehr unbeschwert sein. Seine Partnerin spürte, dass ein Problem vorhanden war.

Frau S.:

- Sie liebte Herrn M. sehr und leistete hervorragende Arbeit hinsichtlich der Beschäftigung mit der ADHS. Dadurch lernte sie seine Verhaltensweisen verstehen.
- Frau S. nahm genauso wie Herr M. an, dass er nach dem ersten, erfolgreichen Jahr sein Problem mit der Administration überwunden hätte.

- Sie wünschte sich nach seiner ADHS-Diagnose eine Therapie für Herrn M., gerade weil sie in ihrer eigenen Therapie Fortschritte gemacht hatte. Herr M. wehrte jedoch ab.
- Als sie spürte, dass ihr Freund etwas zu verbergen hatte, wurde sie eifersüchtig und nahm an, sie sei nicht mehr attraktiv genug für ihren Partner.
- Ihre Welt brach aufgrund des Lügengebäudes vollständig zusammen. Sie wusste nicht mehr weiter, erlitt einen Zusammenbruch.

Lösung:
- Frau S. hatte in jener Hinsicht recht, dass Herr M. mit ihr hätte sprechen müssen.
- Für Herrn M. war die Konfrontation mit der Vergangenheit schwierig. Einerseits wollte er ehrlich sein, bekam dann jedoch Verlustängste und entschied sich erst, sich zu schützen (bewusste Verdrängung). Durch seine bereits erlittenen Verluste war die Angst, Frau S. zu verlieren, derart groß, dass er nicht mehr rational dachte.
- Frau S. argumentiert verstandesmäßig: Die Gefahr des Verlustes sei viel größer, wenn er lüge.
- In einigen Sitzungen betrachteten wir das unangebrachte Handeln von Herrn M. unter dem Aspekt seiner nicht verarbeiteten Probleme. Frau S. konnte die Hintergründe besser erkennen, war aber nicht mehr bereit, ohne Aufarbeitung der verdrängten Probleme seinerseits die Beziehung weiterzuführen. Das war eine sehr wichtige Voraussetzung, damit die beiden eine Chance hatten.
- Herr M. suchte einen Psychologen, der mit ihm arbeitete.
- Mich konsultieren die beiden nach Bedarf, wenn sie sich aufgrund der ADHS nicht verstanden.

Heute sind die beiden auf einem guten Weg, stecken in den Hochzeitsvorbereitungen und überlegen, eine Familie zu gründen. Beide sind realistisch: Sie wissen, dass ADHS zu einem hohen Prozentsatz vererblich ist und sie als Paar viel Zeit benötigen.

Tipps bei Prokrastination

- Versuchen Sie den neuralgischen Punkt herauszufinden und setzen Sie dort an.
- Meist steht ein strukturelles, zeitliches Problem in Zusammenhang mit der Prokrastination. Stellen Sie mit Ihrem Partner einen realistischen Zeitplan auf und überprüfen Sie diesen.

- Übernehmen Sie niemals diejenigen Aufgaben, welche durch die Prokrastination des Partners nicht erledigt wurden. Auf diese Weise bleibt der Lerneffekt aus.
- Eine große Hilfestellung bietet ein gemeinsamer Beginn der Aufgabenlösung.

In diesem Fallbeispiel wurde exemplarisch dargestellt, wie ein Mensch von einer bewussten Verdrängung ausgehend, rasch in ein Muster der unbewusst verdrängten Inhalte abrutschen kann.

4.2 Unbewusste Verdrängungsmechanismen

Inhalte der unbewussten, *ursprünglich auf Freud zurückgehenden, Verdrängung* kristallisieren sich als *extreme Situationen* heraus. Dazu werden nicht nur Kriege und Folterungen gezählt, sondern ebenso schmerzliche, sehr belastende Erlebnisse wie bittere Kränkungen, Stigmatisierungen, erlittenes Unrecht und aufgestaute Gefühle, wie wir dies von traumatischen Erlebnissen kennen. Kinder, Jugendliche sowie Erwachsene mit ADHS sind besonders betroffen davon.

Der Verdrängungsmechanismus setzt bei Betroffenen erfahrungsgemäß früh ein. Traumatische Erlebnisse können die Psyche dermaßen überfordern, dass sich auslösende Ereignisse vollständig abspalten. *Der Preis für das psychische Überleben bei Traumata ist hoch.* Durch den unbewussten Schutzmechanismus des Unterdrückens im Kindes- und jugendlichen Alter ist die Erinnerung im Erwachsenenalter dem Bewusstsein nicht mehr zugänglich. *Im Unterbewussten sind die beiseitegeschobenen Inhalte weiterhin aktiv und benötigen viel Energie.* In Trigger-Situationen, können Panikattacken, Verlustängste, soziale Ängste, Depressionen sowie dissoziative Zustände (vgl. Fallbeispiel 3: Nadja) auftreten. *Als Trigger-Punkte werden Flashbacks* im täglichen Leben bezeichnet, die an traumatische Vorfälle der Vergangenheit erinnern. Die Betroffenen sind völlig überfordert, hilflos, weil sie nicht wissen, was die Ursache für ihre Symptome ist. Das Therapieziel wird folgendermaßen festgelegt: *Auslöser der als stark belastend empfundenen Ereignisse der Gegenwart sollen in Verbindung gebracht werden können mit der ursprünglichen Quelle der traumatischen Situation.* Der Traumatisierte soll ebenso den Schrecken vor den heftigen Gefühlszuständen verlieren, indem er das Bewusstsein erlangt, sich in einer anderen Position zu befinden und über Bewältigungsstrategien zu verfügen (von Eisenhart-Rothe, 2019).

In dieser Arbeit wird auf Abwehrmechanismen verwiesen, welche auf dem freudschen Konzept beruhen. Sigmund Freud (1915) weist darauf hin, dass durch die Abwehrmechanismen eine Konfrontation bedrohlicher Inhalte, die den Betroffenen überfordern, verhindert würden. Gleichzeitig setzt er sich für deren Bearbeitung in einer Therapie ein. Anna Freud (1936) führte seine Theorien der Ich-Abwehr weiter.

Die Anzahl der Abwehrmechanismen ist groß, die Bedeutung der einzelnen für den Laien oft verwirrend. Daher habe ich mich dazu entschlossen, nur die häufigsten aufzulisten, die in einer Therapie mit ADHS-Betroffenen anzutreffen sind. Es geht nicht um die Spezifika des Abwehrmechanismus, sondern um die Erkennung der Abwehr und deren Bearbeitung.

In Tabelle 1 finden Sie als Überblick also die wichtigsten, im Zusammenhang mit der ADHS auftretenden Abwehrmechanismen des Ich (adaptiert nach Ruch & Zimbardo, 1974).

Kennzeichnend für die *Dominanz*, welche die Abwehrmechanismen im Leben von Betroffenen einnehmen, sind folgende Faktoren: der *Schweregrad* und die *Frequenz* der ungerechtfertigten, demütigenden seelischen und körperlichen Verletzungen/Traumata sowie das Lebensalter, in dem diese der Person zugefügt wurden.

4.3 Verdrängung als Abwehrmechanismus

Dieser Abschnitt demonstriert Ihnen anhand des Fallbeispiels des jungen Mannes Reto F. und seiner Frau nicht nur die Entstehung der Verdrängung und deren Auflösung. Er verdeutlicht, unter welchen Umständen es zur Verdrängung kommt und welche Faktoren sich zur Auflösung in der Therapie begünstigend auswirken, wie bspw. die *Resilienz* und die *mentale Stärke*.

Unter „Resilienz" verstehen wir die psychische Widerstandskraft; die Fähigkeit, schwierige Lebenssituationen ohne anhaltende Beeinträchtigung zu überstehen (Oxford Languages, 2021).

Der Begriff der „mentalen Stärke" stammt aus dem Sport. Heute wird er jedoch im täglichen Leben und v.a. in der Psychologie eingesetzt. Wer mentale Stärke besitzt oder sich diese aneignet, kann seine Emotionen derart regulieren, dass er aus der Situation das Beste herausholt. Vereinfacht ausgedrückt: Auch in schwierigen Situationen wird das Positive erkannt.

Tabelle 1: Eine Auswahl der wichtigsten Abwehrmechanismen bezogen auf die Aufmerksamkeitsdefizitstörung (adaptiert nach Ruch & Zimbardo, 1974)

Bezeichnung des Mechanismus	Beschreibung
Identifikation	Erhöhung des eigenen Selbstwertgefühls durch Identifikation mit einer Person
Kompensation	Frustration auf einem Gebiet wird durch übermäßige Befriedigung des Bedürfnisses auf einem anderen Gebiet ausgeglichen.
Projektion	Eigene Unzulänglichkeiten oder Wünsche, die man bei sich nicht akzeptieren kann, werden auf andere Personen oder Dinge übertragen
Regression	Um klarzukommen, zieht man sich auf eine frühere Entwicklungsstufe der eigenen Persönlichkeitsentwicklung zurück, die einem erlaubt, einfacher und „primitiver" zu reagieren, und das häufig auch mit einem niedrigeren Anspruchsniveau.
Verdrängung	Das Eindringen unerwünschter und/oder gefährlicher Impulse in das Bewusstsein wird verhindert, indem diese Impulse vom Bewusstsein in das Unbewusste abgedrängt werden. Dort können sie allerdings ohne Wissen des Einzelnen zum Motor von sogenannten Ersatzhandlungen oder Vorstellungen werden.
Verleugnung	Man weigert sich, Dinge, Ereignisse, Verhaltensweisen u.Ä. überhaupt zur Kenntnis zu nehmen, und will sich dadurch vor Unangenehmem schützen.

Es besteht kein Anspruch auf Vollständigkeit.

Durch dieses vielseitige Fallbeispiel lernen Sie ebenso den Unterschied zwischen einer gesunden Beziehung und einer „neurotischen" Partnerschaft kennen.

Fallbeispiel 13: Ehepaar F: Reto befreit sich durch Auflösung seines Verdrängungsmechanismus

Herr F. ist ein sympathischer Mann Anfang 30 mit viel Humor. Er meldete sich bei mir an mit dem Kommentar: „Mein Chef hat mir die ‚Pistole' an die Brust gesetzt. Er ist überzeugt, dass ich vieles gemeinsam habe mit dem kleinen ‚Zappelphilipp'." Der Proband schmunzelte bei dieser Aussage: „Ich nehme an, er könnte recht haben. Daher möchte ich mich auf ADHS abklären lassen." Im Gespräch stellte sich heraus, dass Reto F. in seinem geliebten Beruf als Kindergartenlehrperson Schwierigkeiten hatte. Er leide unter starken Konzentrationsschwierigkeiten. Als Hauptsymptome nannte er Vergesslichkeit, Probleme mit der Pünktlichkeit und dem Zeitmanagement, Flüchtigkeitsfehler sowie Orientierungsprobleme. Er sei als Kindergartenlehrperson grundsätzlich beliebt. Als ich ihn fragte, wie er seine Ressourcen einschätzen würde, kamen folgende Eigenschaften wie aus der Kanone geschossen: „Ich bin kreativ, habe viel Humor und Verständnis für die Kinder, kann mit den Kindern zusammen herumalbern und bin spontan."

Aber da gab es eben noch eine andere Seite der Medaille. Ich war gespannt, was er zu erzählen hatte. „Kleinere Flüchtigkeitsfehler unterlaufen jedem. In letzter Zeit häufen sich diese bei mir; mit der Planung und Durchführung der Kindergartenreise geriet ich in ein Schlamassel. Ein weiteres Problem, das mir zu Recht vorgeworfen wird, ist meine Unpünktlichkeit. Wenn ich übermüdet bin, gegen Ende des Semesters, verschlafe ich oft. Ich gebe mir große Mühe, trotzdem komme ich manchmal zu spät. Bei Kindergärtnern ist dies ein wenig schwierig. Zum Glück werden sie selten von den Eltern begleitet. Es ist gleichzeitig ein schönes wie auch peinliches Gefühl, durch eine Gruppe von ‚Indianern' geweckt zu werden. Ich wohne gegenüber dem Kindergarten. Bisher gab es deswegen keine Probleme. Die Kinder belustigen sich manchmal und erzählen die ‚Aufweckaktionen' ihren Eltern. Niemand sprach mich bisher darauf an. Seitdem ich die Kindergartenreise vermasselt habe, weht ein anderer Wind." Herrn F. war es sichtlich peinlich von diesem Erlebnis zu erzählen, denn er fuhr sich mehrmals durch die Haare, bevor er fortfuhr: „Ich hatte für den diesjährigen Ausflug eine schöne Route ausgesucht. Wir wollten erst einen Betrieb besichtigen, der durch reine Wasserkraft angetrieben wird. Das Endziel sollte eine Lichtung im nahegelegenen

Wald sein, wo wir Feuer machen und anschließend nach Herzenslust spielen konnten. Den Weg kannte ich im Traum. Als Datum setzte ich den 26.5. fest. Auf das Informationsblatt schrieb ich jedoch das Datum 25.5. Sie können sich das Schauspiel ja vorstellen. Während ich am 25.5. die Kindergartenlektionen vorbereitete, kam erst der Schulleiter vorbei und fragte mich, ob ich heute nicht die Schulreise geplant hätte. Mir wurde übel, ich lief rot an und stammelte nur noch. Es vergingen keine 10 Minuten, da stürzten sich gefühlte 100 Mütter auf mich und beschuldigten mich. Was ich mir erlaube, das sei die Höhe. Die Kinder konnte ich beruhigen, die Mütter weniger. Ich war ehrlich wie immer und entschuldigte mich bei ihnen. Allmählich zogen sie von dannen, die Gemüter der Kinder beruhigten sich. Als ich ihnen erklärte, dass wir morgen die Schulreise nachholen würden, weil ich einen Fehler gemacht hatte, trösteten mich einige der Knirpse mit dem Kommentar: ‚Ist nicht so schlimm, wir haben auch schon Fehler gemacht. Nur die Erwachsenen machen stets ein Theater.' Während wir einen friedlichen Morgen verbrachten, sah ich ein paar Mütter auf den Schulleiter einreden. Kein gutes Zeichen. Am nächsten Morgen standen wir alle gut gelaunt und pünktlich an der Bushaltestelle und freuten uns auf die Reise. Sie verlief wie geplant, bis wir an die Abzweigung im Wald gelangten. Ich war mir sicher, dass ich links abbiegen musste. Diesen Weg war ich mit meiner Partnerin Patricia schon oft gelaufen. Wir kamen immer tiefer in den Wald und ich bemerkte meinen Irrtum. Wir drehten um und fanden unsere idyllische Waldlichtung. Es gab so viel zu entdecken. Erst galt es, den Hunger zu stillen. Jan hatte ein Sackmesser dabei, obwohl ich auf den Infozettel geschrieben hatte, dass keine spitzen Gegenstände erlaubt sind. Bevor ich mich versah, stürzten sich alle Jungs auf dieses Sackmesser. Um den Schaden gering zu halten, nahm ich es an mich und jedes Kind durfte mit mir seinen Ast spitzen. Man soll den Kindern etwas zutrauen, sonst werden sie ängstlich. Das Mittagessen verlief friedlich. Die Kinder wollten spielen und ich vergaß die Zeit. Auf dem Nachhauseweg wurde Nina von einer Biene gestochen. Ich war perfekt ausgerüstet und habe sie behandelt. Plötzlich begann Nina seltsam zu atmen und rang nach Luft. Zum Glück war ihre beste Freundin dabei und erzählte mir, dass Nina Allergikerin sei. Wer war hier der Chaot? Das hätte mir ihre Mutter längst mitteilen müssen. Wir fanden das Notfallset und verabreichten Nina die Medikamente. Sie beruhigte sich wieder und eine halbe Stunde später konnten wir weitergehen. Ich trug Nina huckepack. Als wir im Kindergarten ankamen, schon wieder dieselbe Aufruhr wie am Vortag. Wir hatten uns eine Stunde verspätet. Mir war bewusst, dass ich einen Teil der Schuld auf mich nehmen musste wegen des Verlaufens im Wald. Ninas Allergie kostete uns ebenso

Zeit. Für mich spielte das absolut keine Rolle. Wir waren alle gesund und glücklich zurück. Erst hagelte es Vorwürfe von Ninas Mutter. Gerade sie, die verantwortungslos handelte, sollte vorsichtig sein mit ihren Anschuldigungen. Bevor ich mit ihr sprechen konnte, nahm sie Nina unsanft von meinem Rücken und ich hörte nur noch das Wort ‚verantwortungslos'. Andere Eltern schienen mehr Verständnis zu haben. Ich suchte Jans Mutter und wollte mit ihr wegen des Sackmessers sprechen. Auch sie beschuldigte mich, ich sei unzuverlässig. Ich war sprachlos, denn ihr Handeln durch das Nichtbefolgen meiner Anweisungen hatte zu Schwierigkeiten geführt. Mittendrin der Schulleiter.

Ein paar Tage später wurde ich zu ihm gerufen. Er führte mit mir ein ernsthaftes Gespräch, das er mit den Worten einleitete, er wolle mich als Fachkraft und Mensch keinesfalls verlieren. In letzter Zeit hätten sich bei ihm die Gesprächstermine der Mütter meiner Schüler gehäuft. Ihm sei klar, was auf der Schulreise schief gelaufen sei durch das Versagen der Mütter. Er umriss auch meine Fehler: Unpünktlichkeit, mich in der Zeit zu verlieren und falsche Nachrichten an die Eltern (Schulreise) zu versenden sowie allgemeine Flüchtigkeitsfehler. Meine positiven Qualitäten, die alle, jedoch v. a. die Kinder schätzen, hob er ebenfalls hervor: Verständnis und Einfühlungsvermögen in die Kinder, Kreativität, Humor etc. Er hatte sich bereits damit befasst, zu welchem Bild diese Symptome passen könnten: ADHS. Na klar, ich kam mir wie ein ‚Depp' vor, denn ich kannte die Ressourcen und Handicaps von ADHS-Betroffenen. Wir vereinbarten, dass ich mich abklären lassen würde. Gleichzeitig veranstalteten wir einen Elternabend mit dem Thema ‚Verantwortung'. Dabei bekamen viele Mütter ihr Fett ab und der Schulleiter zeigte auf, was Verantwortung im Kindergartenalltag bedeutete.

Ich erzählte meiner Partnerin von den Vorgängen und sie meinte, es sei Zeit, dass ich mich abklären ließe, ich sei ein Chaot und sie wolle den Unterhalt nicht allein bewältigen. Sie können sich nicht vorstellen, wie baff ich war. Noch nie hatte meine Frau eine Andeutung in dieser Richtung gemacht. Vor allem verletzte mich ihre Bemerkung, sie wolle den Unterhalt nicht allein bewältigen. Dafür gab es keinen Anlass. Offengestanden: Ich war sprachlos."

Ich mochte Herrn F., seine Offenheit, erfrischende Art und sein Engagement für die Kinder. Die Kinder konnten sich glücklich schätzen, Reto F. als Lehrperson zu haben.

Die Diagnose der Abklärung bezüglich ADHS war bei Herrn F. positiv. Er entschied sich für Medikamente und eine Therapie, in der er lernte, mit seinen ADHS-spezifischen Merkmalen und Defiziten umzugehen. Reto F. machte gute Fortschritte. Nach einiger Zeit nahm ich an, es sei in seinem

Interesse, die Therapie zu beenden. Meiner Einschätzung nach hatte Herr F. derart viele Entwicklungsprozesse in kurzer Zeit gemacht, dass er meine Unterstützung nicht mehr benötigte. Reto F. fragte mich, ob es möglich wäre, weiterhin 14-täglich Termine zu vereinbaren. Selbstverständlich war ich einverstanden. Im Kindergarten lief es gut; immer häufiger kam er auf seine Frau zu sprechen. Auffallend war seine Ambivalenz ihr gegenüber. Schilderte er Streitigkeiten und das impulsive Wesen seiner Frau ihm gegenüber, suchte er als Gegengewicht positive Charaktereigenschaften von Patricia. Anfangs vermutete ich, es könnten sich Schuldgefühle dahinter verbergen. Mit zunehmendem Wissen kristallisierte sich die massive Verlustangst bei Herrn F. heraus. Kurze Zeit später erschien Herr F. sehr erregt zur Therapiestunde: „Die grundlose Eifersucht meiner Partnerin und die permanente Rechenschaft, die ich Patricia gegenüber ablegen muss, schnüren mir die Luft ab. Ich kann nicht mehr..." Es entstand eine Pause. Er fuhr fort: „Seitdem ich zu Ihnen in die Therapie komme und die Medikamente einnehme, sehe ich auch die partnerschaftlichen Verhältnisse klarer. Bisher konnte oder wollte ich die Schwierigkeiten nicht erkennen. Bin ich mir gegenüber ehrlich, muss ich zugeben, dass mich Patricia wie einen kleinen Jungen behandelt. Sie teilte schon immer die Hausarbeit ein. Nun stelle ich fest, dass diese nicht gerecht aufgeteilt ist. Der Großteil lastet auf mir. Meine Frau ist darauf bedacht, nach der Arbeit ihren Feierabend zu genießen." Ich fragte ihn direkt, weshalb er sie nicht in ihre Schranken verwies. Seine Stimme wurde sehr leise: „Wenn Sie wüssten... Ich will sie nicht verlieren." Anhand dieser Aussage wurde mir bewusst, dass Herr F. seine Frau noch nicht loslassen konnte.

Im Laufe der Zeit verlor Herr F. stets mehr an Energie und ich bat ihn, Patricia in die nächste Sitzung mitzubringen. Sie trat dominant auf. Im Gespräch stellte sich heraus, dass keine richtige Kommunikation zwischen den beiden zustande kam. Beide warfen sich gegenseitig vor, nicht über Probleme sprechen zu wollen.

Künftig konnte sich Reto F. in der Therapie klarer äußern im Hinblick auf seine Frau. Ein Zeichen dafür, dass seine Verlustangst abnahm. Bei den Schilderungen der Belastungen blieb er konstant: Patricia ließ ihm keinen Freiraum, kontrollierte ihn, er erledigte beinahe den gesamten Haushalt, Patricia war eher phlegmatisch veranlagt, ging jedoch rasch an die Decke, wenn etwas nicht nach ihrem Willen geschah. Ihre emotionalen Ausbrüche schienen Herrn F. zu beschäftigen. Seine Müdigkeitserscheinungen verstärkten sich. Es wurde Zeit für Veränderungen.

Ich schaute mir seine Anamnese nochmals gründlich an: Es gab Parallelen zu den Ereignissen in seinem Elternhaus. Da sein Vater körperlich beeinträchtigt war, musste er viel im Haushalt übernehmen, für seine Mutter stand dies außer Frage. Herr F. zog gezwungenermaßen früh von zu Hause aus. Ein paar Monate danach verstarb sein Vater. So viel zu den Informationen.

Bei der nächsten Konsultation fragte ich ihn, ob diese Erlebnisse mit seiner Verlustangst in Zusammenhang stünden. Erst schüttelte er den Kopf: „Ich liebe Patricia, das ist kein Vergleich." Ich ließ nicht locker: „Haben Sie Ihren Vater nicht geliebt?" Dies war der Moment, in dem das Kartenhaus von Reto F. zusammenbrach. Er schaute betreten zu Boden. „Doch, natürlich, ich fürchtete mich ebenso vor meinen Eltern. Es kam vor, dass ich eine Aufgabe nicht erledigen konnte aus Gründen der zeitlichen Kapazität. Neben meinem Pflegejob absolvierte ich eine Ausbildung. Anfangs versuchten mir meine Eltern beizubringen, dass ich nicht ablehnen könne, schließlich sei mein Vater ein Pflegefall. Dies traf nur bedingt zu: Mein Vater hätte selbstständiger leben können, verweigerte jedoch sämtliche Therapien. Meine Mutter ist bequem und zieht es vor, andere für sich arbeiten zu lassen." Nach einer Pause, in der Herr F. mit seinen Emotionen rang, fuhr er fort: „Meine Eltern akzeptierten kein ‚Nein'. Sie schrien mich an und diskriminierten mich. Das Leben zu Hause wurde für mich zur Hölle."

Nun gelang es Herrn F., sich an seine damaligen Gefühle zu erinnern, die er jahrelang verdrängt hatte. Nach diesen Erkenntnissen musste er sich erstmal erholen. Zufällig war Urlaub mit Patricia geplant.

Den Zusammenhang zwischen seiner mangelnden Abgrenzung Patricia gegenüber und den verdrängten Erlebnissen in seinem Elternhaus konnte er selbst herstellen. Schritt für Schritt erlernte er zu seinem „Nein" zu stehen. Erst mental, später gelang es ihm seine Meinung Patricia gegenüber kundzutun. Er hatte verstanden, jederzeit das Recht zu haben, „Nein" zu sagen, ohne sich schuldig fühlen zu müssen. Anhand von Patricias Reaktionen freundete er sich mit der Möglichkeit einer Trennung von seiner Ehefrau an. Dieser für ihn vor der Auflösung der Abwehr unmögliche Gedanke verlor an Schrecken. Anfangs versuchte Patricia, ihn zu besänftigen, schließlich wollte sie ihn nicht verlieren. Nun galt es herauszufinden, ob Reto und Patricia voneinander abhängig waren, es sich bei ihnen um eine sogenannte „neurotische Liebesbeziehung" handelte oder die Grundlage ihrer Partnerschaft eine echte Liebesbeziehung war (Erklärung siehe unten).

Im Laufe dieses Prozesses, teilweise auch in Paarsitzungen, stellte sich heraus, dass die beiden sich mochten, jedoch nicht liebten. Patricia hatte als einziges Mädchen in der Familie ein ähnliches Schicksal erlitten: Sie musste zu viele Aufgaben im Haushalt übernehmen und entwickelte eine Aversion gegenüber Hausarbeiten. Sie schwor sich, nur einen Mann zu heiraten, der den

Großteil des Haushaltes erledigte. Frau F. traf diese Entscheidung bewusst. Anders war die Ausgangslage bei Herrn F.: Sein Vater war körperlich beeinträchtigt, und er nutzte seinen Sohn emotional aus. Reto F. unternahm alles, um seine Eltern zu unterstützen (vgl. Boszormenyi-Nagy & Spark, 2020). Der Undank war die Erhöhung der Anforderungen und die ständige Nörgelei und Wutausbrüche der Eltern. Reto entwickelte unbewusste Schuldgefühle, weil er den Ansprüchen seiner Eltern nicht gerecht werden konnte – er musste parallel seine Ausbildung absolvieren. Da sein Vater kurz nach seinem überstürzten Auszug starb, verstärkten sich seine Schuldgefühle und die Last wurde derart unerträglich, dass ein Verdrängungsmechanismus einsetzte. Bevor er die Verdrängung auflösen konnte, mussten seine neurotischen Verlustängste und Schuldgefühle bearbeitet werden.
Reto und Patricia stellten fest, dass sie damals wegen derselben Grundproblematik heirateten. Heute sind die beiden Freunde, trennten sich jedoch nach dieser Erkenntnis. Für beide ist es Neuland, die Verantwortung für einen Haushalt zu tragen.
Reto F. verfügte über Resilienz und mentale Stärke. Ansonsten hätte er nach der Beseitigung der Probleme an seinem geliebten Arbeitsort die Therapie nicht weitergeführt. Er spürte jedoch, dass in seinem Leben etwas nicht im Lot war und wollte diesem Missstand auf den Grund gehen. In dieser Hinsicht verhielt er sich wie die meisten ADHS-Betroffenen: Wenn die Zeit reif ist, sind sie neugierig und geben nicht auf, bevor sie am Ziel sind. Er musste erst noch erkennen, dass seine Ehe „neurotischer Natur" war.

Resümee Ehepaar F.:

- Lebten vor der Ehe niemals in einer eigenen Wohnung.
- Verspürten Zuneigung, aber keine Liebe (was sie damals nicht wussten).
- Zogen sich an wegen derselben Problematik in der Ursprungsfamilie. Frau F. war bewusst, dass sie einen Partner brauchte, der den größten Teil der Hausarbeiten übernahm. Herr F. hatte seine Bedürfnisse diesbezüglich aufgrund von Verletzungen in der Kindheit verdrängen müssen.
- Keine Kommunikation zwischen beiden möglich.
- Frau F. baute immer mehr Druck auf.
- Herr F. profitierte schlussendlich von diesem Prozess: Er konnte dem Druck seiner Ehefrau nicht mehr standhalten und es gelang ihm in der Therapie, seine Verdrängungsmechanismen aufzulösen.
- Das Ehepaar trennte sich in Freundschaft und arbeitet die eigene Vergangenheit auf.

Frau F.:

- Ihre Probleme waren oberflächlicher Natur. Es war ihr bewusst, dass sie kein Aschenputtel mehr sein wollte. Daher früher Auszug von zu Hause.
- In Herrn F. fand sie einen „geeigneten“ Partner.
- Neid, weil Herr F. im Job gut ankam; Unzufriedenheit und innerliche Leere, da sie keine Hobbys hatte.
- Keine Möglichkeit miteinander zu kommunizieren.
- Herr F. war ihr „Blitzableiter“.
- War ebenso unglücklich in der Beziehung.

Herr F.:

- Komplexere Situation: musste als Kind schon viele Lasten tragen. Als er den Anforderungen nicht mehr gerecht werden konnte, verdrängte er die Verletzungen.
- Der Vater war körperlich beeinträchtigt und nutzte die Gutmütigkeit seines Sohnes aus, indem er sich von ihm von vorne bis hinten bedienen ließ.
- Seine Mutter war mit ihrem Leben unzufrieden, stritt sich mit ihrem Mann und Sohn Reto. Anfangs versuchte Reto noch Pflichten abzulehnen. Dabei wurde er jedes Mal derart verletzt von seinen Eltern, sodass er resignierte. Seine Mutter war sehr impulsiv.
- Anforderungen in der Ausbildung stiegen. Herr F. brachte nicht mehr alles unter einen Hut.
- Er traf eine für seine Entwicklung notwendige Entscheidung und zog von zu Hause aus. Unbewusst waren Schuldgefühle vorhanden.
- Knapp ein Jahr nach seinem Auszug zu Hause starb der Vater und er gab sich dafür die Schuld.
- Die Last dieser Gefühle war derart groß, dass er sie verdrängen musste.
- Als er mit 25 Jahren seine Frau kennenlernte, war er glücklich.
- Gleichzeitig blühte er im Beruf auf.
- Schwierigkeiten im Beruf, basierend auf einer bisher nicht diagnostizierten ADHS. Als diese gelöst waren, nahmen die privaten Probleme, die schon lange vorhanden waren und verdrängt wurden, Raum ein.
- Das Erkennen des Ursprungs war schwierig.
- Erhebliche Widerstände und Verlustangst existierten im Unterbewussten.
- Druck seitens der Ehefrau wurde derart groß, dass er seine Verdrängung auflösen konnte und dadurch seine Freiheit gewann.
- Nebst seinem geliebten Job macht er die Ausbildung zum Clown.
- Durfte erleben, dass Trennung nicht mit Schuld verbunden sein muss. Gutes Verhältnis zu seiner Ex-Frau und dennoch Freiheit.

Wie sich herausstellte, führten die beiden eine sogenannte *„neurotische Beziehung“*. Diese Beziehungsform ist gekennzeichnet durch *Unausgeglichenheit*, die sich ungesund auf eine Ehe auswirkt. Es existieren verschiedene Muster von *„neurotischen Beziehungen“*. Beim Ehepaar F. stand die Problematik der Abgrenzung im Vordergrund.

In einer Zweierbeziehung haben Grenzen einen hohen Stellenwert. Es existieren zwei Arten der Abgrenzung: die Innengrenze, welche die Abgrenzung der Partner voneinander beinhaltet; als Außengrenze wird die Grenze als Paar gegenüber Außenstehenden verstanden. In einer gesunden Beziehung haben diese Grenzsysteme einen eindeutigen Grundsatz: Sie sind deutlich ersichtlich, verfügen jedoch auch über eine gewisse Flexibilität (gesunde Abgrenzung). Ein Paar mit angemessenen Innen- und Außengrenzen wird von der Außenwelt als solches wahrgenommen. Innerhalb der Zweierbeziehung leben beide – nebst gemeinsam gestaltetem Raum und Zeit – nach wie vor ihr individuelles Leben, das gegenseitig respektiert wird.

In der Partnerschaft der Eheleute F. fehlte die klare Abgrenzung, v.a. im Innenraum der Beziehung. Als Paar unternahmen sie nichts zur Bereicherung der Partnerschaft. Der Raum für persönliche, freie Zeit fehlte; der Alltag war durchstrukturiert. Beide errichteten aus Angst vor Wiederholung der Verletzungen des kindlichen Schicksals einen Schutzwall um sich herum. Nach Auflösung der Verdrängung stellte sich heraus, dass die beiden nicht aus Liebe geheiratet hatten, sondern eine Zweckehe eingegangen waren. Bei der Hochzeit waren sie von ihrer Liebe überzeugt. Für aufkommende Probleme wurde anfangs die ADHS von Herrn F. verantwortlich gemacht. Durch zunehmenden Leidensdruck und die Therapie von Herrn F. kam ein Prozess der Auseinandersetzung in Gang. Die Bilanz – auf die Ehe bezogen – war ernüchternd und mit Wehmut verbunden. Sie konnten jedoch ihre Freundschaft erhalten und durch die Auflösung der neurotischen Beziehung innere Freiheit und zuvor gebundene Energie gewinnen.

Tipps: Vermeidung neurotischer Paarbildung

- Fragen Sie sich gerade in der Phase der Verliebtheit, was sie an Ihrem Partner *konkret* schätzen.
- Registrieren Sie ebenso die Schattenseiten. Jeder Mensch besitzt Charaktereigenschaften und Interessen, die dem Gegenüber nicht zusagen.
- Sprechen Sie mit Ihrem Partner während der Phase des Kennenlernens über die Vergangenheit. Wird ein Teil des bisherigen Lebens tabuisiert, findet eine Verdrängung statt.

- Konfrontieren Sie Ihr Gegenüber und ermuntern Sie es, das Trauma aufzuarbeiten.
- Erst danach kann eine ausgewogene Beziehung gelebt werden.
- Überprüfen Sie die Lebendigkeit in der Beziehung. Unternehmen Sie regelmäßig etwas gemeinsam, haben Sie Gesprächsbedarf?
- Ebenso sollten Sie Zeit und Raum für Ihre individuelle Entwicklung haben.

4.4 Verleugnung als Abwehrmechanismus

Verleugnung ist einer der Abwehrmechanismen, der bei ADHS-Betroffenen häufig anzutreffen ist. Der Begriff umfasst das Verb „leugnen", impliziert das „Nicht-Anerkennen" eines Inhaltes, einer Tatsache oder Behauptung.

Zwischen den beiden Abwehrmechanismen der „Verdrängung" und der „Verleugnung" besteht ein Unterschied in der Eigenart der „Abwehr", der Effekt bleibt derselbe.

Bei der „Verdrängung" wird ein innerer konfliktreicher Wunsch abgewehrt. Die „Verleugnung" bezieht sich auf einen äußeren Realitätsinhalt, der verleugnet und in seiner Bedeutung nicht anerkannt wird (Leichsenring, Rabung & Leibing, 2004).

Gelegentliches Schummeln, Schwindeln und Lügen sind gesellschaftlich tolerierte Verhaltensweisen mit unterschiedlichen Zielsetzungen.

Menschen flunkern, um einen Konflikt zu vermeiden, was gelegentlich – je nach Betrachtungsweise und Kontext – eine positive Strategie darstellen kann.

Lügt jemand derart dreist, dass er anderen oder sich selbst Schaden zufügt, ist die Handlung krankhaft. Der Übergang ist meist fließend. Ärzte sprechen in diesem Fall von *Pseudologia phantastica*. Pathologisches Lügen leitet sich von den großartigen, größenwahnsinnigen Geschichten krankhafter Lügner ab.

Eine Gruppe innerhalb der „pathologischen" Lügner stellen jene Patienten mit einer *antisozialen Persönlichkeitsstörung* dar. Sie können lügen ohne Gewissensbisse, weil gesellschaftliche Normen und Werte zu wenig verinnerlicht sind. Bei Straftätern sind diese Merkmale (Persönlichkeitsstörung) oft anzutreffen. Wir dürfen jedoch – bezogen auf die ADHS – nie vergessen, dass „Verleugnung" auf andere Ursachen zurückgeführt werden kann, wie bspw. Reizüberflutung, mangelnde auditive Wahrnehmungsfähigkeit, fehlende Speicherkapazität, verzerrte Wahrnehmung etc. und eine Schutzvorrichtung darstellen kann.

Das nächste Fallbeispiel von Lucie und Gerd T. illustriert, welche Unsicherheiten und Spannungen eine „Verleugnung" in einer Partnerschaft auslösen kann. Bewusstes Lügen vom unbewussten Verdrängungsmechanismus der Verleugnung zu unterscheiden, fällt selbst Spezialisten schwer. Nachvollziehbar sind Lucies Verwirrung und der Gedanke sich von Gerd zu trennen. Die Ungewissheit, ob ihr Mann ein berechnender Lügner war, brachte sie dazu, Hilfe in Anspruch zu nehmen.

Fallbeispiel 14: Ehepaar T.: „Verleugnung" von Herrn T. als Schutzmechanismus infolge der Reizüberflutung

Frau T. benötigte Hilfe. Sie schilderte mir am Telefon, sie stünde in der Ehe mit Gerd an einem kritischen Punkt und habe lange versucht, ihren Mann zu verstehen. Nun sei sie am Ende ihrer Geduld und Kräfte. Sie wolle sich jedoch später nicht den Vorwurf machen, nicht alles versucht zu haben. Daher wandte sie sich an mich und bat mich um Hilfe. Gerd sei einverstanden mit einer Konsultation. Sie schilderte mir in Kurzfassung ihre Problematik: Gerd sei von Natur aus ein ehrlicher Mensch. Sie habe jedoch bereits in jungen Jahren festgestellt, dass Gerd seine Schwächen um jeden Preis vertuschen wollte. Es sei ihm stets peinlich gewesen, wenn er einen Termin vergessen habe, ihm ein Flüchtigkeitsfehler unterlaufen sei oder er sein Zeitmanagement nicht im Griff gehabt habe. Für sie sei es sehr schwierig gewesen mit ihm darüber zu sprechen. Sie sei nicht die Geduldigste. Das Schweigen ihres Mannes bringe sie auf die Palme. Frau T. war mitteilungsbedürftig. Manchmal habe sie das Gefühl, Gerd interessiere sich nicht für ihr Leben. Abends liebe sie den Austausch und erzähle öfters aus ihrem Alltag. Gerd zeige kein Interesse, er starre zunehmend ins Leere. Bedingt durch sein Schweigen bekäme sie jedoch auch keine Gelegenheit, an seinem Leben teilzunehmen. In letzter Zeit hätten sich die Konflikte zugespitzt. Gerd habe sich verändert. Manchmal sei seine Vergesslichkeit kaum zu ertragen. Er sei oft nervös, könne nicht schlafen. Früher sei er ihr Fels in der Brandung gewesen. Nun fühle er sich übermäßig schnell angegriffen und sei streitsüchtig geworden. „Es ist wie aus dem Bilderbuch. Der Mann interessiert sich nicht mehr für das Leben der Frau, ist ständig nervös. Dahinter steckt wahrscheinlich eine andere Frau. Meine Freundinnen bestärken mich darin und können nicht verstehen, weshalb ich Gerd nicht verlassen habe. So einfach kann ich es mir nicht machen. Gerd lügt mich an. Aber aus welchem Grund? Ich bin des Spekulierens müde, möchte mich auch nicht mehr beeinflussen lassen. Daher möchte ich gerne einen Termin mit Ihnen vereinbaren."

Wir fanden zeitnah einen Termin. Als das Ehepaar meine Praxis betrat, fiel mir die Gegensätzlichkeit des Paares auf. Lucie, eine zierliche, gepflegte

Frau, sprühte vor Temperament; Gerd strahlte Ruhe und Gemächlichkeit aus. Seine Gelassenheit täuschte jedoch. Als er Platz genommen hatte, bemerkte ich seine Unruhe; seine Hände zitterten. Das stimmte mit seinem Auftreten nicht überein. Sein Gesicht war angespannt. Es musste ihn Überwindung gekostet haben, seine Frau in die Praxis zu begleiten. Angesprochen auf diese Beobachtung, stimmt er zu: „Ja, Sie haben recht. Ich bin verunsichert, ob dieser Besuch die erwünschte Wirkung bringt. Verstehen Sie mich bitte nicht falsch: Ich zweifle nicht an Ihrer Kompetenz. Gerade in letzter Zeit habe ich erfahren müssen, dass Aussprachen zwischen uns heikel sind und in der Regel den Konflikt verstärken. Meine Aussagen werden nicht zur Kenntnis genommen; Bekannte, Eltern und Freunde glauben Lucie. Ich stelle in Frage, ob wir überhaupt miteinander sprechen können, ohne dass es Streit gibt.“ Herr T. war ehrlich und öffnete sich. Für das Gespräch war dies eine notwendige Voraussetzung. Seine Frau wollte umgehend widersprechen. Ich bat die beiden mir eine Situation zu schildern, die bei ihnen zu einer Auseinandersetzung geführt habe. Lucie war sofort mit von der Partie: „Ah ja, da muss ich nicht lange nachdenken, es geht um die Konzerttickets vor 10 Tagen, die wir verfallen lassen mussten... Es war folgendermaßen: Ich teilte Gerd bereits 2 Wochen vor dem Termin mit, dass ich zwei Tickets für unseren Lieblingsmusiker im ‚KKL‘ ergattert hatte. Gerd schien es damals zur Kenntnis genommen zu haben mit einem Nicken. Ich habe mich die ganzen Tage derart gefreut auf diesen Event, ging über Mittag einkaufen, zur Kosmetikerin, Friseurin und ließ mir die Nägel lackieren. Nach dem Großeinkauf am Samstag meinte Gerd zu mir gewandt, ich sähe elegant aus. Ich lächelte meinen Mann an mit der Bemerkung, er werde sich für morgen sicherlich auch schick anziehen. Gerd nickte wieder geistesabwesend. Am Sonntagmorgen wollte ich mit meinem Mann vereinbaren, wann wir von zu Hause losfahren müssten, um rechtzeitig in Luzern anzukommen. Mein Mann sah mich fragend und mit großen Augen an. Ich wollte ihm auf die Sprünge helfen: ‚KKL!‘ Bei ihm machte es immer noch nicht ‚klick‘. Ich wurde wütend und schrie, ob er das Konzert vergessen habe, wie so vieles in letzter Zeit. Das könne nicht wahr sein. Ich hatte mich unglaublich darauf gefreut mit meinem Mann dieses Konzert anzuhören.

Im ersten Moment schnappte ich nach Luft, drehte mich auf dem Absatz um und verkroch mich in meinem Arbeitszimmer. Bei mir begann sich das Gedankenkarussell zu drehen. Ich war überzeugt, dass er log, und wie dreist. Er handelte sich um seinen Lieblingskomponisten. Das war unfassbar.

Als ich ins Wohnzimmer zurückkehrte saß Gerd erstarrt da, den Blick zu Boden gesenkt. Ich war nach wie vor überzeugt, dass Gerd mich belog, und wollte ihn testen. Daher sagte ich in möglichst neutralem Ton: ‚Was geschehen ist, können wir nicht mehr ändern. Aber du hast ja noch Zeit und findest sicherlich etwas Passendes zum Anziehen.'" Bisher nahm Lucie keinen Blickkontakt zu ihrem Mann auf. Sie fokussierte sich auf mich. Nun wurde sie emotional und wandte sich ihrem Mann mit einer Mischung aus Trauer und Wut zu: „Dein schlichtes ‚Nein' traf mich wie ein Hammer. Erst glaubte ich, mich verhört zu haben. Als du deine Aussage wiederholt hast: ‚Nein, ich komme nicht mit', zog es mir den Boden unter den Füssen weg. Als Grund hast du eine Verabredung mit deinem Freund vorgeschoben. So ein Treffen kann man nachholen. Ich musste mich sehr beherrschen, dass ich nicht explodierte... Was erlaubst du dir? Du hast mir ins Gesicht gelogen, indem du behauptet hast, du hättest das Konzert vergessen. Anschließend ziehst du ein Treffen mit deinem Freund vor. Dafür kann ich kein Verständnis aufbringen. Du wolltest mir noch weismachen, dass er deine Hilfe brauche, weil ihn seine Frau verlassen habe. Dein Freund ist dir wichtiger als ich und du kannst nicht einmal dazu stehen, sondern lügst mich noch an." Frau T. kam in Fahrt, wurde lauter: „Wievielmal hast du mich angelogen, als du behauptet hast, du müsstest in der Firma ein Projekt fertigstellen? Wofür hast du diesen Vorwand gebraucht? Während ich mich um unsere Beziehung sorge, turtelst du wahrscheinlich bereits mit einer anderen herum." Lucie kullerten die Tränen herunter. Gerd war sprachlos. Er stammelte: „Nein, nein, wie kannst du sowas nur denken, ich liebe dich doch." „So sieht also Liebe aus, indem du mich belügst und hintergehst." Frau T. schniefte in ihr Taschentuch. Anschließend herrschte eine beängstigende Ruhe. Beide starrten vor sich hin. Nach einer Pause forderte ich Herrn T. auf, seine Version zu erzählen.

Er saß in sich zusammengesunken da. Von dem korpulenten Mann, der zur Tür reinkam, war nicht mehr viel übrig. Leise schilderte er: „Es läuft wie immer ab. Ich werde als Schuldiger und Versager hingestellt. Lucie hat nun endlich mal ausgesprochen, was sie denkt, und das wohl seit Monaten. Sie unterstellt mir, ich sei ein Lügner und hätte eine Freundin. Unglaublich, ich verstehe überhaupt nicht, wie sie so von mir denken kann. Ich schwöre, ich kann mich auch heute an kein Konzert erinnern." Lucie wollte intervenieren. Ich bat sie, ihren Mann aussprechen zu lassen.

„Ich lüge doch nicht, ich will Lucie nur nicht mit meinen geschäftlichen Schwierigkeiten belasten." „Du hast geschäftliche Schwierigkeiten? Es ist unglaublich. Das kann ja gar nicht sein. Ist das wieder einer deiner Lügen? Du bist doch der Liebling deiner Vorgesetzten und bist hochgeklettert auf der Karriereleiter." Herr T. war peinlich berührt, fühlte sich wie ein kleiner Junge. Er habe ihr das gar nie erzählen wollen, weil er wisse, dass sich alles wieder einrenken werde, sobald er sich an das neue Büro gewöhnt habe. Ich unterbrach die Konversation und erkundigte mich nach seinen geschäftlichen Schwierigkeiten. Mir wurde klar, dass diese eine Schlüsselrolle einnehmen könnten im Konflikt der Eheleute.

„Ich bin, seit ich denken kann, vergesslich. In letzter Zeit nimmt meine Vergesslichkeit Maße an, die mich selbst erschrecken. In der Firma suchte mein Vorgesetzter das Gespräch mit mir. Es war ihm daran gelegen, eine Begründung für meine Fehlleistungen zu bekommen. Da ich jedoch selbst keine Ursache für mein Versagen eruieren kann, bin ich verzweifelt. Ich gebe mir solche Mühe, die Geschäfte rechtzeitig und fehlerlos abzuwickeln, und trotzdem kommt es immer wieder zu Fehlern ... Die Geschäftsleitung musste mich abmahnen. Sie hat mein volles Verständnis dafür. Mit Lucie kann ich mich leider nicht darüber unterhalten. Sie fühlt sich dann bestätigt in der Annahme, mit mir stimme was nicht. Ihre ‚Ratschläge', ich müsse mich nur mehr anstrengen oder Fehler würden allen unterlaufen und ich würde übertreiben, verletzen mich sehr. Lucie steckte noch nie in meinen Schuhen. Sie kann sich nicht vorstellen, wie ich mich fühle, wenn ich den ganzen Tag angestrengt und engagiert arbeite mit dem Ziel, die Fehlerquote zu senken; wenn ich abends nicht schlafen kann, weil ich trotz aller Bemühungen versagt habe. Es ist mir so peinlich und ich schäme mich für meine Patzer. Daher arbeite ich meist abends länger. Mich belastet diese Situation enorm. Ich frage mich bereits, ob ich unter beginnender Demenz oder einem Gehirntumor leide. Vor einer Woche suchte ich einen Spezialisten auf. Er versicherte mir, nach bildgebenden Aufnahmen, dass mit meinem Gehirn alles in Ordnung ist... Nun noch der Druck von Lucie. Ich bin am Ende meiner Kräfte angelangt." Nach einer kurzen Pause kam er auf das Konzert von letzter Woche zurück. „Ich bin mir ganz sicher, dass am letzten Wochenende kein Konzert in der Agenda vermerkt war. Erinnern kann ich mich vage, dass Lucie ein ‚Open-Air-Konzert' im Sommer erwähnte. Ich war mit meinem besten Freund verabredet, der in Not war, weil seine Frau fremdgegangen ist und ihn verlassen hat. Da ist es doch logisch, dass ich ihm helfe, so wie er es auch für mich getan hätte. Manchmal habe ich das Gefühl, dass Lucie solche Geschichten erfindet, weil sie selbst viel vergisst. Letzten Monat hat sie bspw. unseren Hochzeitstag vergessen und den Geburtstag ihrer Mutter. Sie will stets mir den ‚Schwarzen Peter' zuschieben, obwohl ihr Gedächtnis nicht besser ist. Wenn die Putzfrau kommt, muss ich sie immer darauf hinweisen. Am meisten kränkt mich, dass Lucie mir erst zum jetzigen Zeitpunkt vorwirft, ich sei ein Lügner und Betrüger, obwohl sie schon lange so über mich denkt."

Als ich mir die beiden Versionen angehört hatte, kam mir der Gedanke, dass bei Herrn T. viele Symptome der ADHS vorlagen. Ich teilte den beiden meine Vermutung mit und Herr T. ließ sich testen. Das Resultat war positiv und Herr T. wurde medikamentös eingestellt. Begleitend entschied er sich für eine Gesprächstherapie, damit er sein schlechtes Selbstvertrauen und die negativen Erfahrungen aufarbeiten konnte. Als Erstes musste es in der Firma eine Entlastung geben. Seine beiden Vorgesetzten waren vertrauenswürdig und schätzten ihn. Wir beschlossen die beiden einzuladen und aufzuklären. Sie waren erleichtert, nun über die Ursache seiner Probleme informiert zu werden, und bedankten sich bei Herrn T. für sein Vertrauen. Es war spürbar, wie sie aufatmeten. Ihr Verhalten bestätigte, wie sie Herrn T. als Mensch und Arbeitskraft schätzten. Sie kannten sich über ADHS nicht aus, ließen sich aber gerne die Basics erklären. Später meldeten sie sich bei mir für einen Kurs an, der für Arbeitgeber ausgeschrieben war. Für mich und Herrn T. war offensichtlich, dass viele Probleme durch die Reizüberflutung im Großraumbüro entstanden, welches die Firma vor einigen Monaten bezogen hatte.
Die beiden Vorgesetzten konnten den Zusammenhang zwischen dem Großraumbüro und der fallenden Leistung von Herrn T. nicht herstellen und baten um eine zweite Besprechung. Sie waren beeindruckt und zeitweise auch sprachlos, als Herr T. ihnen schilderte, was in seinem Hirn ablief, wenn gleichzeitig mehrere Inputs verarbeitet werden mussten. Ich erklärte ihnen die Abläufe auf wissenschaftlicher Basis. Es war offensichtlich, wie sie die Schilderungen berührten. Der ältere der beiden klopfte Herrn T. auf die Schultern mit dem Kommentar: „Ich mache mir große Vorwürfe wegen meines Verhaltens. Eigentlich hätten wir dich sofort zum Arzt schicken müssen. Denn wir wissen ja, wie zielorientiert und zuverlässig du arbeitest. Ich möchte mich bei dir in aller Form entschuldigen." Der zweite Vorgesetzte schloss sich den Worten seines Kollegen an. Mit dünner Stimme fügte er hinzu, dass er bewundere, wie Herr T. alles durchgestanden habe. Auch Herr T. hatte feuchte Augen, als er ihnen erklärte, dass sie keine Schuld treffe. Dieses Krankheitsbild sei leider noch zu wenig bekannt. Herr T. war auch auf der emotionalen Ebene zu seinen Vorgesetzten durchgedrungen. Das Verständnis auf dieser Ebene bildet die beste Voraussetzung für eine erfolgreiche Zusammenarbeit. Gemeinsam mit dem Architekten wurde räumlich eine Lösung gefunden. Die Geschäftsleitung ließ einen Teil des Büros für Herrn T. abtrennen. Somit war das größte Hindernis aus dem Weg geschafft. Seitdem Herr T. in einem Einzelbüro arbeitet und medikamentös eingestellt ist, hat er sein Selbstvertrauen im geschäftlichen Bereich wiedergefunden und leistet wieder Arbeit in der einst gewohnten Qualität.

In der Paartherapie war das Thema ‚Lüge', der Auslöser der Eheprobleme, das wichtigste Gesprächsthema. Ich musste dem Ehepaar den Unterschied zwischen absichtlichem Lügen und dem unbewussten Leugnen als Abwehrmechanismus erklären (vgl. oben). Jeder Mensch schummelt, schwindelt oder lügt mal. Meist um einen Konflikt zu vermeiden oder das Gesicht zu wahren. Bei Betroffenen mit ADHS, wie bei Gerd, bildet die Verleugnung einen Schutzmechanismus. Wie unten dargestellt, können wegen der Reizüberflutung nicht mehrere Informationen gleichzeitig aufgenommen, abgespeichert und verarbeitet werden. Menschen mit ADHS werden überflutet von Informationen und werden bereits als Kinder beschuldigt nicht zu zuhören. Der Kern der Problematik besteht jedoch nicht darin, dass ADHS-Betroffene nicht zuhören, sondern dass gewisse Informationen gar nicht im Gehirn ankommen, bzw. verarbeitet werden. Nehmen Belastung und Druck zu, werden Reize unbewusst abgewehrt. Auf diese Weise erlangen viele wichtige Informationen ihre Aufmerksamkeit nicht. Von diesem Gesichtspunkt aus gesehen, trat bei Herrn T. der Automatismus der ‚Verleugnung' als Schutzmechanismus auf. Er log nicht bewusst oder absichtlich, sondern war überfordert. Es brauchte viel Zeit, bis Frau T. diesen Unterschied nachvollziehen konnte. Die weiteren Probleme, welche in der Beziehung entstanden waren, wurden in der Therapie ebenso erfolgreich aufgearbeitet. Herr T. verfügt über ein rasches Auffassungsvermögen und kann notwendige Schritte ebenso effizient umsetzen. Ab und zu gibt es eine Paarsitzung. Das Thema in diesen gemeinsamen Konsultationen betrifft meist die Kommunikation. Die beiden haben erstaunlich große Fortschritte erzielt. Herr T. schämt sich nicht mehr wegen einer Fehlleistung und nimmt die Hilfe seiner Frau an. Frau T. befasste sich mit der ADHS und lernte Strategien, um ihrem Mann unterstützen zu können. Sie begriff auch, wie sehr sie ihren Mann mit Vorwürfen verletzen konnte.

Die beiden können sich nun wieder auf Augenhöhe in der Ehe begegnen und führen eine glückliche Beziehung. Herr T. genießt die Befreiung, welche ihm durch die Auflösung der Abwehr gelungen ist. Das Ehepaar spricht Bedürfnisse, Wünsche, aber auch Schwierigkeiten an und kann somit auch wieder miteinander das Schweigen und Träumen genießen.

Resümee Familie T.:

- Bei Herrn T. wurde die ADHS mit Schwerpunkt „Konzentrationsschwierigkeiten" erst durch diesen Vorfall diagnostiziert. Durch die steigenden Anforderungen im Alltag unterliefen Herrn T. immer mehr Flüchtigkeitsfehler. Er bekam in der Firma eine Abmahnung, die ihn stark beschäftigte.

- Aus Scham- und Schuldgefühlen verschwieg er die Probleme seiner Frau gegenüber. Sie bekam mit, dass ihr Mann in einer Krise steckte, suchte die Ursache jedoch in ihrer Ehe und war der Überzeugung, nicht mehr attraktiv für ihn zu sein. Sie unterstellte ihrem Mann, sie nicht mehr zu lieben.
- Während sie sich die ganze Woche auf das Konzert freute, war er überzeugt, am Wochenende seinem Freund helfen zu können.
- Bei der Aussprache kam es zu einer „Verleugnung". Er behauptete, Lucie habe nichts von diesem Termin gesagt. Es ist durchaus möglich, dass er ihre Ankündigung nicht wahrgenommen hat, weil sein Arbeitsgedächtnis durch massive Reizüberflutung überlastet war. Abgespeichert hat er den Termin bestimmt nicht. Sonst wäre er am Tag des Konzertes nicht derart überrascht gewesen. Der Mechanismus der Abwehr setzte durch die Reizüberflutung automatisch ein.
- An dieser Stelle ist die Frage berechtigt, weshalb er diese unbewusste Strategie entwickelt hatte, obwohl er sich an keine beängstigenden Strafen oder Traumata während der Kindheit erinnern konnte. Eindeutig ersichtlich wird der zu hohe Druck in der Firma und die Angst, Lucie würde ihn verlassen. Er hielt dieser Dauerbelastung, deren Ursache er nicht kannte, nicht mehr stand. Daher setzte dieser Schutzmechanismus ein.
- Frau T. fühlte sich in doppelter Hinsicht nicht ernst genommen. Nebst dem Abstreiten der Bekanntgabe des Konzerttermins zog er an diesem Abend die Gesellschaft seines Freundes vor. Sie fühlte sich verständlicherweise vernachlässigt und zweifelte an seiner Liebe.
- Weshalb verschob er nicht das Treffen mit seinem Freund? Gerd ist wie die meisten Menschen mit ADHS ein äußerst empathischer Mensch, der seine Versprechen hält. Sein Freund war in Not und er wollte für ihn da sein.
- Die Hilflosigkeit drückte sich bei den Ehepartnern auf unterschiedliche Art aus: Während Frau T. durch Wut ihre negativen Gefühle abbauen konnte, verstummte Herr T. und schämte sich für seine Fehlleistungen.
- Hätte Frau T. keine Hilfe gesucht, wäre es zu einer „Eskalation" gekommen.
- Nachdem sich nun beide Ehepartner mit der ADHS beschäftigt haben und sich gegenseitig helfen können, ist die Prognose des Ehepaars, einer glücklichen Zukunft entgegenzugehen, gut.

Herr T.:

- Er erkannte die massive Abnahme seiner Konzentrationsfähigkeit, v.a. im geschäftlichen Bereich, konnte sich seiner Frau jedoch nicht anvertrauen. Herr T. fühlte sich von ihr nicht ernst genommen und bestätigt in der Annahme, dass mit ihm was nicht „stimme", bzw. er sich mehr anstrengen müsse.

Derartige Vorwürfe hätte er in seiner schwierigen geschäftlichen Situation nicht verarbeiten können.

- Herr T. war beliebt in der Firma, hatte sowohl im fachlichen wie auch im menschlichen Bereich viel Potenzial und sich hochgearbeitet. An der Arbeitsstelle hatte er bisher durch positive Rückmeldungen und gute Leistungen sein Selbstvertrauen aufbauen können.
- Seit ein paar Monaten hatte sich die Lage verändert: Seine Konzentrationsschwierigkeiten verstärkten sich massiv. Herr T. wurde befördert und leitete nun ein eigenes Team. Gleichzeitig zog seine Firma in ein modernes Gebäude mit Großraumbüro. Ein Leistungskiller für Menschen mit ADHS.
- Durch den vermehrten Energieverbrauch und die weiteren „Baustellen" an seiner Arbeitsstelle wurde er unsicher und zweifelte an sich selbst. Da ihm wenig Freizeit blieb und er abends meist todmüde ins Bett fiel, wurde seine Frau missmutig und warf ihm vor, er kümmere sich nicht um sie.
- Aus Angst, seine Frau zu verlieren, wenn er von seinem „Versagen" erzählte, setzte er sich manchmal nach der Arbeit mit seinen zwei besten Freunden zusammen. Sie verstanden ihn, munterten ihn auf.
- Erfuhr seine Frau davon, beklagte sie sich, nicht mehr von ihm geliebt zu werden. Ihr fehlte die Zeit mit ihrem Mann und sie wurde eifersüchtig.
- Da Herrn T. die Ursache seines Problems unbekannt war (nicht diagnostizierte ADHS), konnte er nichts am belastenden Zustand ändern; seine Schuldgefühle und Ängste verschwieg er.
- In Momenten der Wut und Ohnmacht warf ihm seine Frau an den Kopf, bei ihm „stimme" was nicht oder er „ticke nicht mehr richtig". Diese Worte ließen ihn nachts wachliegen und verstärkten seine Selbstzweifel sowie Versagensängste.
- Mit seiner Frau konnte er nicht über Ängste und Verunsicherungen sprechen, daher waren die beiden Männerfreundschaften für das seelische Überleben derart wichtig für Herrn T.
- Als positiv bewertet werden kann das Erkennen seiner ADHS und die anschließende Auseinandersetzung der Ehepartner mit diesem Phänomen. Sie benötigten wenig Zeit, um die Erkenntnisse konstruktiv umzusetzen, und führen heute ihren eigenen Aussagen entsprechend eine bessere Ehe als vorher.
- Die Vorgesetzten bewiesen, wie viel ihnen an der Gesundheit und am Wohlbefinden von Herrn T. lag. Sie setzen sich ebenso mit der ADHS auseinander und scheuten keine Mühen, um notwendige, gesundheitsfördernde Veränderungen vorzunehmen.

Frau T.:

- Sie erkannte die verstärkte Anspannung ihres Mannes. Obwohl sie ihn liebte, konnte sie nicht adäquat auf seine Fehlleistungen eingehen und beschuldigte ihn, was seine Unsicherheit und Verlustangst verstärkten.
- Ein Problem, welches in ihrer Partnerschaft stets zu Konflikten führte, war die Vergesslichkeit von Herrn T. Daher hatten sie vereinbart, Frau T. würde ihn stets an wichtige Termine erinnern. Bei diesem Konzert, mit dem sie sich selbst und ihrem Mann eine Freude machen wollte, erinnerte sie ihn nicht explizit, sondern dachte die Anzeichen und Freude ihrerseits würden reichen. Herr T. verband ihre Aussage jedoch assoziativ mit anderen Inhalten (Open-Air).
- Sie hatte große Mühe, diese Enttäuschung zu verdauen, entschloss sich jedoch, Hilfe zu holen.
- Das Blatt wendete sich zum Positiven, sobald Frau T. wusste, dass ihr Mann von ADHS betroffen war und keine Willkür hinter seinen von ihr verurteilten Mängeln steckte. Sie kämpfte um ihre Ehe, beschäftigte sich mit der ADHS, unterstützte ihren Mann, wo immer sie konnte. Wie oben bereits erwähnt, gab es auch Partnersitzungen, in denen sie engagiert war. Durch die allgemeine positive Veränderung fasste sie wieder Mut.
- Beide sind heute entspannt, weil sie die Ursache der damals unverständlichen Probleme von Herrn T. kennen. Sie stehen sich näher als je zuvor.

Kommen wir zurück auf die Frage, *weshalb* Herr T. Abwehrmechanismen aufgebaut hatte. An seine Kindheit und Jugendzeit konnte er sich nur vage erinnern. Er hatte wenige einschneidende negative Erfahrungen abgespeichert. An einzelne Szenen konnte er sich mit der Zeit erinnern: Er hatte in der Schule große Mühe mit Kopfrechnen, der Lehrer schikanierte ihn stets. Er durfte sich erst setzen, wenn er eine Aufgabe richtig gelöst hatte. Durch dieses unmenschliche Vorgehen wurde er vor der Klasse bloßgestellt. *Sein Lehrer trug viel zur Traumatisierung bei.* Herr T. kann sich ebenso an die folgende, wiederholte Aussage seines Lehrers erinnern: „Bei dir ist Hopfen und Malz verloren, aus dir wird eh nichts!" *Der Hohn seiner Mitschüler verletzte ihn genauso und er litt unter mangelndem Anschluss.* Heute ist ihm bewusst, dass die Kinder und Jugendlichen seine Andersartigkeit und besonderen Bedürfnisse nicht einordnen konnten. Es fehlte ihnen das Verständnis, weshalb er gedanklich so oft abwesend und vergesslich war. Aus der Perspektive der Mitschüler ist dies verständlich, wenn auch die diskriminierenden Reaktionen keinesfalls geduldet werden können. Damit Stigmatisierung verhindert werden kann, müssen die Erwachsenen wie Lehrer und Eltern in die Pflicht genommen werden. Bei Herrn F. versagten beide Parteien. Der Lehrer sei öfters bei der Familie T. wegen seines „Fehlverhaltens“ bzw. seiner „Sonderbarkeit“ vorbeigekommen. Er habe sich über die „schrullige Eigenart“, die Faulheit, den fehlenden Willen beklagt. Herr T. bekam weder von seiner Mutter noch von seinem Vater die notwendige Unterstützung. Im Gegenteil: Die Eltern entschuldigten sich für ihren Sohn beim Lehrer.

Auch in der Ehe gab es seit Beginn Probleme mit Vergesslichkeit, Organisation etc. Er nahm die Schuld auf sich, entwickelte Gefühle als Versager. Die summierten Erlebnisse lösten den Schutzmechanismus aus. 25 Jahre später erfuhr Herr F., worauf seine Schwäche zurückzuführen ist.

Um diese ungerechtfertigten Anschuldigungen in Kinder- und Jugendzeit zu erdulden, entwickelte Herr T. *den Abwehrmechanismus der Verleugnung.*

Tipps für Angehörige

- Urteilen Sie nicht über Schwächen, Unzulänglichkeiten von Kindern, Jugendlichen und Erwachsenen, deren Ursachen Sie nicht kennen.
- Versuchen Sie die Quelle zu finden.
- Stehen Sie hinter Ihrem Kind/Partner, solange Sie die Sicherheit haben, dass keine Absicht hinter unerwünschtem bzw. unerklärlichem Verhalten steckt.
- Beziehen Sie Fachpersonen ein.
- Als Vorgesetzter ist das Vorgehen bei Veränderungen von Mitarbeitern dasselbe: Beobachten, Nachfragen, Lösung suchen.
- Trauen Sie sich Ihren Partner oder Mitarbeiter anzusprechen.
- Ermutigen Sie ihn, die Gründe für die Schwierigkeiten herauszufinden, und unterstützen Sie ihn auf diesem Weg.
- Gegenteiliges Verhalten erinnert den Betroffenen an die prägenden Erlebnisse der Kindheit. Dabei nimmt die Abwehrhaltung zu.

4.4.1 Phänomen der Reizüberflutung und deren Folgen

Die Reizüberflutung ist einer der Kardinalsfaktoren, welche zu diversen Komplikationen führt. Was bedeutet Reizüberflutung effektiv? Der Ausdruck hat sich in der heutigen Gesellschaft in diversen Kontexten – auch außerhalb der ADHS-Problematik – im Sprachgebrauch etabliert.

Der Begriff *Reizüberflutung* widerspiegelt einen Zustand des Gehirns, bei dem eine überdimensionale Menge an Reizen und Informationen auf einen Menschen einströmen. Die Unmöglichkeit diese Inputs aufzunehmen, abzuspeichern und adäquat zu verarbeiten beruht nicht ausschließlich auf dem neurologischen Unvermögen der Betroffenen die Flut der einströmenden Daten regulieren zu können. Eine weitere Charakteristik zeigt die Unfähigkeit auf, aktuell relevante Daten von den nebensächlichen zu differenzieren. Durch diese Unzulänglichkeiten des ADHS-Gehirns *gehen wichtige Daten verloren, Priorisierungen sind unmöglich und die Datenverarbeitung ist deutlich verlangsamt.* Dadurch resultiert je nach Menge und Komplexität der einströmenden Reize eine mehr oder weniger massive Überforderung. Die Reize können durch *sämtliche Sinnesorgane* (Ohren, Augen, Geruchssinn, Geschmacksknospen und Somatosensorik) ins Gehirn gelangen.

Für die nicht diagnostizieren, betroffenen Menschen mit ADHS ist dieser Zustand nichts Ungewöhnliches. Sie kennen seit Geburt kein Leben ohne Datenüberfluss und sind sich der ursächlichen Faktoren ihrer Schwierigkeiten nicht bewusst.

Die häufig die Gesundheit beeinträchtigenden Auswirkungen treten im Erwachsenenalter durch den höheren Druck auf, sei es bei der Arbeit oder im Privatleben. *Je länger Betroffene diesem Druck standhalten müssen, desto höher wird das Risiko von Sekundärerscheinungen gesundheitlicher Art. Die Überforderung* durch die *Reizüberflutung, mangelnde Reizselektion und Datenverarbeitung* verlangt von Menschen mit ADHS ein *hohes Energiepotenzial.*

Wie sich Menschen fühlen, die mit erheblicher Reizüberflutung leben müssen, erfuhr ich durch Patrizia bei einem Anlass.

Fallbeispiel 15: Patrizia und ihre Panikattacke durch Reizüberflutung auf einer Hochzeit

Zusammen mit meinem Partner war ich zu einem Hochzeitsempfang eingeladen. Es war eine gelungene Party. Nach einem Nachmittag voller Überraschungen machten sich die Gäste für das Abendessen frisch. Da mein Partner der Trauzeuge des Bräutigams war, saßen wir am Tisch des Brautpaares. Meine lebensfrohe Freundin, die Braut, raunte mir im Hinausgehen zu: „Bitte kümmere dich ein wenig um Patrizia." Bevor ich nachfragen konnte, war der „Schmetterling", wie ich meine Freundin Stephanie auch gern nannte, weg. Sie hatte eine bewundernswerte Leichtigkeit, mit der sie von einer „Blüte" zur nächsten schwebte.

Anfangs machte ich mir keine Gedanken. Ich wusste nicht mal, wer Patrizia war. Neugierig hatte mich Steff nun schon ein wenig gemacht. Beim ersten Gang spürte ich Blicke auf mir. Stets wenn ich aufschaute, suchte eine schüchtern wirkende, nervöse und unruhige Frau meinen Blickkontakt. Es fiel sogar meinem Partner auf. Beim Servieren ließ der Kellner eine Fischgabel fallen. Die Reaktion von Patrizia erschreckte uns alle mehr als der Lärm des zu Boden fallenden Gegenstandes. Patrizia schrie kurz auf und verließ den Raum. Stefanie rannte ihr hinterher und nach einer gefühlten Ewigkeit kamen die beiden zurück. Meine Freundin schaute mich auffordernd an. Ich signalisierte ihr jedoch, dass ich als Privatperson hier sei und die Party genießen wolle. Patrizia kostete wenige Speisen. Je länger das Diner dauerte, desto angespannter wurde die Stimmung an unserem Tisch. In einer Essenspause verließ ich den Raum mit meinem Partner. Er fragte mich, ob ich auch den Eindruck habe, an unserem Tisch sei es peinlich ruhig. Ich musste ihm recht geben. Wir lachten bei anderen Gelegenheiten viel, diskutierten und jetzt war ungewöhnliche, peinliche Stille eingekehrt. Stefanie kümmerte sich dermaßen engagiert um Patrizia, dass sie ihren Abend nicht richtig genießen konnte. Patrizia benötigte Betreuung. Erst das Vorkommnis und die übertriebene Reaktion beim Fischessen, dann das ständige, beinahe fluchtartige Verlassen des Speisesaals. Sie musste stets von Stefanie zurückgeholt werden. Ebenso auffallend waren ihre heftigen Reaktionen bei lauten Geräuschen von anderen. Sie beteiligte sich auch nicht an Gesprächen. Dieses Verhalten hemmte auch die anderen Gäste. Im ersten Moment in meiner Feierlaune machte sie auf mich den Eindruck einer exzentrischen Diva. Mein Partner und ich beschlossen zu feiern, wie wir es sonst auch taten. Schließlich heirateten unsere besten Freunde. Mittlerweile hatte sich der Bräutigam zu uns gesellt und stimmte uns zu: „Jawohl, jetzt lassen wir es krachen.“ Wir kehrten zurück und im gesamten Raum wurden rege Diskussionen geführt. Es wurde gelacht, geflirtet und gefeiert, ganz wie es zu einer Party gehört. Der Lärmpegel stieg. Simona hatte einen neuen ‚Typen‘ kennengelernt und wir wollten natürlich in den Genuss aller Details kommen. Patrizia erhob plötzlich ihre Stimme: „Hört doch endlich auf, seid ruhig.“ Erst glaubte ich, mich verhört zu haben. Als ich dann jedoch Patrizia mit zugehaltenen Ohren und Schnappatmung den Raum verlassen sah, wusste ich, dass er ernst war.

Patrizia saß auf dem Brunnenrand, weinte und hyperventilierte. Sie schien unter einer Panikattacke zu leiden. Durch bewusstes Atmen beruhigte sich ihr Organismus. Sie ging ein paar Schritte und wandte sich mit den Worten an mich: „Das habe ich stets befürchtet, Steff ließ nicht locker. Sie meinte, wenn ich sonst nie mit ihr feiern ginge, müsste ich wenigstens an ihrer Hochzeit teilnehmen. Sie ist einer der liebenswürdigsten Menschen, die ich kenne, versteht mich jedoch in dieser Hinsicht einfach nicht.“ Es sprudelte aus Patrizia nur so raus: „Ich bin einfach nur froh, wenn ich abends meine Ruhe habe. Den ganzen Tag kämpfe ich mich durch den Urwald von Geräuschen und Gerüchen. Mein Ziel ist es, meine Arbeit als Disponentin gut zu verrichten. Obwohl ich mich unglaublich anstrenge, ist meine Fehlerquote hoch. Ich weiß heute, dass ich mich ablenken lasse, obwohl ich dies nicht will. Kaum hustet jemand, oder spricht mit einem Mitarbeiter, habe ich bereits vergessen, was der Kunde wollte und muss nochmals nachfragen. Das ist peinlich. Meist geschehen dann noch Fehler beim Übertragen der Daten und schon wieder werde ich gerügt. Es wird immer schlimmer. Mittags muss ich mich auch zusammenreißen und meine Abneigung gegen viele Gerüche verstecken. Wir haben eine kleine Küche. Meist wird mir schnell übel. Kein Arzt kann mir helfen. Die nehmen mich schon gar nicht mehr ernst. Wegen dieser Unverträglichkeit falle ich erneut auf, weil ich fluchtartig die Firma verlasse. Die Kollegen tuscheln hinter meinem Rücken. Abends habe ich den Kopf dermaßen voll, dass sich alles dreht und ich einen Summton im Ohr habe. Ich glaube, dass ich auf der Abschussliste der Firma stehe. Verständlich ist es, denn ich kriege es ja nicht besser hin. Im Büro falle ich bereits auf wegen meiner komischen Ausweichmanöver. Ich kann es nicht leiden, wenn mir Menschen zu nahe kommen. Ich schäme mich für diese Empfindungen und Reaktionen, die du gerade mitbekommen hast. Die anderen denken sicherlich, was ich selbst auch annehme, dass bei mir nicht alles in Ordnung ist im Kopf. Als nun noch Simona von ihrer neuen Bekanntschaft zu schwärmen begann, wurde mir alles zu viel. Eigentlich möchte ich auch gerne einen Freund. Aber das geht halt leider nicht."

Nach dieser Erzählung mussten wir beide erst mal kräftig durchatmen. Patrizia entschuldigte sich für ihren Redefluss, fühlte sich jedoch erleichtert. Sie habe das noch nie jemandem anvertrauen können. Manchmal muss der Leidensdruck hoch sein, bis der emotionale Ausbruch erfolgt. Ich konnte Patrizia die Ursachen und Zusammenhänge erklären und riet ihr dringend zu einer entsprechenden Abklärung.

Noch lange musste ich über den ersten Eindruck nachdenken, den ich von Patrizia in Feierlaune hatte. Ich lag damit falsch. Es wurde mir jedoch wieder einmal bewusst, wie hochkomplex die Auswirkungen der Reizüberflutungen sind. Bei Patrizia war nicht nur das Gehör, sondern auch die Geruchsnerven, Geschmacksknospen und der somatosensorische Bereich durch Reizüberflutung betroffen.

Von Stefanie erfuhr ich, dass Patrizia sich abklären ließ und ich mit meiner Vermutung richtig lag. Inzwischen war ein halbes Jahr vergangen. Sie befasste sich intensiv mit der ADHS, besuchte eine Therapie und wurde durch Medikamente unterstützt. Am meisten Druck habe ihr das Gespräch mit ihrem Vorgesetzten weggenommen, der ihr gegenüber großes Verständnis gezeigt habe. Mittlerweile könne sie auch mit den Vertrauten darüber sprechen, die sie auf ihrem Weg unterstützen würden.

Abbildung 2: Bei ADHS-Betroffenen ist der Informationsfluss im Gehirn gestört (Reizüberflutung) (Foto: PeopleImages, Getty Images)

Häufig können die Informationen aufgrund des oben aufgeführten Hintergrundes nicht vollständig aufgenommen bzw. abgespeichert werden. ADHS-Betroffene sind sich des Mangels nicht bewusst. Werden sie auf die nicht ausgeführten Aufgaben hingewiesen, fühlen sie sich zu Unrecht kritisiert. Aufgrund dieser unzureichenden Informationswahrnehmung und -verarbeitung entstehen ebenso *Missverständnisse in der Kommunikation.*

Im nächsten Fallbeispiel von Moritz Roth findet aufgrund der mangelnden Aufnahme bzw. Verarbeitung und Abspeicherung der Informationen eine *Wahrnehmungsverzerrung* statt. Diese mangelnde Wahrnehmung, Decodierung bzw. Verdrängung der Ernsthaftigkeit der Mitarbeitergespräche haben fatale Auswirkungen.

Fallbeispiel 16: Herr Roth: Verzerrte Wahrnehmung und Decodierung der Aussagen seines Vorgesetzten

Herrn Roth kannte ich bereits seit einigen Jahren. Ursprünglich meldete er sich an, weil ihm seine Freundin ein Ultimatum stellte. Es konsumierte damals abends regelmäßig Cannabis. Seine Freundin, Frau H., teilte beim Erstgespräch mit, dass dies keine Partnerschaft mehr sei. Herr Roth bewege sich in anderen Sphären und sie könne sich nicht mehr vernünftig mit ihm unter-

halten. Dieser Zustand halte nun schon ein paar Monate an. Herr Roth war ein sehr aufgeschlossener Mensch und konnte im gemeinsamen Leben mit seiner Freundin keinen Stressfaktor ausfindig machen, den er dem vermehrten Konsum hätte zuschreiben können. Nach einer Weile des Nachdenkens in der Paartherapie fiel ihm ein möglicher Auslöser ein und er äußerte sich an seine Freundin gewandt: „Ich könnte mir vorstellen, dass ich mich unter Druck fühlte, als du das erste Mal das Familienthema angesprochen hast. Versteh mich bitte nicht falsch, Nadine. Ich möchte eine Familie. Wenn ich jetzt darüber nachdenke, hatte ich jedoch Angst vor der Verantwortung."
Frau H. verstand nicht, weshalb er ihr das nicht früher erzählt hatte. „Ich war hilflos, wusste nicht, was in dir vorging, ob du mich noch liebst. Du warst verschlossen. Weshalb hast du dich mir nicht eher anvertraut?", wollte sie wissen. Herr Roth antwortete, dass es ihm erst während dieses Gesprächs bewusst geworden sei. Ich erklärte den beiden den Mechanismus der Bewusstwerdung von Ängsten, nachdem sie häufig erst unbewusst verdrängt wurden. Herr Roth liebte seine Partnerin und wünschte sich ebenso eine gemeinsame Familie. Als Frau H. ihn mit dem Kinderwunsch konfrontierte, fühlte er sich der Verantwortung nicht gewachsen. Dessen war er sich nicht bewusst. Es kamen, wie er bereits äußerte, Ängste auf, die er mit Cannabis versuchte zu kompensieren. Ein unbewusster Prozess, der erst im Gespräch mit einer Drittperson aufgelöst werden konnte. Da bei Herrn Roth die ADHS bekannt war, führten wir die Medikation ein und er konnte seinen Konsum senken. Frau H. begleitete ihren Lebenspartner noch eine Weile in die Paartherapie. Die Abstände zwischen den Konsultationen konnten verlängert werden. Sein Leben hatte eine positive Wendung genommen.
Etwa zwei Jahre später rief mich Frau H. mit dem Einverständnis von Herrn Roth an. Sie machte sich große Sorgen um ihren Partner. Frau H. äußerte, dass es Herrn Roth nicht gut gehe. Er rede im Schlaf, sei nervöser und gereizter und häufig gedanklich abwesend. Herr Roth konnte diese Beobachtungen nicht bestätigen. Er habe ein wenig Ärger im Geschäft, das würde sich jedoch wieder legen, er kenne dies. Diese Offenbarung überraschte mich; er hatte damals keine geschäftlichen Probleme thematisiert. Herr Roth arbeitete in einem Elektrounternehmen in der Kundenakquisition und verfasste zugleich die entsprechenden Offerten. Er hatte stets das harmonische Firmenklima hervorgehoben. Besonders erfreute er sich am guten Verhältnis zu seinem Chef, Christoph N. Sie hätten dieselben Interessen und würden in der Mittagspause oft Squash spielen. Christoph würde ihn loben, weil er ein guter Teamplayer sei. Von Fehlleistungen, die Herrn Roth unterliefen, bekam ich bisher nie etwas zu hören. Nun kristallisierte sich heraus, dass sich Herr Roth Vorwürfe

machte, weil ihm bei einer Offerte ein grober Lapsus unterlaufen sei. Ich wurde stutzig und fragte ihn, ob dies die erste Fehlkalkulation sei. Das Schamgefühl war Herrn Roth anzusehen. „Nein, vor einem Jahr machte ich schon einmal einen Fehler in einer Offerte, welcher zulasten der Firma ging“, murmelte er. Ich wartete ab und er fuhr fort: „Es tut mir leid, dass die Firma nun meinen Patzer ausbaden muss. Ich verstehe jedoch nicht, weshalb sich nun das ganze Team von mir abwendet. Die Firma ist für solche Schäden versichert.“ Er stellte sich heraus, dass sich auch sein Chef zurückzog und die Mitarbeiter Herrn Roth ins Gesicht sagten, was sie von seiner Arbeit und v.a. den unpassenden Sprüchen hielten. Er räumte ein, einen besonderen Humor zu haben. Bisher habe es nie Beanstandungen gegeben. Da Herr Roth den Ernst der Situation nicht erkannte, schlug ich ein gemeinsames Gespräch mit seinem Vorgesetzten vor. Die Stimmung war anfangs verkrampft. Es war spürbar, dass der Vorgesetzte Herrn Roth mochte. Ich vermutete, dass er schon öfters mit ihm gesprochen hatte. Meine Annahme bestätigte sich. Er sei herzlich im Team aufgenommen worden aufgrund seiner humorvollen Art. Habe jemand Hilfe benötigt, sei er als Erster vor Ort gewesen. Der Vorgänger von Herrn Roth, der ihn auch eingearbeitet hatte, habe Herrn N. gewarnt. Er habe den Fokus von Herrn Roth auf seine Arbeit vermisst und ihm mitgeteilt, Herr Roth tanze auf verschiedenen Hochzeiten. Der ehemalige Mitarbeiter erfasste damals offensichtlich die Ablenkbarkeit von Herrn Roth. Bereits in der Anfangszeit freundeten sich Herr Roth und sein Vorgesetzter an und machten meist über Mittag Sport. Die Fehlerquelle von Herrn Roth sei stets hoch gewesen. Herr N. habe vermutet, sein Kollege benötige mehr Zeit zur Einarbeitung. Mit seiner Hypothese habe er auch recht behalten, denn nach 2 Jahren sei er zu einem zuverlässigen Mitarbeiter geworden. Er habe ihm eine Erweiterung seines Aufgabenbereiches angeboten und sein Gehalt erhöht. Während der Vorgesetzte den Verlauf schilderte, fiel mir ein, dass wir mit der ADHS-Medikation etwa zu diesem Zeitpunkt eingesetzt hatten. Ich forderte ihn auf, weiter zu erzählen. Ihm sei ebenfalls die Fröhlichkeit von Herrn Roth und seine Unbeschwertheit aufgefallen, was ihn sehr gefreut habe. Es hätten sich jedoch nach kurzer Zeit erneut Fehler eingeschlichen und er habe ein Gespräch mit Herrn Roth geführt mit folgender Zielvereinbarung: Die Fehlerquote müsse massiv gesenkt werden. Denke er im Nachhinein über dieses Gespräch nach, sei es seltsam verlaufen. Er habe das Gefühl gehabt, Herr Roth höre gar nicht richtig zu. Er habe nur genickt und kurz danach bereits wieder von einem Fußball-Match erzählt, den sie beide miteinander besuchen wollten. Herr N. sei einerseits erleichtert gewesen, dass Herr Roth nicht demoralisiert aus

diesem Gespräch gegangen sei; es habe ihn jedoch auch irritiert, wie gelassen er die Abmahnung hingenommen habe. Das private Verhältnis habe unter den geschäftlichen Spannungen nicht gelitten. Vor ca. einem Jahr habe sich die Situation zugespitzt. Herrn Roth sei ein Kapitalfehler unterlaufen, der nicht nur die Firma eine Menge Geld gekostet habe, sondern Überstunden von Mitarbeitern bedingt habe. Er habe Herrn Roth ein zweites Mal abmahnen müssen.
Daraufhin sei zwischen Herrn Roth und seinem Vorgesetzten folgende Vereinbarung getroffen worden: Jede Offerte über einem gewissen Betrag musste von einem anderen Mitarbeiter kontrolliert werden. Das Team hätte sich über die Fehler und die Leichtigkeit bzw. Ignoranz, mit der Herr Roth Fehlleistungen hinnahm, massiv beklagt. Es hätten sogar Mitarbeiter gedroht zu kündigen, wenn sie in Zukunft die Mehrarbeit von Herrn Roth mittragen müssten, während er sich nicht um eine Verbesserung bemühe. Erneut habe er Herrn Roth auf diese Missstände aufmerksam machen müssen mit der Aufforderung, sich mehr anzustrengen und das Ganze nicht auf die leichte Schulter zu nehmen. Ein paar Monate seien die Abläufe ruhig vonstattengegangen. Vor zwei Monaten die Eskalation: Anstatt sich an die Abmachungen zu halten, habe Herr Roth einen fehlerhaften Auftrag in sehr hohem Umfang dem Kunden ohne die Kontrolle eines Kollegen zugesandt. Seine Rechtfertigung: Es sei niemand mehr anwesend gewesen und er habe dem Kunden die Offerte am selben Tag versprochen. Diesmal könne er nicht mehr beide Augen zudrücken. Den Schaden, welcher der Firma entstanden sei, könne man nicht bagatellisieren. Nach einer Besprechung mit der Geschäftsleitung sei klar gewesen, dass Herr Roth gekündigt werde. Herrn N. sei es sehr schwergefallen mit Herrn Roth Tacheles zu reden und die Kündigung auszusprechen. Herr Roth habe ihn ungläubig angesehen und sich erkundigt, ob dies sein Ernst sei. Ob er ihn wegen eines Fehlers kündigen wolle. Herr N. habe die vorangegangenen Abmahnungen erwähnt und den dadurch entstandenen Schaden. In diesem Moment habe Herr Roth das erste Mal den Ernst seiner Lage erfasst. Selbst in diesem Gespräch sei ihm jedoch nicht klar gewesen, welche Ausmaße sein Verschulden auf das Unternehmen hatte. Die Stimmung im Team sei vollkommen gekippt. Die Mitarbeiter hätten ihm indirekt vorgeworfen, dass Herr Roth nur noch in der Firma sei, weil er mit ihm befreundet sei. Herr N. habe klargestellt, dass er Geschäftliches und Privates trenne und alle Mitarbeiter gleichwertig behandle. Einige Mitarbeiter seien mit ihrem Missmut herausgerückt. Sie müssten seine Arbeit auch noch übernehmen, während er alle ablenke und Witze reiße, die unter die Gürtellinie gingen. Außerdem sei er derart nervös. Sie fragten sich, ob er Drogen nehme.

Eine schwere Anschuldigung. Herr Roth habe ihm versichert, dass er weder Drogen noch Alkohol zu sich nehme. Nur die Tabletten gegen die ADHS-Symptome. Da sei ihm ein Licht aufgegangen. Er habe in der Familie einen Bruder, der auch von einer starken ADHS betroffen sei. Der sei ebenso unruhig und zappelig und könne sich nicht konzentrieren. Es sei schleierhaft für ihn, weshalb Herr R. nicht das Gespräch gesucht und ihm von seiner ADHS erzählt habe. Ebenso sei es für ihn nicht nachvollziehbar, dass er die Hilfestellung, die ihm zur Verfügung stand, nicht angenommen habe. „Mir war nicht bewusst, dass meine Fehlerquote derart hoch war und ich das Team verärgerte. Eines weiß ich: Ich bemühte mich stets und schämte mich für jeden Fehler.“ Danach trat Stille ein. Auf die Frage, ob sich Herr Roth seiner Lage in der Firma bewusst gewesen sei, schüttelte er den Kopf. Herr Roth wurde traurig und senkte den Kopf. Auch bei seinem Vorgesetzten und Freund war die Stimmung gedrückt. Herr Roth hatte Tränen in den Augen. Sein Freund versuchte ihn zu beruhigen und hob seine Vorteile hervor. Er vermittelte ihm auch, dass er privat gerne mit ihm befreundet bleiben möchte. Herr Roth war derart enttäuscht, dass er das Angebot in dieser Situation nicht annehmen konnte.

In der Therapie lernte Herr Roth auch negative Nachrichten ernst zu nehmen und nicht zu bagatellisieren bzw. zu verdrängen.

Herr Roth wird in Zukunft sicherlich nicht mehr in einem Büro arbeiten können, sondern möchte etwas Handwerkliches erlernen. Er nimmt die Hilfe eines Job-Coaches in Anspruch, um die Nische in der Arbeitswelt zu finden, in der er seine Ressourcen ausleben kann und Arbeit von guter Qualität verrichten wird.

Wir stellten die Medikation als Unterstützung für Herrn Roth um.

Resümee Paar Herr R. und Frau H.:

Frau H. und Herr R.:

- Frau H. suchte anfänglich Hilfe wegen des Cannabiskonsums von Herrn Roth.
- Herr R. bemerkte, dass ihn das Familienthema, welches von seiner Freundin angesprochen wurde, unbewusst überfordert hatte.
- Er kompensierte seine Ängste, der Verantwortung eines Familienvaters nicht gerecht werden zu können, unbewusst durch Cannabis.
- Herr R. war sich der Verdrängung nicht bewusst. Das Paar war erstaunt, was eine Verdrängung bewirken kann.

- Frau H. meldete sich später erneut, als es ihrem Partner gesundheitlich schlecht ging. Sie machte sich große Sorgen und hatte keinen Anhaltspunkt für seine Probleme.

Frau H.:

- Bei der Frage der Familiengründung wurde sie durch die Reaktion ihres Partners verunsichert. Sie konnte keine Erklärung für sein zurückhaltendes, beinahe ablehnendes Verhalten finden und zog den Schluss, er bevorzuge die Drogen und nehme sie nicht ernst.
- Da sie die Beziehung nicht aufgeben wollte, holte sie sich fachliche Hilfe.
- Sie beschäftigte sich mit der Thematik der ADHS und lernte schnell. Als Partnerin unterstützte sie ihn, wo sie nur konnte (Erinnerung an wichtige Termine etc.).
- Sie schlug Alarm, als es ihrem Freund nicht gut ging wegen der geschäftlichen Angelegenheiten und unterstützte ihn.

Herr R.:

- Entwickelte einen Verdrängungsmechanismus bei der privaten Konfrontation der Familiengründung.
- Gute Selbstreflexion, er erkannte, weshalb er eine Sucht entwickelt hatte, und konnte diese erfolgreich bekämpfen.
- Er übernahm in der Firma einen weiteren Aufgabenbereich und war damit überfordert.
- Es unterliefen ihm grobe Fehler; deren Ausmaß er sich nicht bewusst war.
- In der Firma erfasste er die Botschaften seines Vorgesetzten nicht. Er realisierte die Grenzen im Team nicht. Seine humorvollen Sprüche gingen bis unter die Gürtellinie. Durch sein Benehmen und die durch ihn verursachte Mehrarbeit erfuhr Herr Roth Gegenwind. Diesen spürte er nicht. Selbst Abmahnungen nahm er nicht wahr.
- Dies hing mit seiner Reizüberflutung und seiner verzerrten Wahrnehmung zusammen. Er war von der Kinder- und Jugendzeit gewohnt, bei unangepasstem Verhalten angeschrien zu werden. Die freundliche Art seines Vorgesetzten deutete er falsch.
- Obwohl ihm der Vorgesetzte nahestand, erzählte er ihm nichts von seiner ADHS. Er schämte sich für seine Fehlleistungen, verdrängte die damit zusammenhängenden Ermahnungen, bis es zur Eskalation kam.

Der Vorgesetzte, Herr F.:

- Mochte Herrn Roth aufgrund seiner Art und unternahm über Mittag auch privat etwas mit ihm.
- Hatte Geduld und glaubte, dass er eine längere Einarbeitungszeit brauche.
- Das Team mochte Herrn Roth ebenso und während einer gewissen Zeit funktionierte alles bestens.
- Als sich die Situation zuspitzte, wunderte er sich, wie leicht Herr Roth die Abmahnungen hinnahm. Er wäre nie auf die Idee gekommen, dass diese von seinem Mitarbeiter nicht richtig wahrgenommen wurden.

Tipps für Vorgesetzte

- Bei ungenügender Arbeitsleistung bzw. seltsamem Verhalten rechtzeitig das Gespräch auf Vertrauensbasis suchen.
- Engmaschige Gespräche mit Zielsetzungen.
- Diese bieten auch dem Mitarbeiter einen Schutz.
- Ist der Vorgesetzte unsicher, ob der Mitarbeiter die Botschaft verstanden hat, nachfragen und wiederholen lassen.
- Hilft alles nichts, bzw. beginnt sich das Team gegen den Mitarbeiter zu wenden, sollte ein Coach eingesetzt werden.

4.4.2 Einbezug der besonderen Fähigkeiten und Talente bei der Berufswahl

Das Gehirn ADHS-Betroffener verfügt ebenso über *außergewöhnliche Fähigkeiten*, die in der Regel zu wenig beachtet werden. Eine dieser Qualitäten betrifft den Hyperfokus. In diesem Zusammenhang ist bei Betroffenen *die Fähigkeit vorhanden, sich interessanten Problemstellungen äußerst intensiv und ausdauernd widmen zu können, und befähigt sie zu großen Erfolgen* (Ohlmeier & Roy, 2012). Dies geschieht, wenn das Gehirn nicht stark beansprucht wird bzw. wenn die Tätigkeit Spaß macht und eine Belohnung winkt. Dabei wird mehr Dopamin ausgeschüttet. In solchen beflügelnden Momenten befinden sie sich in einem außerordentlichen Zustand, bekommen einen Tunnelblick, vergessen Zeit und Raum, ignorieren Hunger, Durst sowie Müdigkeitsgefühle. Eine derartige Verfassung wird „Flow“ genannt. Jeder Mensch mit ADHS hat Fähigkeiten, die ihn in diesen Zustand versetzen können und ihm ermöglichen, meisterhafte Leistungen zu erbringen. Wichtig ist das Erkennen solcher Begabungen

Abbildung 3: Hyperfokus (Foto: Karen Mathews/EyeEm, Getty Images)

und deren Integration ins Leben bzw. in die Auswahl des Berufes einzubeziehen.

Fallbeispiel 17: Tatjana kämpft für eine Berufsausbildung, in der ihre Talente zum Tragen kommen

Tatjana wird zum Erstgespräch von ihrer Mutter begleitet. Als Anmeldegrund gab sie ihre Befürchtung an, Tatjana habe Probleme in ihrer Ausbildung. Die Mutter wirkte unsicher. Tatjana ist eine gutaussehende junge Frau. Auffallend war ihr perfektes Make-up, welches ihre Schönheit unterstrich. Ihr war unbehaglich zumute. Sie vermied den Blickkontakt mit mir. Mutter und Tochter gingen reserviert miteinander um. Ich hatte das Gefühl, die beiden waren mit der Situation völlig überfordert. Die Haltung von Frau D. ihrer Tochter gegenüber war gespalten: Einerseits spürte ich ihre Sorge, andererseits warf sie Tatjana mangelnden Einsatz vor. Ich bat Frau D., mich ins Bild zu setzen.

Zögerlich begann Frau D. zu erzählen: „Bei Tatjana wurde in der Oberstufe eine ADHS diagnostiziert. Sie bekam Medikamente und schloss die Schule mit einem guten Durchschnitt ab. Anschließend fand sie problemlos eine Lehrstelle im kaufmännischen Bereich.“ Tanja unterbrach ihre Mutter: „Du verdrehst die Tatsachen: Du und Papa, ihr habt mir die Lehre aufgezwungen. Ich habe keine einzige Bewerbung geschrieben und Papa sorgte mit Vitamin B dafür, dass ich die Ausbildungsstelle im jetzigen Betrieb bekam. Dabei wollte ich sie nie! Aber du hast mich wie immer nicht unterstützt gegenüber Papas Sturheit." Am Ende erhob Tatjana die Stimme. Frau D. konnte sich nun nicht mehr zurückhalten: „Was wäre die Alternative gewesen? Deine Idee dieses Berufes ohne Zukunft?"

„Ja, genau, Kosmetikerin zu werden hätte mir Spaß gemacht und ich hätte darauf aufbauen können und Erfolg gehabt." Es stellte sich heraus, dass Tatjana in der Berufsschule im letzten Semester provisorisch versetzt worden war. Frau D. beschuldigte Tatjana: „Das wäre nie geschehen, wenn du die Medikamente weiterhin eingenommen und dich angestrengt hättest. Nun steht das nächste Zeugnis bevor und du bist erneut ungenügend und musst wiederholen."

„Das werde ich auf keinen Fall tun", widersprach Tatjana. „Ich sehe den Sinn nicht ein. Nur weil Papa der Gemeindeammann unseres Dorfes ist und sich als großes Tier aufspielt, soll ich nicht meinen eigenen Weg gehen dürfen? Kannst du nicht einmal die Forderungen deines geliebten Ehemanns vergessen und mich unterstützen?" Die Mutter fuhr mit ihrer Predigt fort, wie wichtig, ein Lehrabschluss sei etc. Danach trat Stille ein. Tatjana hielt diesem Druck nicht mehr stand und brach in Tränen aus: „Dieser Beruf macht mich fertig, ihr seht nicht, wie ich leide, traurig bin und gar nicht mehr richtig lebe." Als ich nachfragte, was sie derart belaste, antwortete sie, der kaufmännische Bereich sei ein Albtraum. Sie müsse derart viel lernen und könne sich den Stoff nicht merken. „Ich habe bereits in der Schule viele Vorwürfe einstecken müssen, bevor die ADHS diagnostiziert wurde. Nach einiger Zeit fand ich heraus, was ich wirklich kann, und wollte mich ausbilden lassen. Aber ihr habt mir alles vermasselt." Frau D. widersprach: „Hättest du die Medikamente nicht abgesetzt, wäre alles besser gekommen." Die Tochter konterte: „Du musstest diese Medikamente ja nicht einnehmen, littest nicht unter den Nebenwirkungen und hast dich nicht verändert." Ich wurde stutzig und hakte nach. Es ist nicht üblich, dass sich Menschen unter einer ADHS-Medikation verändern und Nebenwirkungen auftreten. Die Patienten sollen profitieren von der Medikation und dürfen sich keinesfalls in der Persönlichkeit verändern. Tatjana war dankbar für meine Frage und beklagte sich über Schlaflosigkeit. Tagsüber habe sie sich wie ein „Zombie" gefühlt. Ihre Kreativität habe abgenommen und sie habe keinen Hunger mehr gehabt. Ich war entsetzt. Tatjana hatte anscheinend eine zu hohe Dosis verordnet bekommen. Es war gut, dass sie sich zur Wehr gesetzt hatte. Ich teilte den beiden meinen Verdacht mit. „Siehst du, Mama, ich habe dir immer gesagt, dass etwas nicht stimmt. Du hast stets behauptet, unser langjähriger Hausarzt würde sich nicht irren.“ Der Hausarzt hatte die Dosis festgelegt. Die Dosierung ist eine heikle Angelegenheit und muss von einer Fachperson eingestellt werden. Im Gespräch erfuhr ich, dass die Medikamente die einzige Maßnahme waren und ihr ansonsten keine Aufklärung bzw. Hilfe bezüglich der Aufmerksamkeitsdefizitstörung angeboten wurde. Tatjana tat mir leid. Das Handeln der Eltern war verantwortungslos. Das teilte ich der Mutter auch mit. Sie wurde bleich und sprach leise weiter: „Mein Mann wollte kein Aufsehen erregen.“ In mir kochte es innerlich. Ich bat die Mutter, den Vater zur nächsten Sitzung einzuladen. Das sei unmöglich. Er würde niemals eine psychotherapeutische Praxis betreten. Ich fragte die Mutter, weshalb sie ihrer Tochter nicht den Rücken gestärkt habe, und machte sie auf ihre Pflichten aufmerksam. Sie antwortete kleinlaut: „Ich kann mich nicht gegen meinen Mann stellen, dazu fehlt mir die Kraft. Das schafft niemand ... Ich sehe ein, dass es Tatjana nicht gut geht, und weiß nicht mehr weiter.“ Eines stand fest: Tatjana benötigte dringend Unterstützung. Am wichtigsten war, dass sie aus dem Einflussbereich des Vaters kam. Ich fragte Tatjana, ob sie sich zu Hause wohlfühle. Den Blick zu Boden gesenkt, gestand sie: „Vor einem Monat versuchte ich abzuhauen.“ Wir schauten uns nach einem alternativen Wohnort für Tatjana um. Sie verstand sich mit ihrer Patin Alexandra gut und konnte sich vorstellen, in Zukunft bei ihr zu wohnen. Frau D. war einverstanden und ließ einfließen: „Alexandra ist die Einzige, die sich von meinem Mann nicht beeinflussen lässt. Das ist eine gute Idee. Ich will auch nicht, dass Tatjana leidet. Ich weiß jedoch nicht, wie ich es meinem Mann beibringen soll.“ Ich rief den Hausarzt an, der nichts von der Unverträglichkeit der Medikamente wusste und erklärte ihm, dass ich ein Schreiben an den Vater aufsetzen würde mit der Ankündigung einer Gefährdungsmeldung, falls er die alternative Wohnmöglichkeit seiner Tochter nicht akzeptieren würde. Tatjanas Hausarzt war ebenso entsetzt, als ich ihm von Tatjanas Leiden erzählte und versprach, mich zu unterstützen. Er war ebenso wie der Vater Mitglied im Schützenverein und überzeugt, dass Herr D. kein Aufsehen erregen wollte und sich notgedrungen mit dieser Lösung arrangieren würde.

In der Therapie stellte sich heraus, dass die kaufmännische Lehrstelle für Tatjana eine einzige Qual war. Tatjana verfügte über sehr viele kreative Fähigkeiten und erzählte mir, dass sie erst eine Lehre als Kosmetikerin absolvieren wolle und sich nach Abschluss als Visagistin weiterbilden möchte. Die Auflösung des Lehrvertrages gestaltete sich schwieriger. Ihr Vater intervenierte. Erneut sprach der Hausarzt mit dem Vater. Tatjana war unterdessen volljährig und konnte den Lehrvertrag auch ohne das Einverständnis des Vaters auflösen. Sie fand eine Praktikumsstelle in einem Kosmetikstudio und konnte anschließend ihre Lehre, bei der sie ihre Talente einsetzen konnte, absolvieren.

Sobald sie zu Hause ausgezogen und die Arbeitssituation geklärt war, blühte Tatjana auf. Sie war eine starke Persönlichkeit und wusste, in welchem Bereich ihre Fähigkeiten lagen. Durch die Stärkung ihrer Patin erholte sie sich rasch. Ihre Mutter besuchte sie in ihrem neuen Zuhause. Die Spannungen zwischen Tochter und Mutter verkleinerten sich und die beiden näherten sich wieder an.

Tatjana war vor vielen Jahren meine Patientin. Vor Kurzem las ich eine Reportage über sie. Tatjana machte Karriere in ihrem Beruf und ist heute als Visagistin bei einem bekannten Theater angestellt. Sie erkannte bereits als Jugendliche, wo ihre Talente liegen, und kämpfte gegen heftige Widrigkeiten. Heute ist sie glücklich in ihrem Beruf und schöpft ihre Fähigkeiten aus.

Resümee Familie D.:

Herr D.:

- Der Vater übte Macht über die gesamte Familie aus.
- Er war der Gemeindeammann und seine Familie sollte reibungslos funktionieren. Es musste alles nach seinem Willen geschehen.
- Er schrieb seiner Tochter vor, welche Ausbildung sie absolvieren musste.
- Seine Ehefrau konnte sich gegenüber ihm nicht durchsetzen.
- Tatjana wurde bei mir angemeldet, damit sie ihre Ausbildung gemäß dem Willen der Eltern erfolgreich abschließen konnte.
- Der Vater sträubte sich gegen den Auszug seiner Tochter und die Auflösung des Lehrvertrages.
- Die Tatsache, dass der Hausarzt mit dem Vater bekannt war und denselben Verein besuchte, half Tatjana bei der Umsetzung ihrer Pläne. Herr D. wollte auf keinen Fall Aufsehen erregen.
- Herrn D. ging es nie um das Wohlbefinden seiner Tochter. Er ist ein Mensch, dem die Empathie fehlt. Daher verleugnete er auch ihre Talente.

Frau D.:

- Vermied Konflikte mit ihrem Ehemann.
- Wollte einerseits Tatjana stützen, fürchtete sich jedoch auch vor den Tiraden ihres Ehemannes.

- Sie gab an, nicht genügend Kraft zu haben, sich gegenüber ihrem Ehemann aufzulehnen.
- Frau D. erkannte den Leidensdruck Tatjanas nicht an und realisierte erst durch die Psychoedukation, wie schlecht es Tatjana ging.
- Sie unterstützte Tatjana, als es Rückendeckung von der Seite des Hausarztes gab.
- Mutter und Tochter näherten sich vorsichtig wieder an, als Tatjana bei Alexandra wohnte.

Tatjana:
- Sie wurde in der Oberstufe auf ADHS abgeklärt und medikamentös falsch eingestellt.
- Tatjana fühlte sich schlecht mit dieser Lösung, verspürte starke Nebenwirkungen und setzte die Medikamente wieder ab.
- In ihrer Ausbildung war sie überfordert. Es gelang ihr nicht, den Anforderungen zu genügen.
- Sie hatte einen anderen Berufswunsch, der ihren Talenten entsprach.
- Nachdem sie Anzeichen eines Leidens hatte, willigte die Mutter ein, dass sie von zu Hause auszog.
- Sie konnte bei ihrer Patin Alexandra einziehen, die sie gut verstand.
- Mutter und Tochter näherten sich wieder an.
- Zum Vater hat sie keinen Kontakt mehr.
- Sie konnte beruflich ihren Weg gehen und ihre außergewöhnlichen Fähigkeiten umsetzen.
- Heute ist sie auf ihrem Gebiet bekannt und glücklich.

Tipps für Eltern bei der Berufsfindung

- Nehmen Sie die Wünsche Ihres Nachwuchses ernst.
- Setzen Sie sich mit der ADHS auseinander. Dadurch erkennen Sie, dass ADHS-Betroffene über außerordentliche Fähigkeiten verfügen.
- Selbst wenn Sie den Berufswunsch, den Ihr Kind äußert als „brotlos" einschätzen, gehen Sie darauf ein und überprüfen Sie dessen Realisation durch einen außenstehenden Profi.
- Ihr Kind verfügt oft über Fähigkeiten und Talente, die von außen nicht ersichtlich sind. Diese sollen in den Beruf einfließen können.
- Zwingen Sie Jugendliche nicht, einen Beruf zu ergreifen, den sie ablehnen. Suchen Sie im Zweifelsfall einen Jobcoach auf.

4.5
Kompensation als Abwehrmechanismus – das Leben wird erträglicher

Die Bezeichnung Kompensation leitet sich vom lateinischen Wort „compensare" ab und hat die Bedeutung *gegeneinander abwägen* und *ausgleichen* (Duden, 2020).

Innerhalb des Fachbereichs Psychologie wird die *Kompensation* dem *Streben nach Ersatzbefriedigung gleichgesetzt mit dem Ziel Minderwertigkeit und Ängste auszugleichen.* Wird ein Mensch durch eine Situation getriggert, die er verdrängt hat, möchte er diese mildern durch die Kompensation. Dadurch soll das störende Symptom abgeschwächt werden. Die Kompensation als psychologischer Prozess kann sowohl bewusst als auch unbewusst ablaufen.

Kompensation ist einer der Abwehrmechanismen, der bei Menschen mit ADHS stark verbreitet ist. Wir alle kompensieren in gewissen Lebenslagen, wenn wir bspw. durch Pflichten beinahe erdrückt werden. Wer möchte nicht dem stressigen Alltag ein Gegengewicht geben und bspw. Ferien in einem luxuriösen Resort buchen, die möglicherweise nicht ganz im Budget liegen. Unsere Rechtfertigung: „Wir mussten derart viel arbeiten, dass wir diese Auszeit mehr als verdient haben." Handelt es sich um gelegentliches, bewusstes Kompensieren, hat dieser Mechanismus eine positive Wirkung.

Läuft die Kompensation unbewusst im Sinne eines Abwehrmechanismus ab, findet nur im Moment eine Erleichterung statt. Den Betroffenen belastet die Ersatzhandlung weiterhin und die Gefahr einer Suchtentwicklung ist gerade bei Menschen mit ADHS hoch.

Bei einer Kompensation stehen lustbetonte Aktionen im Vordergrund. Es existieren viele Formen des Ausgleichs. In der Praxis kumulieren sich folgende übermäßige Kompensationen: Kaufsucht, das erhöhte Bedürfnis nach dem Erleben von Risiko, sei es auf der Straße (Raser) oder in der Freizeit (bspw. Klettertouren mit hohem Risiko, Paragliding etc.). Verschiedenste Suchtformen gehören ebenso zur Kompensation: Esssucht, Missbrauch von Suchtstoffen (Alkohol, Cannabis, Drogen verschiedenster Art und Sucht im Bereich des Onlinekonsums), exzessives Partyleben, Arbeitssucht.

Das Suchtpotenzial ist bei Menschen mit ADHS höher. Neurophysiologisch ist dies durch die unzureichende Verteilung des „Glückshormons" Dopamin zu erklären.

Im nächsten Fallbeispiel schildert Frau C., wie sie die mühsamen, langweiligen Tage nur überstand, wenn sie sich etwas kaufen konnte. Der Erwerb eines Gegenstandes habe sich wie ein kurzer, aber schnell vergänglicher Rausch angefühlt.

Fallbeispiel 18: Frau C.: Kaufsucht als Kompensation der Langeweile

Familie C. hatte ein Kleinkind (Michelle). Nicole kündigte ihre Arbeit nach der Geburt ihres Nachwuchses. Frederik verdiente als Schiffsbauer genügend Geld. Geldsorgen hatten die beiden noch nie. Michelle sei sein ganzer Sonnenschein, offenbarte Herr C. Frau C. lächelte milde und meinte: „Sie kann aber auch anstrengend sein. Es ist für mich eine Umstellung nicht mehr arbeiten zu gehen, mir wird rasch langweilig.“ Herr C. schaute seine Frau fassungslos an: „Wie kann dir langweilig sein mit einem derart süßen Wesen?“

Bemerkung:

Frau C. war seit 3 Jahren mit Unterbrechungen bei mir in Therapie. Ursprünglich ließ sie sich wegen ihrer Unruhe und Rastlosigkeit auf ADHS abklären. Sie ist stark betroffen in diesen beiden Kategorien. Durch Medikation und Gespräche entwickelte sie die notwendigen Strategien und fand sich im Leben zurecht. Vor ca. einem Jahr suchte sie mich erneut auf wegen der Frage, ob sie ihr Medikament während der Schwangerschaft einnehmen könne. Sie war damals sehr glücklich. Zur Sicherheit entschieden wir, das Medikament abzusetzen. Frau C. konsultierte mich nach der Geburt von Michelle alle drei Wochen. Das schlechte Gewissen plagte sie, weil sie es kaum zu Hause aushielt und sie sich langweilte, obwohl sie Michelle mehr als alles andere liebte. Solange sie noch stillte, wollte sie keine Medikamente einnehmen.

Wir waren beide überrascht, als ihr Mann darum bat, sie zu einer der nächsten Sitzungen begleiten zu dürfen. Es sprach nichts dagegen.

Nachdem Herr C. seinen Missmut kundtat bezüglich der Aussage seiner Frau, es sei ihr langweilig, fragte er sie: „Hast du daher ein zweites Metier begonnen? Du denkst sicher, ich sei blauäugig. Ich kenne jedoch deine Verstecke von ca. 100 Schachteln. Was stimmt mir dir nicht?“ Frau C. wurde bleich und kam ins Stottern. Ich wusste nichts von ihrer Kauf- und Sammelsucht. Herr C. erklärte, er sei großzügig. Seine Frau könne sich mit Kleidern und Schuhen eindecken, die ihr gefielen. Was er jetzt entdeckt habe, sei nicht normal. Es hätten sich zu kleine bzw. zu große Kleider angesammelt. Bei den Kinderkleidern habe er Anzüge für Neugeborene entdeckt, die nie getragen worden seien. Er konnte nicht verstehen, weshalb sich Frau C. Schuhe mit hohen Absätzen gekauft habe. Er wisse, dass sie diese niemals tragen würde. An seine Frau gewandt erkundigte er sich: „Weshalb kaufst du derart nutzloses Zeug?“ Nach einer Pause begann Nicole zu erklären: „Wie ich schon erläutert habe, liebe ich Michelle über alles. Ich würde sie nie mehr hergeben. Früher, als ich in der Reisebranche arbeitete, hatte ich viele neue Eindrücke,

war abends müde und ausgepowert. Den Haushalt schmissen wir zu zweit, hatten eine Putzfrau. Nun fühle ich mich verpflichtet, den Haushalt allein zu bewältigen. Du weißt, wie viel Kraft mich diese Arbeit kostet und wie sehr ich sie hasse, v.a. weil ich mich aufgrund meiner ADHS verzettle. Den Haushalt zu erledigen strengt mich sehr an, gibt wenig Anerkennung und füllt mich nicht aus. Da begann ich diese Shopping-Sendungen im Fernsehen zu schauen, wenn Michelle schlief. Erst war es eine Kosmetiklinie. Diese Pakete öffnete ich noch und verwendete die Produkte. Ein wunderschönes Gefühl. Auch für Michelle kaufte ich viele Kleider, die ich ihr anzog. Allmählich war nicht mehr das Produkt an sich wichtig, sondern der Kauf. Ich suche mir jeweils nachmittags, wenn ich energetisch im Tief bin, etwas aus, das mich für die qualvollen Stunden im Haushalt entschädigt. Danach habe ich die Kraft, den Rest zu erledigen und für dich zu kochen." Nicole kullerten die Tränen die Wangen herunter, als sie erwähnte, was für ein schlechtes Gewissen sie habe. Sie wolle die Päckchen jeweils zurückbringen. Dann vergesse sie es oder sei zu spät dran.
Ich erkundigte mich bei Herrn C., weshalb er seine Frau nicht bereits früher auf ihr Suchtverhalten angesprochen habe. Er wurde nervös, sein Gesicht rötete sich und er begann zu schwitzen, bevor er antwortete: „Mit meiner Frau kann ich nicht sprechen..." Eine Begründung für seine Aussage konnte er nicht angeben. Im Therapiezimmer war es still wie bei der Ruhe vor dem Sturm. Frau C. wartete auf seine Erklärung, weshalb ihr Ehemann zu Hause die Problematik nicht angesprochen hatte. Vergebens. Sie geriet in Rage und wandte sich an ihren Mann: „Dich trifft ebenso ‚Schuld', dass mir langweilig ist. Du ziehst es vor, dich nach Feierabend mit deiner Mutter zu treffen, anstatt nach Hause zu kommen und den Abend in der Familie mit Michelle zu verbringen. Bei deiner Mutter heulst du dich aus; zu Hause bist du schweigsam. Möchte ich mich mal abends mit einer Freundin treffen, muss ich dich beinahe anflehen. Du kannst dich nicht einen Abend alleine um Michelle kümmern. Entweder besuchst du deine Mutter oder aber du rufst deine Mutter an, damit sie dir Gesellschaft leistet. So viel zum Thema: ‚Wie kannst du dich langweilen mit einem derart süßen Wesen?'" Frau C. hatte Tränen in den Augen, die von Wut und Trauer herrührten.
Herr C. forderte Lösungen. Wir einigten uns darauf, das Medikament bei Frau C. wiedereinzusetzen zur verbesserten Steuerung und Konzentration. Michelle trank nicht mehr von der Brust. Ich versuchte Herrn C. zu erklären, dass damit das Problem nicht gelöst sei. Offensichtlich seien noch andere Schwierigkeiten vorhanden. Herrn C. interessierten diese Fakten nicht. Er ging nicht auf meinen Vorschlag ein, in einer weiteren Sitzung an der Pro-

blematik der Eheleute zu arbeiten. Er ließ verlauten, dass nun Ordnung zu Hause herrschen müsse und er jemanden einstellen würde, um zu entrümpeln.

Frau C. war in der nächsten Sitzung völlig aufgelöst. „Ich befinde mich unter totaler Kontrolle. Die Kreditkarte wurde mir gesperrt, ich durfte nicht mal mitentscheiden, welche Kleider ich behalten wollte, und nun werde ich noch von der Schwiegermutter wegen der Kindererziehung überwacht. Ich kann nicht mehr."

Auf meine Nachfrage, was ihr helfen könnte, antwortete sie: „Arbeiten, zumindest teilweise." Sie habe dies auch schon mit ihrem Mann diskutiert, er bleibe jedoch stur. Das Kind brauche seine Mutter. Nicole versicherte mir, dass sie vor der Ehe vereinbart hätten, die Betreuung zukünftiger Kinder zu teilen. Er sei völlig frustriert, misstrauisch und sie müsse befürchten, dass er Michelle zu seiner Mutter bringe. Ich versuchte Frau C. zu beruhigen, obwohl mir derselbe Gedanke auch schon durch den Kopf ging. Frau C. hatte Michelle nie vernachlässigt, daher hatte er vor Gericht keine Chancen. Es war nun wichtig, dass Frau C. wieder Boden unter den Füßen gewinnen konnte. Ich bat sie, ihren Mann beim nächsten Termin mitzubringen. Aus seiner Sicht hatte er Oberhand gewonnen; daher begleitete er seine Frau ohne Widerstand.

Herr C. hatte sich nicht beruhigt. Er war stets noch wütend. Als ich ihn fragte, was er zu beanstanden habe, äußerte er, dass seine Frau lieber arbeiten würde, als auf das gemeinsame Kind aufzupassen. Nicole erinnerte ihn an sein Versprechen vor Michelles Geburt. Er tat ihre Ermahnung mit einer Handbewegung ab: „Wer hätte damals gedacht, dass ich CEO eines Unternehmens werde, während du nur im mittleren Lohnsegment bleibst?" Der Vater war keineswegs gewillt, auf seine Tochter aufzupassen, auch in der Freizeit nicht, verbot jedoch seiner Frau zu arbeiten. Sie doppelte nach und meinte, dass es für ihr psychisches Wohlbefinden wichtig sei, einen Teilzeitjob anzunehmen. Ihr Mann antwortete, dann könne seine Mutter auf Michelle aufpassen. Er würde jeweils dort essen und sie abends ins Bett bringen. Nicole war geschockt. Er hatte bereits, ohne mit ihr zu sprechen, Pläne geschmiedet, die er als Entscheidung deklarierte. Nicole verdeutlichte, dass sie nur ca. 40 % arbeiten wolle. Herr C. ließ verlauten: „Damit bin ich einverstanden. Die halbe Woche verbringt Michelle bei meiner Mutter und ich bringe sie abends ins Bett, den Rest der Woche kannst du auf sie aufpassen." Offensichtlich hatte Nicole einen unreifen, von seiner Mutter abhängigen Mann geheiratet. War seine Mutter in der Nähe, traute er sich zu, auf Michelle aufzupassen.

Frau C. reagierte blitzschnell und angemessen: „So nicht, mein Lieber. Es ist auch immer noch meine Tochter und ich bestimme mit. Deine Mutter wird nicht zu unserem Kind schauen. Sie mischt sich dauernd ein. Ich werde mich in den Innendienst versetzen lassen und morgens arbeiten. Für diese Zeit suchen wir eine Nanny." Herr C. erkannte, dass er nun nachgeben musste. Nicole konnte ihre Entscheidung durchsetzen. Sie war jedoch nicht mehr glücklich in ihrer Ehe. Seitdem sie begriffen hatte, dass sie im Leben ihres Mannes keine Rolle spielte, war sie desillusioniert. Ihr war lange nicht bewusst gewesen, dass sie einen unreifen, von der Mutter abhängigen Mann geheiratet hatte. Sie verstand nun, wie diese „Sucht" entstehen konnte. Herr C. schenkte ihr und dem gemeinsamen Kind keine Beachtung. Nicole konnte sich erinnern, dass sie während der Schulzeit, wenn sie von den Mitschülern gehänselt wurde, „Heißhunger-Attacken" bekam. Sie habe von ihren Eltern viel Taschengeld, aber wenig Aufmerksamkeit erhalten. Daher hatte sie nach derartigen Demütigungen die Möglichkeit, sich in der Bäckerei etwas Süßes zu kaufen. Dadurch habe sie an Gewicht zugelegt und die Hänseleien hätten zugenommen. „Für kurze Zeit habe ich mich jeweils besser gefühlt. Danach wurde alles noch schlimmer." Auch bei Frau C. hat sich dieses Muster der Verdrängung bereits in der Kindheit entwickelt. In der Ehe wurde sie erneut nicht wertgeschätzt und gedemütigt. Das Muster der Kompensation wiederholte sich. In der Therapie lernte sie diesen Abwehrmechanismus aufzulösen und fand zu sich selbst.

Resümee Familie C.:

Problematik Ehepaar C.:

- Das Paar heiratete zeitnah nach dem Kennenlernen.
- Herr C. hatte eine charismatische Ausstrahlung und war sehr charmant.
- Frau C. vertraute der Aussage ihres Mannes. Solange die beiden arbeiteten, funktionierte ihre Ehe. Es fiel Frau C. jedoch nicht auf, dass sich ihr Mann nie mit der Phänomenologie der ADHS auseinandersetzte.
- Sie war zu beschäftigt, um zu bemerken, dass ihr Partner jeden Tag seine Mutter besuchte und ihre Schwiegermutter viel Einfluss auf ihn ausübte.
- Erst als Michelle zur Welt kam, bemerkten beide, dass sich ihr Leben veränderte. Sie konnten jedoch nicht über die Abwärtsspirale sprechen.
- Beide waren überfordert und benutzten unbewusst verschiedene Abwehrmechanismen. Frau C. kompensierte durch einen Kaufrausch. Herr C. wollte die Entscheidungsgewalt über Frau und Kind erzielen. Auf seine Tochter konnte er jedoch nicht aufpassen; er regredierte und suchte bei seiner Mut-

ter Rat. Selbstständig konnte er seine Tochter nicht versorgen. Er selbst hatte sich noch nicht von seiner Mutter abgelöst.

- Herr C. fühlte sich von seiner Frau vernachlässigt nach der Geburt von Michelle. Er war emotional schnell überfordert und brach in Wut aus, was Nicole vor Michelles Geburt nicht von ihm kannte. Frau C. war einerseits überfordert mit dem Haushalt, andererseits unterfordert, weil sie viel zu Hause bleiben musste.
- Sie sind beide nicht mehr glücklich in der Beziehung, sodass beiden bewusst ist, dass sie sich mittelfristig trennen werden.

Herr C.:

- Ablösung von zu Hause hat nicht stattgefunden. Er suchte auch am Anfang der Beziehung die Nähe seiner Mutter, musste von ihr „genährt" werden, v.a. wenn er in der Firma Schwierigkeiten hatte. Seine Mutter hatte ihn stets auf einen Thron gehoben. Er suchte in Lebensschwierigkeiten Rat bei seiner Mutter, anstatt mit seiner Partnerin zu sprechen. Sein Abwehrmechanismus war die Regression (vgl. unten).
- Frau C. wusste nichts von den Problemen ihres Mannes.
- Vordergründig stellte er einen erfolgreichen Geschäftsmann dar.
- Zu Schwierigkeiten konnte er nicht stehen.
- Rasche emotionale Überforderung. Dies zeigte sich v.a. nach der Geburt ihrer Tochter.
- Zu seiner Mutter hat er eine symbiotische Beziehung. Sie sieht ihn auch als Kind an, das sie bemuttert.
- Herr C. verbrachte nur Zeit mit seiner Tochter im Beisein seiner Mutter.

Frau C.:

- Unterschätzte den Übergang vom Geschäftsleben zur Hausfrau und Mutter.
- Gleicht nach der Geburt des Babys ihre Langeweile durch die Kaufsucht aus.
- Aufgrund ihrer Schamgefühle, die sie beinahe erdrücken, verschweigt sie ihre Kaufsucht leider auch in der Therapie.
- Erkennt, was sie verändern kann und setzt sich gegenüber ihrem Mann durch.
- Als sie bemerkt, dass ihr Mann das Kind zu seiner Mutter bringen möchte, kämpft sie wie eine Löwenmutter.
- Heute arbeitet sie wieder Teilzeit. In dieser Zeit wird Michelle von einer Fachfrau betreut. Sie bestimmt, wo sich Michelle aufhält, und gewinnt an Selbstvertrauen.
- Ihren Abwehrmechanismus, der aufgrund der Hänseleien der Mitschüler und der mangelnden Unterstützung ihrer Eltern entstand, konnte sie auflösen.

Bei Herrn C. trat der Abwehrmechanismus der *Regression* auf. Unter *Regression wird ein psychischer Abwehrmechanismus verstanden, welcher der Angstbewältigung dient.* Betroffene ziehen sich auf eine frühere Entwicklungsstufe zurück. Herr C. war mit der Geburt und dem Umgang von Michelle völlig überfordert. Seine Tochter allein zu versorgen, löste bei ihm Angst aus. Er konnte sich nur mit Hilfe seiner Mutter um Michelle kümmern. Folglich nahm die Abhängigkeit zu seiner Mutter zu.

Tipps für Ehepaare bei der Entscheidungsfindung zur Gründung einer Familie

- Steht Ihre Ehe auf einem soliden Fundament?
- Geht der Kinderwunsch von beiden Partnern aus?
- Ist er stets vorhanden oder verschwindet er wieder?
- Sind Sie sich bewusst, was sich durch ein Kind alles in Ihrem Leben verändert?
- „Üben“ Sie das Familienleben mit Patenkindern oder Kindern von Freunden.
- Treffen Sie verbindliche Vereinbarungen bezüglich Kinderbetreuung/Jobsharing.

4.6 Projektion als Abwehrmechanismus – Ablehnung unerwünschter Eigenschaften und deren Übertragung auf Nahestehende

Ein weiterer Abwehrmechanismus, der aus der Psychoanalyse stammt, ist die *Projektion.* Zur Projektion kommt es, wenn *ungewünschte Eigenschaften, Affekte, Stimmungen und Impulse, wie auch Bewertungen von einer Person nicht akzeptiert werden können.* Unbewusst werden Schwächen und negative Gefühle meist auf vertraute Menschen verlagert. Streitigkeiten sind vorprogrammiert. Freunde und Partner können die ungerechtfertigten, sich stets wiederholenden Vorwürfe nicht akzeptieren. Bemühungen, sich zu rechtfertigen, sind zwecklos. Es handelt sich um ein eingeschliffenes Muster. Projektionsmechanismen in einer Beziehung müssen aufgearbeitet werden, ansonsten ist die Beziehung einer Zerreißprobe ausgesetzt. Werden die Projektionsmechanismen nicht aufgelöst, findet eine Wiederholung der negativen Muster statt. Wie Sie den Fallbeispielen entnehmen können, treten Projektionsmechanismen in verschiedensten Lebenslagen auf.

Fallbeispiel 19: Frau B. kennt die Hintergründe ihrer Eifersuchtsszenen nicht und setzt ihre Beziehung aufs Spiel

Frau B. ist seit 1,5 Jahren wegen der Erlebnisse, hervorgerufen durch die spät diagnostizierte ADHS, in Therapie. Sie trat als starke Frau auf. Hinter der Maske verbarg sich ein hypersensibles Wesen. In Beziehungen hatte sie bisher kein Glück. Beruflich ist sie als Werbedesignerin sehr erfolgreich. Ihr Selbstvertrauen litt in der Kinder- und Jugendzeit. Sie konnte ihr Potenzial in der Schule nicht ausschöpfen und wurde von ihren Mitschülern gehänselt. Damals sei sie ein „hässliches" Entlein gewesen. Ein weiterer Grund für ihre Ausgrenzung durch Gleichaltrige. Aufgrund ihrer hohen Intelligenz und starken Willenskraft konnte sie ihren „Karrieretraum" verwirklichen. Sie überlegt sich, noch ein Studium anzuhängen. In der therapeutischen Arbeit konzentrierten wir uns auf die Aufarbeitung ihrer Komplexe im Leistungs- wie im Sozialverhalten. Frau B. litt unter starken Minderwertigkeitskomplexen und empfindet sich stets noch als unattraktiv.

Vor 9 Monaten lernte sie auf einer Party einen Mann kennen und verliebte sich in ihn. In der Therapie nahm ihre junge Liebe wenig Raum ein. Fragte ich nach, wechselte sie das Thema. Ihr Freund, Herr A., schien ein sensibler, empathischer Mensch zu sein, der Frau B. respektierte.

Für mich als Therapeutin schien von dieser Beziehung keine Gefahr in Bezug auf das seelische Gleichgewicht meiner Patientin auszugehen.

Im Sommer verreiste das Paar zum ersten Mal ins Ausland. Nach ihrem Urlaub erschien Frau B. aufgelöst in der Praxis. Ihren Schilderungen konnte ich kaum folgen, so schnell war ihr Redefluss, unterbrochen durch Weinen. „Ich freute mich unglaublich auf den ersten Urlaub mit meinem Freund. Alles begann so schön. Wir waren glücklich. Etwa 3 Tage nach unserer Ankunft in unserer Idylle kam eine seltsame Stimmung zwischen uns auf. Dieses Gefühl kenne ich bereits aus meiner letzten Beziehung. Daher geriet ich in Alarmbereitschaft und versuchte mit meinem Freund darüber zu sprechen. Er spürte ebenso, dass die Unbeschwertheit abgenommen hatte, maß diesem Umstand jedoch keine große Bedeutung bei. Jeder Mensch habe Gefühlsschwankungen. Es gäbe keinen Grund zur Sorge. Für ihn war das Thema beendet; er räkelte sich auf seinem Liegestuhl. Da war für mich klar, er nahm meine Bedenken nicht ernst. Mein Kopfkino begann und ich reimte mir zusammen, dass ich ihm nicht wichtig bin. Wahrscheinlich hielt er bereits nach

einer Nachfolgerin für mich Ausschau. Ich konnte mich nicht mehr auf mein Buch konzentrieren und beobachtete meinen Freund. Meine Vermutung traf zu, er schaute anderen Frauen hinterher. Das bestätigte mich in meinem Verdacht. Als er abends noch mit einer Kellnerin flirtete, war das Fass voll. Ich war mir sicher: Mein Freund liebte mich nicht mehr. Am nächsten Morgen konfrontierte ich ihn mit meiner Überzeugung. Ich wurde wütend und unterstellte ihm, nach einem Ersatz für mich zu suchen. Er war verblüfft und behauptete, das stimme nicht. Das Einzige, was ihn störe, sei meine stetige Beobachtung. Ich war überzeugt davon, dass er mich verlassen würde, und entschloss mich daher, den Urlaub abzubrechen. Ich hatte in der Vergangenheit zu oft den Trennungsschmerz ertragen müssen. Leider waren alle Flüge ausgebucht. Dennoch hatte ich Glück im Unglück und konnte ein Einzelzimmer buchen, weit entfernt von unserem ehemaligen Ressort.
Herr A. und ich trafen erst im Flugzeug wieder aufeinander. Beide solo. Das musste nichts bedeuten. In Zürich rief er mir zu: ‚Ich weiß nicht, was in deinem Kopf abläuft, bin jedoch völlig verwirrt, von dir hätte ich so einen ‚Irrsinn‘ nie erwartet.‘ Ich wurde aggressiv: Was hatte er mir vorgeworfen? Ich sei nicht normal? Das musste gerade er sagen, der mit der Absicht, sich eine andere zu suchen, in den Urlaub gefahren war. Mein Geschrei machte viele Gäste aufmerksam. Er beendete die Eskalation mit den Worten: ‚Schade, ich habe mich völlig in dir getäuscht.‘
Zu Hause war ich am Boden zerstört. Um mich abzulenken, rief ich eine Freundin an und wir gingen feiern. Meine Freundin steht mir sehr nahe; ich vertraute mich ihr an. Wir hatten schon ein wenig Alkohol getrunken. Sie teilte mir offen mit, sie könne meine Vorwürfe gegenüber meinem Partner nicht nachvollziehen. Ich war enttäuscht von ihrer Unsensibilität.
Ich versuchte meinen Freund zu vergessen, doch jetzt beginne ich ihn zu vermissen. Ich spüre, dass ich mir insgeheim eine Beziehung wünsche. Aber nach dieser Nummer kann ich es vergessen. Sie müssen wissen, wir hatten deswegen schon mehrmals Streit. Wahrscheinlich bin ich einfach beziehungsunfähig.“
Ihre Aussage, sie sei beziehungsunfähig, stimmte mich nachdenklich. Sie offenbarte, Erfahrungen mit dem verflossenen Liebhaber würden sie an ihrer Beziehungsfähigkeit zweifeln lassen. „Sie nehmen an, nicht liebenswert zu sein, und gaben ihrem Freund keine Chance“, folgerte ich. Frau B. schaute mich verdutzt an und fragte mich, was ich damit genau ausdrücken wolle. Ich erklärte ihr, dass es sich hier um eine klassische Projektion handle. Sie könne sich selbst mit allen Stärken und Schwächen nicht akzeptieren und übertrage dieses Gefühl auf potenzielle Partner. Dies laufe unbewusst ab. Frau B.

empfand sich als unattraktiv und unterstellte ihrem Freund aus diesem Grund, er würde nach einer anderen Frau Ausschau halten. Als sich die Beziehung mit ihrem Freund intensivierte, kamen ihre Urängste wieder hoch. Ihr Freund wurde völlig überrumpelt durch ihre Unterstellungen. Er konnte diese wiederholten ungerechtfertigten Vorwürfe nicht einordnen. Die unerwarteten verbalen Attacken seiner Partnerin verletzten ihn. Er wünschte sich eine harmonische Beziehung. Wie aus heiterem Himmel griff ihn Frau B. immer wieder deswegen an. Da er von diesem unbewussten Mechanismus nichts wusste, wurde er stets ratloser. Je inniger die Beziehung wurde, desto stärker auch ihre Angst vor dem Verlassenwerden durch die Überzeugung, nicht liebenswert bzw. beziehungsfähig zu sein. Ihr war nicht bewusst, dass sie sich selbst als „hässliches Entlein" empfand wie in der Kindheit und dieses unbewusste Gefühl auf ihren Freund übertrug.

Sie verstand den Mechanismus, war sehr überrascht, dass sie selbst dieses Muster bisher nicht erkannt hatte. Es war nicht zu übersehen, dass sie Herrn A. gegenüber stets noch starke Gefühle empfand.

Die Dynamik der Projektion konnte sie ihrem Partner nicht ohne professionelle Hilfe erklären. Daher schlug ich ihr vor, Herrn A. zu kontaktieren und ihn zur Aufklärung zu einer Sitzung einzuladen. Herr A. war einverstanden. Mir gegenüber war er zugewandt und freundlich. Er brachte jedoch seine Bedenken an. Er sei gekommen, weil er sich diese unverständlichen Reaktionen von Frau B. nicht erklären könne. Frau B. erzählte von ihren Erfahrungen, Übertragungen und entschuldigte sich bei ihm. Zu Recht fragte Herr A. nach, weshalb sie sich derart verhalten habe, wenn sie doch ihre Schwäche gekannt habe. Ich klärte dem Wunschpartner von Frau B., dass sie selbst bis anhin nicht gewusst habe, weshalb sie eifersüchtig gewesen sei. Herr A. war empathisch und hatte eine rasche Auffassungsgabe. Er verstand den Ursprung der Streitigkeiten in der Beziehung und zog Bilanz: „Wenn ich es richtig verstehe, konntest du deinen Körper nicht akzeptieren und hieltest es unbewusst für unmöglich, dass dich ein Mann liebt, so wie du bist", wandte er sich an Frau B. Er hatte den Projektionsmechanismus verstanden, fügte jedoch an, er müsse diese neue Erkenntnis erst verdauen. Er wisse nicht, ob sie noch eine Zukunft hätten, er sei schließlich ebenso verletzt worden und möchte dies nicht mehr erleben. Er habe Gefühle für Frau B. Es gäbe jedoch keine Garantie dafür, dass sich diese Eifersuchtsszenen nicht wiederholen könnten. Die Augen von Frau B. leuchteten. Ich gab Herrn A. recht, Frau B. musste dieses Übertragungsmuster aufarbeiten. Daher riet ich den beiden, sich Zeit zu lassen beim Prozess des Kennenlernens.

An diesem Beispiel wird exemplarisch aufgezeigt, wie eine Projektion eine Beziehung belasten oder sogar zerstören kann, wenn sich die Partner derer nicht bewusst sind.

Abbildung 4: Abwehr der Projektion (Foto: Carol Yepes, Getty Images)

Resümee beginnende Partnerschaft von Herrn A. und Frau B.:

Frau B.:

- Demütigungen aus der Kinder- und Jugendzeit wegen der ADHS (Leistung, Sozialverhalten, Selbstwahrnehmung) waren noch nicht aufgearbeitet.
- Scheitern im Aufbau von Beziehungen. Daher Misstrauen Männern gegenüber.
- Streben nach einem Studium und neuen sozialen Kontakten.
- Sie verdrängte in der neuen Beziehung weiterhin und sprach in der Therapie nicht darüber.
- Streitigkeiten erwähnte sie nicht, erst als der Kollaps eintrat, konnte sie Probleme und seelische Verletzungen nicht mehr verheimlichen (v.a. vor sich selbst).
- Sie war sich ihrer nicht vorhandenen Akzeptanz sich selbst gegenüber nicht bewusst und übertrug ihre negative Selbstbeurteilung ihres Körpers auf den Partner.

Herr A.:

- Wollte eine ernsthafte Beziehung mit Frau B. eingehen.
- Die beiden hatten viele Übereinstimmungen, erlebten zusammen Großartiges.
- Streitigkeiten ohne ersichtlichen Grund verwirrten ihn.
- Innerlich verunsichert, da Frau B., die vom Wesen her sanftmütig war, jedoch ebenso aggressiv werden konnte, ohne einen ersichtlichen Grund.
- Wurde verletzt durch unverständliche Beschuldigungen.

Lösung:

- Nach Bewusstwerdung der Projektion lernte Frau B., sich selbst zu akzeptieren. Sämtliche Hintergründe mussten aufgearbeitet werden.
- Teilweise gemeinsame Sitzungen mit Herrn A.
- Herr A. brauchte die Sicherheit, dass es keine Wiederholung gab.
- Nach einiger Zeit konnten sich die beiden wieder außerhalb der Therapiestunden treffen.
- Sie wagten einen Neuanfang, unter der Prämisse, dass sich auch Herr A. sofort meldete, falls er Schwierigkeiten feststellen würde.

Tipps

- Konflikte/Unsicherheiten in der Therapie oder bei Freunden ansprechen. Dies bedingt Ehrlichkeit gegenüber sich selbst.
- Treten stets dieselben heiklen Themen mit Vorwurfscharakter in einer Partnerschaft auf, sollten beide wachsam sein.
- Es hilft nichts, wenn der Betroffene die Komplexe „schönredet“. Beschwichtigungen des Partners lösen das Problem ebenso nicht.
- Wiederkehrende Komplexe sollten behandelt werden; die Ursache sitzt tiefer.
- Gefahr der Projektion.

4.7 Mangelnde Abgrenzung aufgrund von Loyalitätskonflikten – Gefährdung der eigenen Gesundheit

Wir haben anhand von Theorie und Fallbeispielen oben gelernt, wie unbewusste Prozesse unsere Beziehungsdynamik verändern können. Auf die vermehrte Empfänglichkeit der Signale von ADHS-Betroffenen und den gehäuften Einsatz der Abwehrmechanismen wurde bereits eingegangen. Im folgenden Abschnitt steht das meist überdimensionale *Loyalitätsgefühl von Menschen mit ADHS im Vordergrund*, verbunden mit ihrem *Perfektionismus* und der *mangelnden Veranlagung*, einem Nahestehenden *einen Wunsch abzuschlagen*. Diese Loyalitätskonflikte laufen meist unterbewusst ab.

Gemäß Boszormenyi-Nagy und Spark (2020) steht jedes Familienmitglied in einer Schuld, wenn es von jemandem etwas bekommt und nichts zurückgibt. Unbewusst möchten wir, dass unser *Schuldenkonto ausgeglichen ist*. Die Bezeichnung dafür ist *Loyalität*.

Wie ist dies bei Menschen mit ADHS? Wir können davon ausgehen, dass dieses Merkmal bei den meisten Erwachsenen verstärkt vorhanden ist wegen ihres sozialen Wesens. Ein weiterer Grund für ihre Loyalität ist das häufig vorhandene Gefühl, nicht zu genügen und sich besonders anstrengen zu müssen. Folglich steht *das Wohl der Mitmenschen im Vordergrund*.

Der größte Teil von Menschen mit ADHS ist mit einem hohen Energiepotenzial ausgestattet, ohne sich dessen bewusst zu sein. Gleichzeitig treten jedoch auch Schwierigkeiten auf zu erkennen, wann ihre Belastungsgrenze erreicht ist. Meines Erachtens steht das Nicht-Realisieren der eigenen Kraftressourcen im Zusammenhang mit ihrem „Grundtemperament", ihrer inneren oder motorischen Unruhe, ihrer Neugierde, der Ungeduld und dem Wunsch, alles auf einmal zu erledigen, aber auch mit der sozialen Ader. Steht noch etwas zur Erledigung an, ist es selbstverständlich, die Aufgabe zu übernehmen, ohne sich nach einer Delegationsmöglichkeit umzuschauen. Delegieren würde auch heißen, loszulassen und jemand anderem zu vertrauen. Es ist uns bewusst, dass Betroffene gerne die Kontrolle innehaben und der Perfektionismus eine wichtige Rolle spielt. Die Ursache für diesen hohen Anspruch an sich selbst sind meist Insuffizienzgefühle, wie wir im nächsten Fallbeispiel sehen werden. Betroffene verspüren Schuldgefühle, wenn sie hinsichtlich Qualität und Inhalt den Anforderungen in Beruf und Privatem nicht nachkommen können. Diese Mechanismen können unbewusst ablaufen und krank machen.

Häufig anzutreffende Folgeerkrankungen sind Burnouts verbunden mit depressiven Episoden. In den meisten Fällen aus der Praxis haben die Überschätzung der eigenen Kräfte sowie die Schonhaltung gegenüber anderen Familienmitgliedern oder Arbeitskollegen dazu geführt.

Fallbeispiel 20: Familie T.: Verdrängen eigener Grenzen – Folge Burnout und depressive Episode

Herr und Frau T. sind seit 6 Jahren verheiratet und haben zwei kleine Kinder. Der Ehemann arbeitet zu 100 %, die Ehefrau zu 60 %. Ihr Aufgabengebiet umfasst den Haushalt und den größten Teil der Kindererziehung. Frau T. ist in Sorge, weil sie sich müde und abgespannt fühlt. Sie äußerte, dieser Zustand fühle sich an wie beim letzten Mal, als sie in ein Burnout gefallen sei. Sie habe das letzte Burnout erlitten nach einer langanhaltenden Extremsituation an ihrer letzten Arbeitsstelle. Ihr Kollege sei krankheitshalber ausgefallen und sie habe seine Stellvertretung übernommen und viele Überstunden geleistet. Nachts habe sie nicht mehr schlafen können, weil sie an die Arbeit, die ihr bevorstand, habe denken müssen. Ich fragte sie, ob sie dies nicht als Alarmzeichen gesehen habe. Frau T. überlegte einen Moment: „Ich hatte ein mulmiges Gefühl, wollte jedoch den Kollegen nicht im Stich lassen." Meine Äußerung, sie hätte ja nicht den Kollegen im Stich gelassen, wenn sie bei ihrem Chef um Unterstützung gebeten hätte, irritierte sie. „Dann hätte ich mich als inkompetent gezeigt", antwortete sie. Ich zeigte ihr auf, dass es eine Stärke sei, die eigenen Grenzen zu erkennen und Hilfe in Anspruch zu nehmen. Für Frau T. waren dies neue Inputs, die sie erst verarbeiten musste.

In der nächsten Sitzung thematisierte sie, in letzter Zeit könne sie ihren Verpflichtungen nicht mehr nachkommen, v. a. im Haushalt. Sie schaffe es nicht mehr, das Haus aufzuräumen, die Terminplanung leide ebenso und sie sei gereizt, wenn ihr Mann nach Hause komme und sie auf die nicht erledigten Aufgaben anspreche. Häufig würden sie sich abends noch streiten. Frau T. schilderte: „Ich bin stets müde, breche bei einem Streit rasch in Tränen aus und erkenne mich selbst nicht wieder." Nachts kann ich oft nicht schlafen, weil ich Schuldgefühle gegenüber den Kindern und meinem Mann verspüre. Auch die Angst, meinen Mann zu verlieren, raubt mir den Schlaf."

Bei Frau T. wurde bereits in der Kindheit eine ADHS-Diagnose gestellt. Befasst hat sie sich mit diesem Thema noch nie tiefgehend. Frau T. zeigt typische ADHS-bedingte Eigenschaften, die zu eine Überlastungssituation führen können: Perfektionismus, zu hohe Anforderungen an sich selbst, Schwierigkeiten loszulassen und zu delegieren, Übernehmen von Verantwortung, die nicht in ihren Zuständigkeitsbereich fallen. Ursächlich dafür ist wahrscheinlich die Verlustangst, die sich auf die Arbeitsstellen oder eben auf ihren Partner beziehen.

Ich riet ihr, auf ihren Energiehaushalt zu achten. Im Gespräch stellte sich heraus, dass ihr Mann seinen Anteil an der Haushaltführung und Kinderbetreuung nicht erfüllte. Sie könne ihren Mann jedoch auch nicht in die Pflicht nehmen, denn er habe keine Geduld mit den Kindern. Abends sei sie auf sich selbst wütend, wenn sie nicht mehr alles schaffe.

Ich bat sie um ein Gespräch im Beisein ihres Mannes. Beim nächsten Termin war ihr Ehemann anwesend. Es fiel mir auf, wie nervös sich Herr T. verhielt, als ich meine Sorge um die Gesundheit meiner Patientin äußerte und mich erkundigte, weshalb die vereinbarte Aufgabenteilung nicht funktioniere. Er gab als Vorwand an, viel zu arbeiten. Ich sprach das Thema Kinderbetreuung in der Freizeit an. Er räumte ein, keine guten Nerven zu haben und daher die Kinder oft anzuschreien. Danach tue es ihm leid. Je länger ich Herrn T. zuhörte, desto überzeugter war ich, dass auch er von ADHS betroffen war. Er willigte in eine Abklärung ein und suchte sich einen Therapeuten. In der therapeutischen Arbeit kamen traumatische Ereignisse während der Jugendzeit zum Vorschein.

Nach 2 Jahren intensiver Arbeit kann Frau T. ihre Energie besser einteilen und hat akzeptiert, dass sie im Haushalt Hilfe in Anspruch nehmen darf. Herrn T. gelingt es mit seinen Kindern in normalem Ton zu sprechen. Die beiden haben sich rechtzeitig um eine Lösung gekümmert.

Die Prognose bei Familie T. ist gut. Der Ehemann erhielt die richtige Diagnose und beide beschäftigten sich von nun an mit der ADHS. Keiner der Partner leidet unter einer Komorbidität und die Schuldgefühle von Frau T. waren situativer Art.

Obwohl beide unter demselben Syndrom leiden, sind ihre Verhaltensauffälligkeiten anderer Natur. Herr T. hat mit seiner Impulsivität zu kämpfen, die Ehefrau mit Abgrenzung, Perfektionismus etc.

An diesem Fallbeispiel wird deutlich, wie wichtig es ist, dass sich beide Partner in einer Krisensituation der Problematik stellen und zusammenarbeiten. Es reicht nicht, eine Diagnose zu erhalten und sich nicht damit zu befassen. Frau T. wollte als Kind nicht anders sein als die anderen und verdrängte dieses Thema. Als erwachsene Frau kam sie nicht mehr auf die Idee, dass ihre Schwierigkeiten durch die ADHS verursacht sein könnten.

Auch bei diesem Beispiel sind mehrere Mitglieder in der Familie betroffen.

Resümee Familie T.:

Ehepaar T.:

- Die Ehepartner verdrängten Ereignisse aus der Kindheit.
- Bei Herrn T. waren diese traumatischer Art.
- Weder Frau noch Herr T. konnten miteinander sprechen aus Gefühlen der Unzulänglichkeit, welche Schuld- und Schamgefühle hervorriefen. Damit verbunden: Verlust- und Versagensangst.
- Ein wichtiger Aspekt des Schweigens bildete auch die Tatsache, dass sie sich ihrer Probleme nicht bewusst waren.

Frau T.:

- Hat als Kind ihre ADHS-Diagnose bekommen. Sie wollte jedoch nicht auffallen, keine Sonderbehandlung erhalten und hat die ADHS und damit verbundene Schwierigkeiten verdrängt, selbst als sie ein Burnout erlitt.
- Starkes Loyalitätsgefühl ihrem kranken Kollegen gegenüber; Aufkommen des Gefühls, sie sei inkompetent, wenn sie Unterstützung beantrage. Diese Insuffizienzgefühle stammen wahrscheinlich aus ihren Erfahrungen, die sie in der Kinderzeit gemacht und verdrängt hat. Ebenso Mühe, Kontrolle abzugeben und Perfektionismus loszulassen.
- In der aktuellen Familiensituation sind die Aufgaben nicht proportional verteilt.
- Bemerkt sie, dass ihr Partner gereizt ist, übernimmt sie automatisch dessen Aufgaben (Kinder zu Bett bringen).
- Während der Therapie kann sie sich auch erinnern, dass ihre Mutter selbst eine kurze Zündschnur hatte und sie als Kind oft angeschrien wurde. Sie will verhindern, dass ihre Kinder dasselbe erleben müssen.
- Bei Überforderung: Gereiztheit, Vergesslichkeit.
- Sie sucht Hilfe, weil sie diese Situation (Burnout) nicht nochmals erleben möchte.
- Mit ihrem Mann spricht sie nicht, aus Überzeugung, von ihm kein Verständnis erwarten zu können.
- Frau T. lernt in der Therapie, sich mit der ADHS auseinanderzusetzen, die positiven wie die negativen Aspekte zu akzeptieren. Es fällt ihr anfangs schwer, sich abzugrenzen, „Nein“ zu sagen zu Wünschen des Partners, ohne Verlustangst zu erleiden. Sie erkennt mit dem Fortschreiten ihres Prozesses, dass sie über viele herausragende Eigenschaften verfügt und sich nicht schämen muss, wenn sie Hilfe in Anspruch nimmt. Ebenso äußert sie ihre Bedürfnisse ihrem Partner gegenüber offen und direkt.

Herr T.:

- Für ihn lief die Beziehung gut, bis er bemerkte, dass nicht nur seine Frau, sondern auch er immer gereizter wurde. Auch er litt unter Verlustangst, ohne diese zu thematisieren.
- Das erste Burnout seiner Frau betrachtete er nicht als tragisch. In der heutigen Leistungsgesellschaft war ein Burnout nichts Besonderes. Nun hatte es eben seine Frau erwischt.
- Über die Aufgabenteilung nach der Geburt der Kinder machte er sich keine Gedanken. Seine Frau arbeitete schließlich weniger, da konnte sie auch mehr im Haushalt übernehmen.
- Das erste Mal machte er sich Sorgen, als er gegenüber seinem Nachwuchs keine Geduld hatte, bzw. rasch die Nerven verlor. Er war wütend auf sich selbst. Schließlich liebt er seine Kinder über alles. Er versuchte viele Strategien, erfolglos.
- Gegenüber seiner Frau erwähnte er nichts von seinen Sorgen. Sie brachte die Kinder mit Leichtigkeit ins Bett. Er wollte nicht als „Verlierer" dastehen.
- In den letzten beiden Monaten bemerkte er, dass sich das Verhalten seiner Frau veränderte. Sie trat selbstbewusster auf. Er wurde unsicher und zweifelte an sich selbst.
- Dem Besuch in meiner Praxis stand er mit gemischten Gefühlen gegenüber: Einerseits hoffte er, seiner Frau könne geholfen werden, andererseits fürchtete er sich vor Vorwürfen.
- Die Diagnose ADHS hat er anfangs nicht richtig ernst genommen und suchte eine rasche, unkomplizierte Lösung.
- Sein Therapeut verdeutlichte ihm, dass er sich mit der ADHS beschäftigen müsse. In der Therapie fand die Analyse seines Verhaltens statt.
- Er fürchtete er sich davor, in die Vergangenheit zurückzuschauen, ohne den Grund zu kennen. Er konnte sich nicht an seine Kindheit erinnern. Schulisch habe er keine großen Probleme gehabt. Als das Gespräch in der Therapie auf seine Eltern fiel, erinnerte er sich an seine Mutter, die er als gütige, lächelnde Frau in Erinnerung hatte. Leider verstarb sie früh. Er zog mit 16 Jahren von zu Hause aus. Seinen Vater kannte er kaum. Soweit seine damalige Wahrnehmung.
- Erst in Phase 2 der Therapie konnte er sich an seinen Vater erinnern. Seine erste Erinnerung: Der Vater in der Militäruniform. Er erlebte viele schwierige Situationen mit seinem Vater. Ansonsten wäre es zu keiner derartigen Verdrängung gekommen. Später fielen ihm Gewaltsituationen ein, die von seinem Vater ausgingen, v.a. in betrunkenem Zustand. Er wurde geschlagen, wenn er sich nicht gemäß den Wünschen seines Vaters verhielt. Seine Mutter

versuchte zu Lebzeiten Gewalttätigkeiten zu verhindern. Dies erwies sich als unmöglich, weil sein Vater auch seine Mutter traktierte.

- Für Herrn T. war diese Aufarbeitung eine immens kraftraubende innere Arbeit. Mit seiner Frau konnte er erst darüber sprechen, als er diese traumatischen Ereignisse selbst einigermaßen verarbeitet hatte.
- Nachdem die Energie, welche an die Verdrängung gebunden war, frei wurde, kam Herr T. nicht mehr an den Anschlag, sondern verfügte über viel mehr Energie und konnte auch im Haushalt mitarbeiten.

Dieses Fallbeispiel zeigt, *wie viel Kraft die Verdrängung von einem Trauma*, das einen einholt, kostet. Die Verdrängung von Frau T. unter ADHS zu leiden, ließ bei ihr immer wieder negative Reaktionen aufkommen. Grund der Verdrängung bei Herrn T: zu schmerzhaftes Erlebnis, aber auch Schuld- und Schamgefühle. Gefühl *illoyal gegenüber der Mutter gewesen zu sein, was sich später auf seine Frau übertrug*. Frau T. stellte sehr hohe Ansprüche an sich selbst und fühlte sich schuldig, wenn sie diese nicht erreichte und ihren Mann aus seiner „Komfortzone“ holen musste. Den Hintergrund ihrer Schuldgefühle erkannte Frau T. während der Therapie selbst. Ihre Mutter war alleinerziehend. Wurde sie von ihrer Mutter um Mithilfe gebeten, wurde sie stets kritisiert und als unfähig hingestellt. Ihre Mutter habe sie jeweils aus dem Küchendienst entlassen mit dem Kommentar: „Allein komme ich rascher voran; du bist in der Küche zu nichts nutze. Mädchen, was soll nur aus dir werden?“ In der Ehe übertrug Frau T. die damaligen Gewissensbisse auf ihren Mann.

Tipps

- Überforderung ansprechen. Hilfe annehmen.
- Sich bewusst sein, dass Menschen mit ADHS über ein hohes Energiepotenzial verfügen, die Batterien jedoch auch wieder aufgeladen müssen.
- Es gibt keinen Grund, bei einem „Nein“ zu einer Aufgabe Scham oder Schuld zu verspüren
- Ablehnen einer Belastung ist eine Stärke.
- Angstentwicklung vor Fremdbestimmung einbeziehen und sich vor Augen führen, dass ein Ablehnen einer Arbeit/Gefälligkeit nicht zur Fremdbestimmung führt.
- Perfektionismus kann zur Gefahr für die Gesundheit werden.

4.8 Idealisierung und Vereinnahmung des Nachwuchses durch einen Elternteil – Abhängigkeit und Fremdbestimmung des Jugendlichen

Elternliebe ist eine besondere Art der Liebe: Sie sollte verlässlich, beständig und selbstlos sein. Selbstlose Liebe bildet die Voraussetzung für eine gesunde Persönlichkeitsentwicklung des Jugendlichen. Durch Idealisierung des Kindes und falsch verstandener Elternliebe kann das Kind zu einem narzisstischen „Objekt" werden (Thomson, 2008).

Was sind die Voraussetzungen, dass ein Kind zu einem narzisstischen Objekt wird? Ein Elternteil leidet meist unter einer narzisstischen Persönlichkeitsstörung und missbraucht das Kind emotional zur Erhöhung des eigenen Selbstwerts. Sie beachten die Grenzen der Kinder nicht, sind besitzergreifend und wollen verhindern, dass sich das Kind frei entwickeln kann. Typisch für narzisstische Eltern ist der Wunsch, dass die Kinder *zur Wunscherfüllung der Eltern* da sind. Einfacher ausgedrückt: Der Nachwuchs soll das nicht erfüllte Leben eines Elternteils leben. Damit ihr Plan in Erfüllung geht, wird das Kind meist *unbewusst manipuliert*.

Diese Art von „Liebe" macht die freie Entfaltung des Kindes unmöglich. Die Wünsche des Nachwuchses sind irrelevant. Wie sollen Jugendliche bspw. ihre eigenen Erfahrungen machen, wenn sie mit 14 Jahren stets von einem Elternteil begleitet werden?

In einem derartigen Elternhaus ist es für Jugendlichen in der Pubertät undenkbar, auf Distanz zu gehen und die eigenen Zukunftsideen umzusetzen. Damit das narzisstisch besetzte Objekt erhalten bleibt, muss der Jugendliche Vorteile haben: Meist wird dem Nachwuchs jeder Wunsch erfüllt, Regeln müssen nicht eingehalten werden etc.

ADHS-Betroffene sind prädestiniert, emotional missbraucht zu werden. Sie freuen sich über jedes Lob, lechzen nach Anerkennung und sind gegenüber ihren Eltern loyal. Aufgrund ihrer Hypersensibilität spüren sie deren Erwartungen, die sie uneingeschränkt erfüllen wollen. Außerdem ziehen sie ihren eigenen Nutzen aus dieser Situation.

Leben die Eltern getrennt, spitzt sich die Situation zu. Beide Elternteile sind für das Kind wichtig. Durch Manipulation gerät der Nachwuchs in einen Loyalitätskonflikt. Ist der Jugendliche bei einer Trennung bereits zu einem narzisstischen Objekt eines Elternteils geworden, hat er keine Wahl mehr, wem er sich anschließt. Zu heftig wären die Repressalien, wenn er dem anderen Elternteil Beachtung schenken würde.

In einem derartigen Umfeld können Jugendliche kein selbstbestimmtes Leben führen, sondern werden *fremdbestimmt*. Wird der Druck zu hoch, können die Folgen verheerend sein, wie das nächste Fallbeispiel aufgezeigt.

Fallbeispiel 21: Familie F: Fremdbestimmung durch Vater – der Sohn flüchtet in die Drogen

Frau F. meldet ihren Sohn Silvio zu einer ADHS-Abklärung an. Sie war verzweifelt. Silvio würde ihr entgleiten, seine Hausaufgaben nicht lösen und sie despektierlich behandeln. In der Schule gäbe es massive Probleme. Dem Redefluss von Frau F. folgen zu können, war eine Herausforderung. Sie konnte ihre Impulsivität nicht verbergen. Ich spürte ebenso ihre Fürsorglichkeit Silvio gegenüber.
Die Abklärung mit Silvio verlief ohne Probleme. Frau F. brachte ihren Sohn jedes Mal in die Praxis und holte ihn ab. Als ich sie darauf ansprach, ob er den Weg mit 14 Jahren nicht allein bewältigen könne, teilte sie mir mit, dass sein Vater dies nicht erlauben würde. Er bestünde darauf, dass Silvio begleitet werde. Sie sei nicht derselben Meinung, wolle jedoch Streit mit ihrem Mann vermeiden.
Silvio lebte für sein Hobby, den Fußballsport. Er spielte in einer hohen Liga für Junioren. Das Coaching übernehme ihr Mann. Wenn Frau F. über ihren Mann sprach, hörte ich Bewunderung (hoher Politiker) aus ihren Worten. Ich sprach sie darauf an und fragte sie, wie sie sich in der Ehe fühle. Spontan antwortet sie: „Gut, ich habe den besten Mann, den man sich wünschen kann, obwohl ich in derart vielen Dingen versage.“ Ihre Selbsteinschätzung machte mich stutzig. Ich bat sie, mir zu erklären, weshalb sie sich als Versagerin bezeichne. Frau F. erklärte, dass sie nur auf Silvio aufpassen müsse, und als Mutter versagt habe. Sie beide würden stets streiten. Wir sprachen über das Temperament, das sowohl bei Silvio wie auch bei Frau F. vorhanden war, und über die Tatsache, dass es unter diesen Voraussetzungen vermehrt zum Streit kommen würde. Meiner Meinung nach war der Zeitpunkt gekommen, dass Frau F. wieder mehr Zeit für sich selbst in Anspruch nahm. Als hätte sie meine Gedanken gelesen, sagte sie leise: „Am liebsten würde ich wieder arbeiten.“ Ihr Mann wolle mit aller Macht verhindern, dass sie arbeite, er verdiene genug. Frau F. erzählte mir freudig, dass sie bereits ein Jobangebot habe, sie könnte in demselben Atelier wieder Teilzeit arbeiten, in dem sie vor der Schwangerschaft mit Silvio angestellt gewesen sei. Ihre Ausgangslage

war fantastisch und ich ermunterte sie, sich bei ihrem Mann durchzusetzen. Frau F. vertraute sich mir nach einer Weile an: „Sie haben mich nach meiner Ehe gefragt. Ich habe ein wenig voreilig geantwortet. Bis vor 5 Jahren waren wir ein sehr glückliches Paar. Seitdem mein Mann befördert wurde und es größere Probleme mit Silvio gibt, streiten wir uns öfters." Frau F. wurde nachdenklich.
Silvio wurde nach der Abklärung und positiven Diagnose medikamentös eingestellt. Eine Therapie war nicht erwünscht.
Nach einem halben Jahr rief mich Herr F. an. Silvio würde für die Regelschule untragbar wegen seiner „negativen Aktionen". Er habe unabsichtlich eine Lampe mit dem Fußball zerschmettert. Erschwerend sei der Umstand, dass die Zusammensetzung der Klasse schwierig sei; er lasse sich mitreißen und die Jungs würden negativ auffallen. Herr F. fügte sofort an, den meisten Lehrern würde die Durchsetzungskraft fehlen; v.a. die Deutschlehrerin sei das Paradebeispiel einer schwachen Person. Sie übe ebenso die Funktion der Klassenlehrperson aus. Kürzlich seien die Jungs mit Cannabis erwischt worden. Er könne sich nicht vorstellen, dass Silvio sich in dieser Gruppe befunden habe, denn er sei ja ein hochbegabter Sportler. Silvio habe ihm versichert, dass es sich um ein Missverständnis handle. Der Schulleiter sei normalerweise nicht derart stur. Diesmal halte er an seinem Vorwurf fest. Herr F. bat mich, an einem Gespräch mit dem Schulleiter teilzunehmen. Ich bemerkte, dass Herr F. seinen Sohn nicht realitätsgetreu wahrnahm. Er idealisierte ihn im höchsten Maße. Vorsichtig sprach ich ihn darauf an. Herr F. „ging in die Luft" und warf mir vor, ich würde mich nicht für Silvio einsetzen. Ich hatte Silvio seit Längerem nicht mehr gesehen und wollte mir auch vor Ort ein Bild machen. Daher einigten wir uns auf einen gemeinsamen Schulbesuch in der Deutschstunde. Ich freute mich darauf, Frau F. wiederzusehen, und war gespannt, wie sie sich äußern würde am runden Tisch. Herr F. räusperte sich und teilte mir mit, dass er all die Sorgen mit Silvio von seiner Frau fernhalten müsse, da sie vor zwei Wochen zusammengebrochen sei. Er bat mich, sie nicht zu kontaktieren. Aus Rücksicht auf ihre Gesundheit hielt ich mich an seinen Wunsch.
Der Besuch in der Deutschstunde war sehr aufschlussreich. Die Deutschlehrerin war eine faire, klar strukturierende Lehrperson. Silvio stand in dieser Stunde im Mittelpunkt und versuchte seine Mitschüler mitzureißen bei seinen ausfälligen Aktionen. Sein Benehmen war unbeschreiblich. Silvio und seine Kollegen legten sich auf ihre Schreibtische und verweigerten die Arbeit. Mir fiel auf, dass er stets den Augenkontakt zu seinem Vater suchte, so als wollte er seine Aktionen absegnen lassen. Die Lehrerin äußerte ihre

Skepsis gegenüber der Anwesenheit des Vaters. Sie wisse es zu schätzen, dass er jeden Freitag die Deutschstunde besuche. Silvio sei jedoch aufgedrehter. Herr F. empfand ihre Äußerung als ungehörig. So habe noch niemand mit ihm gesprochen. Ich hielt diese Situation beinahe nicht aus, konnte jedoch nichts unternehmen.

Am runden Tisch mit der Klassenlehrerin und dem Schulleiter stellte sich heraus, dass Silvio seine letzte Chance vertan hatte. Herr F. schaute mich stets auffordernd an. Ich wollte erst hören, was die Pädagogen berichteten. Mitten in einem Satz wurde er laut und forderte schreiend von mir, ich solle doch auch mal etwas sagen. Die Lage war sehr angespannt. Ich teilte die Meinung, dass Silvio an dieser Schule nicht mehr tragbar war. Der Schulleiter schlug vor, Silvio solle zu seinem eigenen Vorteil und dem Wohlwollen der ganzen Schule eine Privatschule besuchen.

Als wir wieder allein waren, richtete Herr F. seine gesamte Wut gegen den Schulleiter und verdrehte die Tatsachen; seiner Wahrnehmung nach hatte er die Idee mit der Privatschule. „Keine Stunde lasse ich meinen Sohn bei diesen Barbaren in dieser Schule." Die Art und Weise, wie Herr F. seinen Sohn in Schutz nahm und Tatsachen verdrehte, gefiel mir überhaupt nicht. Aus diesem Grund verabschiedete ich mich rasch. Er hielt mich zurück und bat mich, ihn beim Erstgespräch der neuen Schule zu begleiten. Ich sah dies nicht als meine Aufgabe, da Herr F. von mir sicherlich erwartete, dass ich über Silvio ebenfalls lobend berichten sollte, entgegen den letzten Vorkommnissen. Ich ließ mich nicht instrumentalisieren. Seinen Ärger mir gegenüber kaschierte er und ich hoffte, nichts mehr von Herrn F. zu hören.

Bereits nach 9 Monaten wiederholte sich die Geschichte an der neuen Schule. Das konnte kein Zufall sein und ich teilte Herrn F. meine Beobachtung mit, dass er seinen Sohn idealisiere. Meine Bereitschaft, weiter mit der Familie zusammenzuarbeiten, knüpfte ich an die Bedingung, dass seine Frau auch anwesend sein würde. Er lehnte rigoros ab, worauf ich mir Bedenkzeit erbat. Mir war bewusst, dass Herr F. mir etwas verschwieg. Daraufhin meldete ich mich bei Frau F. telefonisch. Tatsächlich, mein Instinkt hatte mich nicht getauscht. Sie freute sich von mir zu horen. Frau F. steckte in einer sehr schwierigen Zeit. Sie hatte sich bereits vor 2 Jahren von ihrem Mann getrennt. Hauptgrund: Sie konnte nicht mehr mitansehen, wie Silvio idealisiert und manipuliert wurde durch ihren Ex-Mann. Sie sei nicht mehr an ihn herangekommen und in der Folge gesundheitlich angeschlagen gewesen. Daraufhin habe sie den Entschluss gefasst, ihr Leben zu verändern. Finanziell sei sie völlig von ihrem Mann abhängig. Sie habe ein Dokument unterschreiben müssen, das ihr untersagt, mit jemandem über ihn oder Silvio zu sprechen.

Sie habe sich gewünscht, mich anzurufen; sich jedoch davor gefürchtet, dass ihr Mann von unserem Gespräch etwas mitbekommen könnte. Silvio hatte den Kontakt zu ihr abgebrochen. Sie hatte sich jahrelang um Silvio gekümmert und Vorwürfe der Unfähigkeit hingenommen. Frau F. fügte noch an, dass ihr Mann Silvio pushe, Fußballprofi zu werden. „Mein Ex-Mann unternimmt alles, damit Silvio seinen eigenen Lebenstraum erfüllt: Fußballstar zu werden. Er erlitt in jungen Jahren einen tragischen Unfall und wurde von einem alkoholisierten Autolenker angefahren. Damit war der Traum vom Profi-Fußballer vorbei. Mein Ex-Mann hat diesen Schicksalsschlag bis heute nicht verkraftet. Es ist traurig mitansehen zu müssen, dass er nun unseren Sohn manipuliert, um sein Selbstvertrauen zu vergrößern. Ich bin mir bewusst, dass ich trotz meiner Sorgen um das Wohl von Silvio meinen Mann nicht stoppen kann. Er wird mit Geschenken und Geld überhäuft. Silvio hat davon leider auch schon Drogen gekauft und konsumiert."
Das Telefonat mit der Mutter bestätigte mich darin, Herrn F. nicht zum Lehrergespräch zu begleiten. Er wurde auch mir gegenüber ausfällig. Ich war in der Position, ihm klare Grenzen zu setzen und Praxisverbot zu erteilen.
Frau F. rief mich ab und zu an. Ihr Ex-Mann habe es geschafft, dass Silvio von einer englischen Nachwuchsliga unter Vertrag genommen worden sei. Wie ich im Nachhinein erfuhr, sei es von da an mit der Karriere und Gesundheit von Silvio abwärts gegangen. Er war es gewohnt, seinen Vater an seiner Seite zu haben. Silvio brauchte ihn als Stütze, wenn er mal wieder neben der Spur lief. Der Verein bemängelte die Sozial- und Selbstkompetenz von Silvio. Es habe diverse Vorfälle mit den Vereinsmitgliedern, dem Trainer und Schiedsrichter gegeben, in die Silvio verwickelt war. Anfangs konnte Herr F. eine Kündigung verhindern. Als der Teamchef Silvio nach 2 Monaten beim Drogenkonsum erwischt habe, sei er vom Verein unverzüglich freigestellt worden. Herr F. habe versucht, Silvio in einem anderen Verein unterzubringen. Als er realisiert habe, dass diese Möglichkeit vertan war und damit auch die Projektion seines Berufswunsches auf seinen Sohn scheiterte, habe er ihn fallenlassen wie eine heiße Kartoffel. Silvio habe weiterhin bei ihm gewohnt. Sein Drogenkonsum habe zugenommen. Herr F. habe daraufhin ein Au-pair-Mädchen angestellt, das Silvio überwachen sollte. Er konnte es sich in seiner Position nicht erlauben, aufzufallen. Es sei Silvio gelungen, dem Au-pair zu entweichen. Silvio sei immer seltener nach Hause gekommen, bis er eines Nachts ganz verschwunden sei. Die Mutter berichtete unter Tränen, sie sehe ihn manchmal bei den Obdachlosen. Meist stehe er unter Drogen, manchmal erkenne er sie gar nicht.

> „Es brauchte lange, bis ich mir keine Vorwürfe mehr machte. Heute bin ich so weit zu erkennen, dass ich alles in meinen Möglichkeiten Stehende getan habe für meinen Sohn. Mein Mutterherz blutet jedes Mal, wenn ich ihn sehe."

Resümee Familie F.:

Ehepaar F.:

- Frau F. sieht lange Zeit nicht hinter die Fassade ihres Mannes und erkennt seine narzisstische Persönlichkeitsstörung nicht.
- Zwei Live-Events fielen zusammen: Beförderung von Herrn F. und zunehmende Schwierigkeiten von Silvio in der Schule.
- Die Eheleute haben ein völlig anderes Verständnis von Erziehung. Frau F. beschäftigte sich mit der ADHS, setzte Silvio Grenzen. Herr F. idealisierte sein Kind, suchte die Schuld bei allen andern. Silvio musste keine Regeln einhalten. Dadurch hatte er keinerlei Struktur.
- Die Eltern stritten sich immer häufiger deswegen.
- Silvio nützte seine Position aus und wurde gegenüber der Mutter frech.
- Für den Vater zählte nur der Erfolg im Fußball. Sein Sohn sollte seine unerfüllte Fußball-Karriere anstreben. Dafür war ihm jedes Mittel recht.

Frau F.:

- Temperamentvolle Frau, wahrscheinlich auch Anteile von ADHS. Stellte sich der Situation und kümmerte sich um ihren Sohn.
- Es kam immer häufiger zu Streitigkeiten, weil ihr Mann ihrem Sohn beinahe alles erlaubte und ihre Regeln zunichtemachte. Frau F. schaute lange zu, wie Silvio idealisiert wurde, dadurch aber auch kein freies Leben führen konnte.
- Sie erlitt gesundheitliche Probleme und trennte sich von ihrem Ehemann.
- Durch die Manipulation des Ex-Mannes lehnte Silvio jeglichen Kontakt zu ihr ab.
- Sie war finanziell von ihrem Ex-Mann abhängig nach dem Auszug, gesundheitlich angeschlagen, wusste jedoch, dass sie alles gegeben hatte und keine Schuldgefühle zu haben brauchte.
- Sie war hilflos und konnte an der aktuellen Situation nichts ändern.

Herr F.:

- Kümmerte sich wenig um seinen Sohn, als er klein war. Die Karriere ging vor.
- Er war häufig ausfällig, unruhig, unbeherrscht und übergriffig. Wahrscheinlich war er ebenso Träger der ADHS. Damit wollte er nicht in Zusammenhang gebracht werden. Im Gegenteil, er verdrängte die Verhaltensauffällig-

keiten von Silvio und baute sich seine eigene imaginäre Welt auf. Für die Probleme seines Sohnes suchte er stets einen Schuldigen, Er war stolz darauf, einen Sohn zu haben, der „Charakter" zeigte.

- Nachdem er vonseiten der Ehefrau, Schule etc. auf Kritik gestoßen war, wollte er nicht an die eigenen, damaligen Probleme erinnert werden und ging in die Offensive: Er und Silvio gegen den Rest der Welt.
- Damit besetzte er seinen Sohn narzisstisch.
- Tragischerweise verstieß er seinen Sohn, als er nicht die gewünschte Leistung brachte. Er kann sich nicht mehr mit Silvio abgeben. Jedes Mal, wenn er ihn sieht, wird er an sein eigenes „Versagen" erinnert und sein Selbstbewusstsein schwindet.
- Er projizierte all seine Ziele und seinen ehemaligen Berufswunsch auf seinen Sohn. Er selbst wollte auch Fußballprofi werden, als er von einem alkoholisierten Fahrzeuglenker angefahren wurde. Sein Knie war zu schwer verletzt, als dass er seine Karriere hätte fortsetzen können. Verkraften konnte er diesen Verlust bisher nicht.
- Seinen Anteil an Silvios Scheitern verdrängte er ebenso. Für ihn war und ist die Welt so, wie er sie sich zusammenreimt.

Silvio:

- Als Kleinkind und Kind zappelig, sonst pflegeleichtes Kind. V. a. auf die Mutter bezogen.
- Ab der 4. Klasse gab es Probleme; der Vater verweigerte damals die von den Lehrern dringend empfohlene Abklärung. Damit verlor Silvio wertvolle Zeit.
- Die Abklärung erfolgte erst in der Sekundarschule, als er nicht mehr tragbar war für die Schule.
- Silvio erfuhr zum ersten Mal Aufmerksamkeit von seinem Vater und unternahm alles, um seine Gunst zu erlangen.
- Silvio realisierte nicht, dass die Idealisierung des Vaters ihm schadete. Im Gegenteil, er sah in ihm ein Vorbild.
- Die Eltern trennten sich, er hatte keine Freunde, die Beziehung zum Vater wurde enger.
- Silvio war auf den Vater angewiesen und ließ sich überzeugen, dass es besser sei, wenn er keinen Kontakt zur Mutter pflege. Verstärkt wurde die Abhängigkeit, indem sein Vater ihm jeden materiellen Wunsch erfüllte.
- Als Silvio auch aus der Privatschule ausgeschlossen wurde, engagierte sein Vater einen Privatlehrer, der nach seiner Pfeife tanzte und seinem Sohn viel Freiraum für den Fußball einräumte.

- Er konnte Silvio in einem Verein in England unterbringen. Silvio begann Gefallen an diesem Leben zu finden. Er hatte alle Freiheiten, bemerkte jedoch nicht, wie abhängig er vom Vater war.
- Als er das erste Mal auf eigenen Beinen stehen musste und konfrontiert wurde mit Lob und Kritik des Trainers sowie seinen Vereinskollegen, versagte er.
- Er rief jeden Abend seinen Vater an und verlangte von ihm, seine „Fehltritte", für die er alle anderen verantwortlich machte, geradezubiegen.
- Der Vater konnte nicht ständig nach England fliegen. Eine Krise im eigenen Job überforderte ihn. In Rage kritisierte er seinen Sohn und verlangte von ihm, fortan seinen „Kleinkram" alleine zu lösen.
- Die Abwendung des Vaters ließ Silvio erkennen, dass er allein auf der Welt war. Von seiner Mutter hatte er sich abgewendet und Freunde hatte er keine.
- Diese Einsicht ertrug er nicht und konsumierte Drogen.
- Als er vom Verein freigestellt wurde, stürzte er ab.
- Schlimmer war jedoch das Gefühl, vom Vater, seiner einzigen Bezugsperson, nicht mehr geliebt werden.
- Er fühlte sich als Versager seinem Vater gegenüber; Schuldgefühle nagten an ihm.
- Als Folge steigerte er seinen Drogenkonsum.
- Dadurch wurde er für seinen Vater zum „Klotz an Bein", was er seinem Sohn auch zeigte.
- Nach außen musste die Welt weiterhin heil scheinen.
- Silvio ertrug diese ständige Kontrolle nicht und floh.

Wie ich Silvio kennengelernt habe, gibt er nicht schnell auf und verfügt über gute Strategien, aus schwierigen Situationen das Beste zu machen. Ich habe mich gefragt, weshalb er sich nicht bei seiner Mutter meldete. Meine Vermutung: Silvio ist sich bewusst, dass seine Mutter sich nicht gegen seinen Vater durchsetzen kann. Wenn er seine Mutter besuchen würde, wäre er wieder im Einflussbereich seines Vaters.

Zu Recht könnte man sich fragen, ob der Vater seinen Sohn bewusst manipulierte. Eine Beurteilung diesbezüglich ist schwierig. Meiner Meinung nach verlief der Prozess anfangs unbewusst. Als er realisierte, dass er sich von seiner Frau nicht mehr verstanden fühlte und mit dem Gedanken spielte, sie zu verlassen, begann er den engen Kontakt zu seinem Sohn aufzubauen. Narzissten fühlen sich einsam und sind auf mindestens einen Menschen angewiesen, der sie bedingungslos liebt und zu ihnen aufblickt. Den Kampf um seinen Sohn sehe ich vor diesem Hintergrund. Wahrscheinlich glaubte er, seinem Sohn einen Gefallen zu erweisen. Schließlich wollte auch er Fußballprofi werden. Bewusst und hart kämpfte er gegen seine Frau. Als sein Sohn versagte, zeigte er seine andere Seite und verstieß ihn ebenso.

Tipps

- Jedes Kind ist ein eigenes Individuum. Zu den Grundrechten gehört die freie Persönlichkeitsentwicklung.
- Eltern sollen ein Kind begleiten. Ich wähle absichtlich das Wort „begleiten" und nicht „erziehen". Das Kind soll ja nicht zurechtgezogen werden.
- Kinder lieben, ihnen Grenzen setzen, sie ab einem gewissen Alter ihren eigenen Weg gehen lassen.
- Bei einem Liebensdienst am Kind stets überprüfen, ob sich die Eltern nicht selbst belohnt haben.
- Grenzen sind wichtig; ansonsten ist die Gefahr einer Suchtentwicklung groß.
- Niemals eigenen Berufswunsch oder Lebenstraum auf ein Kind projizieren.
- Bei einer Trennung soll das Kind beide Elternteile lieben dürfen, ohne einen Nachteil zu erleiden.

4.9 Hierarchieumkehr in der Familie – Verharmlosung in der Anfangsphase

Die Funktion einer gesunden Hierarchie sollten Kinder zu Hause lernen können. Wird ihnen diese Möglichkeit durch fehlende Strukturen im Elternhaus nicht geboten, ecken sie später in Schule, Beruf und Gesellschaft an. Hierarchie ist in jeder Gemeinschaft von Belang. Gerade Familien mit ADHS benötigen eine Strukturierung, die ihnen Leitlinien und Sicherheit vermittelt. Problematisch wird der Familienalltag, wenn Eltern nicht die ranghöchste Stellung einnehmen. Der Titel von Achim Schads Buch (2019): „Kinder brauchen mehr als Liebe – Klarheit, Grenzen, Konsequenzen", beinhaltet eine wichtige Botschaft. Kinder zu lieben, bedeutet sie auf ihrem Weg zu begleiten, sie zu fördern und bei Fehltritten ebenso in Schranken zu weisen. Der Autor beschreibt darin, wie Familiensysteme aus den Fugen geraten können durch fehlende Strukturen, doppelte Botschaften und Teufelskreise in der Kommunikation. Daraus bilden sich die charakteristischen, für die Familiendynamik schädlichen Problemmuster, welche die gesamte Familie belasten.

In einem gesunden Familiensystem besteht die Aufgabe der Eltern darin, ein Kind in den verschiedenen Entwicklungsphasen zu begleiten. Zu Beginn sind Säuglinge von Müttern und Vätern abhängig. Bereits im Kleinkinderalter ist auf Regeln zu achten, die von den Eltern vermittelt werden. Naturgemäß erlangen Kinder und Jugendliche mit zunehmender Reife mehr Freiheiten und Verpflichtungen. Spätestens in der Pubertät empfinden Kinder und Jugendliche, die Regeln der Erziehungsberechtigten als ungerecht und bemängeln, dass die Eltern über sie bestimmen würden. Dabei wird der Blickwinkel auf die größeren Freiheiten der Eltern gerichtet, jedoch nicht die zu tragende Verantwortung.

Keinem Elternteil gelingt es, die Regeln rigide einzuhalten. Als Mutter oder Vater wissen Sie aus Erfahrung, wie mühsam es sein kann, lebendige Kinder am Abend ins Bett zu bringen. Der ganze Tag war anstrengend, die Kinder stritten besonders oft. Sie mussten stets auf der Hut sein, kamen bei der Hausarbeit, die von Natur aus nicht Ihr Steckenpferd ist, nicht voran und haben am Abend das Gefühl, nichts erledigt zu haben. Die Nerven liegen blank, der Geduldsfaden scheint in Kürze zu reißen. Sie stehen in der Küche und versuchen für die Familie ein Abendmahl hinzuzaubern. Der 4-jährige Filius tobt am Boden, er wolle noch länger fernsehen. Der 8-jährige hält Ihnen eine Klausur mit schlechter Bewertung hin und verlangt eine Unterschrift. Der Jüngste hat seine Fernsehzeit bereits überschritten und dem Schüler ist bewusst, dass Sie Klausuren nicht zwischen Tür und Angel unterschreiben. Jetzt zählt nur noch eines: Ruhe bewahren; widerwillig erfüllen Sie die Forderungen ihres Nachwuchses. Ihre Reaktion ist nachvollziehbar und schadet der Erziehung nicht. Ihre Kinder wissen genau, wo die Grenzen liegen.

Sind Elternteile jedoch von Grund auf inkonsequent, was die Aufstellung und Einhaltung von Prinzipien betrifft, spürt der Nachwuchs diese Unsicherheit und fordert mehr Freiheit. Dieses Ungleichgewicht und die mangelnden Strukturen sind besonders in ADHS-Familien anzutreffen. Die hohe Rate an Vererblichkeit der ADHS trägt dazu bei, dass in einer Familie Mitglieder mehrerer Generationen tangiert sein können. Eltern mit einer nicht diagnostizierten ADHS mangelt es häufig an der Fähigkeit, Strukturen zu schaffen. In einem derartigen System sind die Kinder die „heimlichen Chefs" und untergraben die Autorität der Eltern. *Kinder und Jugendliche mit ADHS sind besonders stark auf Grundsätze angewiesen; ansonsten fühlen sie sich verloren.* Nachhaltige Folgen entstehen in Familien ohne Festlegung klarer Normen, bzw. fehlender Disziplin der Eltern. *Kinder können sich nicht an Normen orientieren.* Im Kleinkinderalter sind sie verunsichert; später entdecken sie die „Lücke im Zaun" und leben nach ihren eigenen Regeln. Diese Dynamik verstärkt sich und Eltern benötigen Unterstützung, damit das Familiengefüge nicht kippt und der Nachwuchs nicht zum *überforderten Tyrannen* wird. Die Umkehr der Hierarchie ist ansonsten vorprogrammiert. Eltern erkundigen sich in der Praxis, ob sie das Recht haben,

Wünsche und Forderungen ihrer Kinder zu verweigern. Ihre Argumentation: Kinder sollen die Gelegenheit bekommen, sich entwickeln zu können und die Grenzen auszutesten. Damit treffen sie den Nagel auf den Kopf: Heranwachsende sollen ihr Limit ausloten und Wünsche anbringen können. Die Aufgabe der Eltern besteht darin, die Verantwortung zu übernehmen und die getroffenen Entscheidungen ihrem Nachwuchs zu erklären. Ein Miteinander, bei dem der Leitfaden von den Eltern vorgegeben wird, ist gerade bei Kindern mit ADHS erforderlich, mangelt es ihnen oft an Selbststeuerung und Risikoabschätzung. *Eine gesunde und erfolgreiche Entwicklung kann nur in einem vorgegebenen Raum stattfinden.*

Im nächsten Beispiel wird eine Hierarchieumkehr dargestellt.

Fallbeispiel 22: Familie V.: Hierarchieumkehr und die Suchtentwicklung bei Martin als Folge

Familie V. wurde durch eine Sozialarbeiterin angemeldet. Die Polizei habe wegen häuslicher Gewalt „ausrücken“ müssen.

Vater Norbert machte einen bodenständigen Eindruck. Er war in sich versunken und verstand die Welt nicht mehr. Ihm gegenüber hatte die Mutter, Maria, Platz genommen; eine temperamentvolle Frau mit verhärmten Zügen im Gesicht. Zu meiner rechten Seite saß Martin wohlerzogen, mit erhobenem Haupte, am Tisch. Als ich mich nach dem Grund des Besuches erkundigte, antwortete erst Martin: „Meine Eltern sind über ihre eigenen Regeln gestolpert und nun beschweren sie sich, wenn ich mein Recht einfordere.“ Die Eltern blieben stumm, daher forderte ich Martin auf, fortzufahren. Er habe ADHS und Legasthenie. Seine Eltern hätten ihn bei den Hausaufgaben nicht unterstützt, ihm jedoch mehr Zeitguthaben für die Online-Medien versprochen, wenn er jeden Tag seine Hausaufgaben mache. Für jede Note über 5 sei dann noch mehr dazu gekommen. Vater Norbert unterbrach ihn: „Du weißt schon, dass du unsere Situation ausgenutzt hast. Du hast uns quasi erpresst. Hätten wir nicht eingewilligt, wäre der Tumult wegen der Hausaufgaben noch unerträglicher gewesen.“ „Ihr seid selbst schuld, wenn ihr keine bessere Lösung findet“, konterte Martin respektlos.

Maria outete sich als ADHS-Betroffene, Martin habe auch eine ADHS. Sie habe schon immer gespürt, dass er stärker sei als sie. Sie habe versucht Martin Grenzen zu setzen, die er nicht respektiert habe. Er sei oft zu spät nach Hause gekommen, habe gegamt, bevor er die Hausaufgaben erledigt habe, und sich im Schrank seines Bruders mit Kleidern bedient. Er habe die Regeln nicht eingehalten. Sie wisse, sie hätte auf deren Umsetzung beharren müssen; oft habe ihr die Kraft gefehlt. Ihr Mann habe abends lange gearbeitet. Ihn habe sie nicht auch noch belasten wollen. Philippe, Martins älterer Bruder, habe Martins Auftreten nie verstanden und seine Mutter oft nur ungläubig angeschaut. Es sei vorauszusehen gewesen, dass Martin mit seiner Einstellung in der Schule Probleme bekomme. Die Noten seien gesunken, sozial sei er angeeckt. „Wir wollten ihm nicht vorenthalten, in einem Chat mit seinen Kollegen zu spielen. Allerdings waren wir zu blauäugig. Unser Sohn machte uns stets vor, dass er sonst der Außenseiter sei und unbedingt noch eine Runde spielen müsse. Oft verlangte er auch Geld. Wir gerieten in einen Teufelskreis", schilderte der Vater.

„Vor dem Übertritt in die Oberstufe haben wir einen fatalen Fehler gemacht. Martin verfügt über das Potenzial für den Besuch des Gymnasiums. Durch seine Faulheit stand der Wechsel auf der Kippe. Martin begann mit uns zu verhandeln, ohne dass wir das Ausmaß abschätzen konnten. Sollte er den Übertritt ins Gymnasium schaffen, würde er mehr Entspannung benötigen und wir müssten großzügiger sein, was sein Zeitlimit beim Gamen betreffe. Wir gingen auf seine Forderung ein. Martin schaffte die Versetzung ins Gymnasium. Wir müssen im Nachhinein eingestehen, dass wir keinen angemessenen Einfluss auf sein Spielverhalten hatten. Beschwerten wir uns, weil er nur noch vor der Spielkonsole saß, argumentierte er stets: Er habe keine Schwierigkeiten in der Schule. Martin war faul und Minimalist. Er lernte gerade so viel, dass es für die nächste Versetzung reichen sollte. Unser Sohn warf uns vor, wir hätten im Leben nichts erreicht und er würde nicht so enden wollen wie wir. Er verletzt uns ständig mit Aussagen, wir würden die ganze Familie blamieren, weil wir keine ‚richtigen' Berufe erlernt hätten. Mein Mann ist in einer Fabrik angestellt, hat sich hochgearbeitet und ich erledige für ein Modegeschäft Näharbeiten zu Hause. Martin verhielt sich uns gegenüber respektlos. Anfangs sprachen wir mit ihm über seine verletzenden Worte. Als wir bemerkten, dass wir nichts bewirken konnten, gaben wir auf.

Da er uns stets beleidigend gegenübertrat, wenn es um seine virtuelle Spielzeit ging, gaben wir auf und hofften, dass er den Anforderungen der weiterführenden Schule gewachsen war. Das war leider ein Irrtum. Er versicherte uns stets, seine Noten seien gut; beim ersten Zeugnis realisierten wir, dass seine Versetzung provisorisch war.

Wir wurden zu diesem Zeitpunkt von den Lehrern zu einem Gespräch aufgefordert, um die weitere Zukunft unseres Sohnes zu besprechen. Alle waren derselben Meinung: würde sich Martin anstrengen, wäre die Versetzung kein Problem. Wir sprachen ebenso über die Möglichkeit, eine Lehre zu absolvie-

ren. Für Martin keine Option. Bei einigen Lehrern war Martin aufgrund seiner Wissensgier und des Charmes beliebt. Seine Klassenlehrerin sprach uns jedoch darauf an, dass er im Unterricht oft gegen die Regeln verstoße wegen seines Handygebrauchs. Wir begannen von unseren Sorgen zu erzählen. Anfangs versuchte Martin, uns zu verbieten mit Lehrern zu sprechen. Anschließend bagatellisierte er alles. Die Lehrerin spürte den Widerstand und gab uns die Adresse der Suchtberatung mit der Empfehlung, uns dort zu melden. Ich erkannte Martin nach diesem Gespräch nicht wieder. Er beschimpfte uns, war derart beleidigend, dass wir es kaum fassen konnten. Wir suchten die Suchtberatung auf; Martin begleitete uns zwei Mal, da es eine Auflage der Schule war. In der Suchtberatung willigte er ein, sich um eine Lehrstelle als Informatiker zu kümmern. Sobald das Thema auf seinen Spielkonsum gelenkt wurde, brach er ab.
Zu Hause erlebten wir die Hölle. Er machte keine Anstalten, sich eine Lehrstelle zu suchen. Er spielte nun noch öfters, schwänzte ebenso den Unterricht. Sein Aggressionspotenzial nahm täglich zu. Die Vereinbarung, er müsse den Computer unter der Woche spätestens um 23.00 h abgeben, hielt er nicht ein. Es kam zu heftigen Streitigkeiten, bei denen er auch handgreiflich wurde. Die Nachbarn mussten sogar einmal die Polizei rufen. Wir mussten erkennen, dass Martin das Oberhaupt der Familie war, und wandten uns an die Familienberatung. Auf diese Weise wurde eine Sozialbearbeiterin hinzugezogen“, beendete der Vater seine Schilderungen. „Nun sind wir bei Ihnen und hoffen, dass Sie uns helfen können.“
In einem derart fortgeschrittenen Stadium des pathologischen Spielens ist nur noch ein Entzug und anschließend eine Entwöhnung hilfreich. Die Quote der Abhängigen von den virtuellen Medien ist bei Menschen mit ADHS am höchsten. Therapieplätze sind rar. Martin wurde wütend, als ich ihm erklärte, dass wir sein Problem nicht ambulant lösen konnten. Er drohte von zu Hause abzuhauen und verließ wütend den Raum. Die Eltern waren vom Entzug überzeugt; selbst wenn die Angst vor Martins Reaktion noch zu spüren war. Martin hatte inzwischen einen Beistand aufgrund seiner aggressiven Ausbrüche zu Hause. Mit dem Beistand war das Prozedere ebenso abgesprochen. Ich erklärte Martin in weiteren Gesprächen die Notwendigkeit dieses Aufenthaltes. Seine Wut war noch spürbar, er wehrte sich nicht mehr dagegen. Dank guter Kontakte zu der Klinik konnte er 3 Wochen später eintreten. Martin musste lernen, sich unterzuordnen, Regeln einzuhalten. Er verbrachte mehr als 6 Monate in der Klinik. In dieser Zeit unterstütze ich die Eltern. Sie lernten Leitlinien aufzustellen, die auch eingehalten werden mussten. Ein „Nein“ von seinen Eltern hatte Martin zu akzeptieren.

Kommt es in einer Familie zu einer derart starken Hierarchieumkehr, empfiehlt es sich nicht, den Jugendlichen nach der Klinik wieder zu Hause aufzunehmen. Martin fand ein Zimmer in einer betreuten WG und beginnt im Herbst seine Lehre als Informatiker. Sein Verhältnis zu seinen Eltern muss er neu definieren. Durch die Überwindung seiner Sucht und die Regeln in der WG hat Martin sich stark verändert. Er schämt sich für sein dreistes Verhalten seinen Eltern gegenüber, ist sich jedoch auch darüber bewusst, wie es so weit kommen konnte.

Resümee Familie V.:

Eltern:

- Martins Mutter ist wie ihr Sohn von einer ADHS betroffen.
- Martin verfügt über einen erheblich längeren Atem als seine Mutter und nutzte diese Fähigkeit bereits als Kleinkind aus.
- Der Vater war vielbeschäftigt und die Mutter wollte ihn abends nicht noch mit Erziehungsproblemen belästigen.
- Die Mutter schämte sich, weil sie nicht die Kraft hatte, die Regeln bereits im Kleinkindalter durchzusetzen.
- Anstatt auf diesen zu beharren, gab sie oft nach.
- Sie bezog ihren Mann erst ein, als es um die Online-Sucht ging.
- Den Eltern war wichtig, dass Martin eine gute Ausbildung genießen konnte.
- Als es zur Eskalation kam, Martin die Eltern nur noch beschimpfte, gewalttätig wurde und auch die Schule schwänzte, wurde das Sozialamt eingeschaltet und Martin bekam einen Beistand.
- Die Eltern erkannten die zerstörerische Familiendynamik und holten sich Hilfe.
- Während Martin in einer Klinik war, lernten sie, Regeln aufzustellen und konsequent zu sein.
- Es war ihnen bewusst, dass er anschließend an den Klinikaufenthalt eine Wohnmöglichkeit außerhalb des Zuhauses suchen musste.

Martin:

- Martin kann gut verhandeln und hatte bereits in der Primarschule Oberhand über seine Mutter.
- Er verdrängte seine ungenügenden Noten und kompensierte seine Unzufriedenheit im Spiel. Seine Flucht wurde zu seiner Sucht.
- Es gelang ihm, seine Online-Sucht zu verharmlosen.

- Als die Wahrheit hinsichtlich seines Leistungstandes ans Licht kam, eskalierte die Situation. Martin wurde übergriffig, die ganze Familie litt massiv.
- In der langen Zeit des Entzugs und der Therapie lernte Martin in einem normalen Maß zu seinen Bedürfnissen zu stehen, aber auch sich unterzuordnen.
- Bei Jugendlichen, welche die Eltern dominieren, kommt der Eindruck auf, sie würden die Macht genießen. Vordergründig mag dies so sein; sie sind jedoch stets überfordert, wünschen sich jemanden, der sie in die Schranken weist.
- Die Therapie fruchtete. Nun Martin muss seinen Platz in der Familie finden.

Tipps

- Wenn Sie bemerken, dass Ihr Kind „stärker" ist als Sie und Sie die Regeln nicht durchsetzen können, diskutieren Sie die Situation mit dem Partner.
- Einbezug einer Fachstelle bei Unsicherheit, ohne Schamgefühle zu entwickeln.
- Kommt es zu einer Erpressung durch einen Jugendlichen, niemals darauf eingehen, selbst wenn mit Liebesentzug gedroht wird.
- Sobald der Nachwuchs Oberhand gewonnen hat, gibt es zwei Verlierer. Sie als Eltern werden gedemütigt, Jugendliche fühlen sich verloren, weil ihnen Grenzen fehlen.
- Diskussionen mit Kindern und Jugendlichen bezüglicher ihrer Vorstellungen und Wünsche sind wichtig. Machen Sie jedoch Ihren Standpunkt klar.

4.10 Parentifizierung – Kindern müssen die Verantwortung für die Eltern übernehmen

Unter *Parentifizierung versteht man ebenso eine Rollenumkehr zwischen Eltern und Kindern.* Dabei übernehmen die Kinder den Part der Eltern, der sie überfordert. Diese Umkehr geschieht nicht bewusst, der Nachwuchs sucht sich die „Elternrolle" nicht aus, sondern übernimmt automatisch lebenswichtige „Aufgaben" im familiären System, wenn Eltern sie nicht erfüllen können. Parentifizierungen werden v.a. in Familien mit einem kranken Elternteil vorgefunden. Dabei wird die Verantwortung an die Kinder delegiert und Eltern nehmen die Kinderrolle ein, d.h., sie regredieren.

In Familien mit ADHS-betroffenen Eltern trifft man diese Rollenumkehr vermehrt an. Mütter und Väter, welche sich ihrer Defizite nur teilweise bzw.

nicht bewusst sind, bemerken die Mehrbelastung der Jugendlichen anfangs nicht.

Die Auswirkungen der Überforderung von Kindern und Jugendlichen begleiten sie oft bis ins Erwachsenenalter. Ihnen wird die unbeschwerte Kindheit gestohlen. Sie können sich nicht erlauben, spontan, sorglos ihre Freizeit mit ihren Freunden zu genießen, sondern stehen meist unter Spannung und üben Achtsamkeit, damit sie ihre „Aufgaben" erfüllen können. Die Überbelastung kann viele Folgen nach sich ziehen, die sich im Erwachsenenalter noch auswirken können, wie bspw. Versagensängste, Verhaltensauffälligkeiten, somatische Beschwerden etc.

Im folgenden Fallbeispiel wird aufgezeigt, wie Fabienne aufgrund der zu hohen Arbeitsbelastung Krankheitssymptome entwickelt.

Fallbeispiel 23: Fabienne H. wird krank durch Übernahme elterlicher Pflichten

Fabienne wurde durch den Kinderarzt angemeldet. Sie zeigte starke somatische Beschwerden und wies viele Fehlstunden in der Schule auf, obwohl sie die Schule gerne besuchte. Zum Erstgespräch erschien die 14-jährige Fabienne mit ihrer Mutter, Frau H. Fabienne war blass und wirkte erschöpft. Frau H. sprach sehr schnell, machte Gedankensprünge und gestikulierte wie wild, sodass ich Mühe hatte, dem Gespräch zu folgen. Sie war in Aufregung und Sorge. Frau H. liebte ihre Tochter, konnte nicht verstehen, dass sie krank sein sollte. „Fabienne isst zu wenig, daher ist ihr dauernd schlecht. Ich hätte auch Bauchschmerzen und Durchfall, wenn ich nichts essen würde. Nicht mal Süßigkeiten kann sie zu sich nehmen. Ich verstehe das nicht, essen kann man doch immer." Ich erkundigte mich bei der Mutter, ob sie annehme, ihre Tochter verweigere die Nahrung. Frau H. wurde nachdenklicher: „Mmh, das habe ich mir auch schon überlegt, das glaube ich jedoch nicht, denn unsere Fabienne ist derart pflichtbewusst. Ich bin einfach wütend auf den Kinderarzt. Er könnte ihr doch ein Medikament verschreiben und dann wäre sie von diesen Beschwerden befreit." Nun meldete sich Fabienne: „Mama, bitte nicht schon wieder diese Geschichte, Herr B. hat es doch schon mit vielen Präparaten versucht. Sie helfen einfach nichts." Fabienne war sehr traurig. Die Tränen kullern ihr die Wangen herunter. „Ich möchte doch so gerne wieder zur Schule gehen." „Dann mach es doch!", forderte Frau H. ihre Tochter lautstark auf. Im Nachhinein erschrak sie selbst über ihre Aussage. Für die Tochter schienen derart emotionale Ausbrüche nichts Ungewöhnliches zu sein.

Ich bot Fabienne drei Tage später einen Termin an. Sie war erleichtert und auch sehr offen im Gespräch. Fabienne hatte jedoch ebenso keinen Anhaltspunkt, was ihre Beschwerden verursachen könnte. Ich fragte sie, ob sie befürchte, in der Schule nicht mehr mitzukommen, wenn sie fehle. Sie verneinte und äußerte: „Viel schlimmer ist, dass zu Hause alles drunter und drüber geht." Ich horchte auf und erkundigte mich, was sie damit ausdrücken wolle. Sie komme nicht mehr zum Aufräumen, in der Küche und im Bad sehe es ekelhaft aus. „Alles stapelt sich und ich sehe nicht mehr über den Berg hinaus." Ich fragte sie, ob ihr Vater im Haushalt nicht mehr übernehmen könne.

„Ich habe einen herzensguten Vater, er ist aber nach seiner Arbeit stets so müde, dass er meist einschläft. Leider räumt er auch nicht auf und das Chaos wird größer." Fabienne hielt sich die Ohren zu. „Ich halte das nicht mehr aus." Das verstand ich sehr gut. Daher erkundigte ich mich, ob ihre Mutter auch arbeite und wie die Verteilung im Haushalt sei. Fabienne antwortete, ihre Mutter sei morgens zu Hause und „arbeite" im Haushalt. „Sie kann jedoch keine Ordnung schaffen. Nach ihren Aufräumaktionen gibt es immer Chaos. Nach der Schule muss ich erst mal aufräumen, ich halte es sonst nicht aus. Mit den Hausaufgaben kann ich erst beginnen, wenn es einigermaßen ordentlich aussieht. Vorher kann ich mich nicht konzentrieren. Ich kann auch keine Schulkameraden mit nach Hause nehmen, denn ich schäme mich für die chaotische Wohnung." Ich erkundigte mich bei ihr, ob sie mit ihrer Mutter darüber gesprochen habe. Sie antwortete verzweifelt, das sei ja das Problem. Weder der Vater noch die Mutter würden ihre Ansicht teilen; sie fänden die Wohnung so in Ordnung. In letzter Zeit komme es immer öfters vor, dass sie auch noch die Termine ihrer Eltern planen müsse, weil ihre Eltern vergesslich seien. Das sei ihnen jedoch peinlich. „Meine Mutter hat in letzter Zeit mehr Stress im Büro und vergisst auch öfters einzukaufen. Damit wir etwas im Magen haben, gehe ich noch kurz in den Supermarkt. Obwohl meine Mutter eine begnadete Köchin ist, kann sie das Essen nicht rechtzeitig zubereiten. Vereinbart ist, dass die Familie um 18.30 h isst. Meine Mutter hat meist Verspätung. Manchmal habe ich großen Hunger. Es geschieht auch öfters, dass ihr etwas anbrennt. Für mich ist dies ein Riesenstress. Ich liebe meine Eltern, sie sind gute Eltern, ich möchte alles richtig machen, schaffe es aber nicht." Ich hakte nach, seit wann sie unter diesen Essstörungen leide. Fabienne musste nachdenken. „Die Symptome begannen nach einer Grippe vor einem Monat. Ich konnte nicht mehr aufräumen, als ich krank war. Beim Anblick des verschimmelten Geschirrs in der Küche musste ich mich übergeben. Seither kann ich nichts mehr essen." Kleinlaut berichtete sie, Albträume würden sie heimsuchen, in denen sie Maden sehe, die aus dem Küchenschrank kriechen würden. Fabienne hatte ein schlechtes Gewissen, weil sie mir das erzählt hatte. „Ich will nicht petzen, denn meine Eltern sind herzensgut und es ist meine Aufgabe sie zu unterstützen. Ich bin sehr wütend auf mich und traurig, weil ich meine Aufgabe nicht erfüllen kann."

Ich machte ihr klar, dass die Haushaltsführung nicht ihre Aufgabe sei und sie sich damit übernehme. Fabienne schaute mich mit großen Augen an: „In einer Familie sollte doch jeder für den anderen da sein". Ich pflichtete ihr bei, dass eine Familie zusammenhalten sollte, versuchte ihr jedoch gleichzeitig zu vermitteln, welche Aufgaben und Pflichten in der Familie generell von Eltern und Kindern übernommen werden sollten. Ich wies sie erneut darauf hin, dass sie in den Bereichen des Haushaltes und der Organisation Aufgaben übernehmen müsste, mit denen sie sich überforderte. Darauf war ihre Erschöpfung zurückzuführen.

Fabienne konnte diese Differenzierung nicht verstehen. Dies war verständlich nach dieser langen Zeit der Parentifizierung. Sie erkannte jedoch, dass sie das jetzige Chaos nicht mehr in den Griff bekam und die Familie vorübergehend Hilfe in Anspruch nehmen musste. Da Fabienne ein sehr cleveres Mädchen ist und den Zusammenhang zwischen ihrer Übelkeit und der Unordnung in der Küche herstellen konnte, war sie froh über die organisierte Haushaltsentlastung.

Zur nächsten Sitzung lud ich die Eltern ein. Ohne Kritik auszuüben, konfrontierte ich sie mit den Fakten. Erst reagierten sie kaum. Dann gestand Frau H., dass ihre abnehmende Leistungsfähigkeit sie belaste. Ich äußerte meinen Verdacht, dass sie unter einer ADHS leiden könnte und diese hirnphysiologisch bedingte Störung gut therapierbar sei. Ich war erstaunt über die rasche Einwilligung in die Abklärung. Der Leidensdruck der Mutter musste groß sein. Die Diagnose war positiv; sie bekam Medikamente und ließ sich coachen. Gleichzeitig wurde die Wohnung aufgeräumt und geputzt. Fabienne ging es besser und sie konnte wieder essen.

In der nächsten Konsultation erwähnte der Vater, er habe auch Schwierigkeiten, die sich auf andere Art und Weise äußerten: Er verlege wichtige Dinge, vergesse die Zahlungen und verliere vieles. Wenn er ehrlich sei, habe er in der Firma bereits eine Abmahnung erhalten. Er mache sich Sorgen. Ich klärte ihn auf, dass eine ADHS auch diese Symptome beinhalten könne. Herr H. meinte, er sei aber viel ruhiger als seine Frau. Auch das konnte durchaus zutreffen. Herr H. ließ sich daraufhin auf ADHS abklären und hat nun die Gewissheit, dass er ebenso betroffen ist. Er nimmt Medikamente ein und setzt sich in einer Therapie mit der ADHS und der familiären Situation auseinander.

Fabienne kommt regelmäßig zu mir in die Therapie. Sie lernt auch im Dialog mit Gleichaltrigen erkennen, welche Aufgaben Eltern üblicherweise übernehmen. Dadurch legt sie sukzessive ihre Schuldgefühle ab und kann sich wieder mehr der Schule und neuerdings auch sozialen Kontakten widmen. Sie hatte Glück im Unglück. Ohne die Entwicklung somatischer Symptome hätte sie womöglich diese schädliche Familiendynamik im Erwachsenenalter übernommen und Folgeerscheinungen davongetragen.

Resümee Familie H.:

Ehepaar H.:

- Frau H. litt unter ihrer abnehmenden Leistungsfähigkeit. Sie sprach aus Scham mit niemandem darüber.
- Herr H. hatte Probleme in der Firma, von denen die Familie nichts wusste. Auch er erzählte von seinen Schwierigkeiten aus denselben Beweggründen zu Hause nichts. Herr H. gab die Hoffnung nicht auf, dass sich alles verbessern würde, wenn er sich genügend anstrengte.
- Gleichzeitig fürchtete Herr H., seinen Job zu verlieren. Das raubte ihm noch mehr Kraft. Dies war der Grund, weshalb er einschlief, kaum war er zu Hause angekommen.
- Die Eheleute liebten sich, hatten jedoch nie gelernt, sich über Gefühle und Probleme zu unterhalten.
- Da beide eine unentdeckte ADHS hatten, waren ihre Ansichten, was Verlässlichkeit, Struktur und Ordnung betrifft, ähnlich. Sie sahen in der Familie keinen Handlungsbedarf, bis Fabienne erkrankte.
- Beide lernen nun mit fachlicher Hilfe mit der ADHS zu leben und ihr Leben zu verändern. Sie eignen sich eine Gesprächskultur an, in die sie auch Fabienne einbeziehen. Es gelingt ihnen zunehmend besser, die Elternrolle auszufüllen und Fabienne zu entlasten.

Fabienne:

- Als Teenager schämte sich Fabienne für die Unordnung in der Wohnung und begann die Pflichten der Mutter zu übernehmen. Für Fabienne war es selbstverständlich, dass eine Familie zusammenhielt.
- Die Belastung nahm zu; ihr Vater wurde vergesslicher und Fabienne kam an ihre Grenzen. Sie entwickelte gegenüber sich selbst Aggressionen und Schuldgefühle, wenn die Zeit nicht reichte, um sämtlichen Aufgaben nachzukommen.

- Ihre Kräfte nahmen nach einer Grippe ab. Sie entwickelte eine vorübergehende Essstörung.
- Fabienne hatte Glück im Unglück. Durch das Auftreten der Symptome wurde die Familiendynamik genauer betrachtet und die für alle Beteiligten schädliche Familienmuster aufgedeckt.
- Fabienne lernte in der Therapie, die Schuldgefühle gegenüber ihren Eltern abzulegen.
- Sie kann heute ihr Leben als Jugendliche ohne zu große Lasten genießen.

Tipps

- Fühlen Sie sich bei der Arbeit oder im Haushalt überfordert, sprechen Sie mit ihrem Partner und einem Arzt.
- Nehmen Sie Hilfe in Anspruch.
- Kinder sollten ihre Aufgaben haben (bspw. Zimmer aufräumen), dürfen jedoch nicht überfordert werden.
- Der eigentliche Job der Kinder/Jugendlichen ist die Schule/Ausbildung.
- Kinder benötigen ebenso ihren Freiraum.

4.11 Verdrängung von Loyalitätskonflikten in der Kindheit und Verschiebung auf die eigene Partnerschaft

Loyalitätskonflikte setzt man bei Kindern und Jugendlichen mit Trennung oder Scheidung der Eltern in Verbindung. Sie stellen für den Nachwuchs einen starken Stressfaktor dar. Befinden sie sich in einem Loyalitätskonflikt, können sie verhaltensauffällig werden, Aggressionen, depressive Verstimmungen sowie Schlafstörungen und Konzentrationsschwächen entwickeln.

„*Loyalitätskonflikte entstehen bei Kindern, wenn das eigene Liebes-Gefühl beziehungsweise die Verbindung zu einem Elternteil vom anderen Elternteil nicht getragen und akzeptiert wird. Wenn Kindern die Freiheit fehlt, auch den abgelehnten Elternteil lieben zu dürfen, geraten sie in ein Dilemma, unter dem sie in jedem Fall leiden*“, berichtet Staub (2014).

Was geschieht in einer Familie, wenn intern Loyalität gefordert wird? Dieser Prozess kann schleichend beginnen und durch verschiedenste Formen der Einflussnahme seinen Lauf nehmen. Kennzeichnend ist der Faktor, dass Kinder und Jugendliche durch Signale eines Elternteils das Gefühl bekommen, dieser benötige Unterstützung. Die Ursachen sind vielfältig: Ein Elternteil wird als mächtiger eingestuft; Schutzmechanismen, wenn Mutter oder Vater von Natur aus benachteiligt sind (Krankheit, Arbeitslosigkeit, schwierige Kindheit etc.); häufige „Abwesenheit“ eines Elternteiles führt zur unbewussten Identifizierung mit Mutter oder Vater. Bereits durch Streitigkeiten, die zu verhärteten Fronten bei den Eltern führen, werden Loyalitätskonflikte gefördert. Kinder entwickeln in einem derartigen Umfeld oft das Gefühl, einen Elternteil stärken zu müssen.

Eltern können viel dazu beitragen, Loyalitätskonflikte auch in schwierigen Situationen zu vermeiden. Dazu sollten die Eltern ihrem Kind ausdrücklich erlauben, den anderen Elternteil zu lieben und ihm seine Liebe auch offen zeigen zu können. Gleichzeitig sollten sie dem Nachwuchs vermitteln, dass es völlig in Ordnung ist, wenn er dem anderen Elternteil gegenüber anders empfindet als die Mutter oder der Vater selbst. Solange sich das Kind darauf verlassen kann, dass beide Elternteile ein gutes „Team als Eltern“ bilden, fühlen sie sich sicher und sind in der Lage Spannungen zwischen den Eltern zu ertragen.

Folgen von Loyalitätskonflikten in der Kindheit können tiefgründig und vielseitig sein und sich unbewusst auf das weitere Bindungs- und Beziehungsverhalten auswirken. Damit verbunden sind stets Schuld- und Schamgefühle, wie wir im nächsten Fallbeispiel miterleben werden.

Fallbeispiel 24: Familie H. und S.: Übertragung von Loyalitätskonflikten aus der Kindheit von Herrn H. auf das familiäre System und die Folgen

Frau S. bat um einen Termin für die ganze Familie. Diese bestand aus ihrem Lebenspartner Herrn H. und den gemeinsamen Söhnen Christoph, 13 Jahre, und Damian, 11 Jahre. Im Vordergrund des Gespräches stand die Alkoholproblematik ihres Mannes. Es hagelte Vorwürfe vonseiten seiner Lebenspartnerin. Die Söhne doppelten nach. Es war spürbar, dass es den beiden Söhnen nicht wohl war in ihrer Haut. Sie befanden sich in einem Loyalitätskonflikt, hielten jedoch zu ihrer Mutter. Frau S. bemängelte, dass ihr Mann ein Quartalssäufer sei, unzuverlässig und zu wenig Aufgaben im Haushalt übernehme. Sie warnte ihn mit den Worten: „Solltest du deinen Job verlieren, bin ich nicht gewillt, dich durchzufüttern.“ Das erste Mal in diesem Gespräch zeigte Herr H. eine deutliche Reaktion und fragte sie, ob sie wisse, wie absurd ihre Aussage sei. Er erledige seinen Job zuverlässig, sei für den Lebensunterhalt der Familie zuständig und deshalb auch weniger zu Hause. Frau S. hörte ihm nicht richtig zu und warf ihm vor, im Haushalt zu wenig Aufgaben zu übernehmen. Herr H. schüttelte den Kopf. Es trat eine Stille ein. Ich forderte Herrn H. auf, zu den Vorwürfen Stellung zu beziehen. Er meinte ironisch, wenn seine „bessere Hälfte" dies sage, müsse es seine Richtigkeit haben. Ich war irritiert, denn ich schätzte Herrn H. als einen Mann ein, der offen seine Meinung sagte.

An dieser Stelle brach ich die Konsultation ab. Als Erstes wollte ich mit Herrn H. ein Gespräch führen und v.a. die Kinder aus der Schusslinie nehmen.

Herr H. war einverstanden. Die Terminfindung war schwierig, da er geschäftlich viel unterwegs war, auch während mehrerer Tage.

Offensichtlich war schon beim ersten Mal, dass Herr H. Mühe hatte stillzusitzen und innerlich angespannt war. Außerdem lag anscheinend eine Sucht vor. Damian hatte seinem Vater in der ersten Sitzung vorgeworfen: „Wenn du mal zu Hause bist, greifst du zu deiner geliebten Whiskeyflasche und Mama und wir müssen darunter leiden." Seine Frau hatte in der Erstkonsultationen Schwierigkeiten im Job angesprochen.

Daher konfrontierte ich Herrn H. mit den Andeutungen seiner Frau. Er sah keine Probleme auf ihn zukommen: „Das ist halb so schlimm. Ich erledige meinen Job als Captain sehr gut, komme jedoch auf den letzten Drücker in das Terminal." Nach einer Weile fuhr er fort: „Ich weiß, es ist nicht optimal, ich hatte auch schon ein Gespräch mit meinem Vorgesetzten. Ich bemühe mich wirklich, denn es bedeutet auch für mich Stress."

Als ich ihn auf die Vorwürfe bezüglich der Sucht ansprach, überlegte er lange: „Ich bin sicherlich nicht süchtig im herkömmlichen Sinn. Wie Sie sicherlich wissen, herrscht bei uns eine 0,0-Toleranz, die ich problemlos einhalten kann. Übernachte ich im Ausland, denke ich nicht mal an den Alkohol. Komme ich nach Hause, v.a. nach längeren Aufenthalten, kommt es manchmal zum Eklat. Ich freue mich einerseits meine Familie zu sehen, andererseits habe ich auch Respekt, nein, manchmal richtig Angst vor den Vorwürfen meiner Frau. Es dreht sich stets darum, dass ich zu lange weggewesen sei, sie nicht unterstützt hätte und natürlich spielt die Eifersucht auch eine große Rolle. Meist gelingt es mir einige Zeit, mich abzulenken; die Freude, unsere Jungs wieder zu sehen, ist jeweils riesig. Abends, wenn meine Frau und ich allein sind und ich mit Vorhaltungen überhäuft werde, halte ich es manchmal nicht mehr aus und greife zum Alkohol. Ein solcher Abend kann verhängnisvoll enden, wenn ich Whiskey trinke. Es fehlt mir das ‚Stopp-Signal' in solchen Momenten. Ich kann mir das nicht erklären, bin ich doch sonst ein vernünftiger Mensch. Der Whiskey hat die Kontrolle über mich und nicht umgekehrt. Das ist übel. Die Jungs haben mich in einem solchen Zustand aufgrund des Geschreis ihrer Mutter, welche sie aufweckte, auch schon erlebt. Am nächsten Tag würde ich am liebsten in Grund und Boden versinken."

Mein Verdacht, Herr H. könnte unter einer ADHS leiden, verstärkte sich. Ich fragte ihn, ob er zu einer Abklärung bereit wäre. Herr H. war sofort einverstanden. Die Diagnose war positiv und einige seiner Symptome verbesserten sich rasch durch eine Therapie. Seine Alkoholexzesse waren viel weniger geworden. Ab und zu verlor er noch die Kontrolle über seinen Konsum. In der Gesprächstherapie verlor er lange keine Kritik gegenüber seiner Partnerin. Er nahm sie teilweise noch in Schutz. Es war mir ein Rätsel, weshalb er ihr nicht widersprach und all ihre Anforderungen erfüllte, ohne Anerkennung zu erhalten. Zu diesem Thema äußerte er sich immer sehr vage: „Ich bin eben ein guter Mensch. Das gehört sich so." Das Rätsel löste sich erst, als er von seiner Jugendzeit erzählte. Er sei ein schwieriges Kind gewesen. Seine Eltern seien immer zu ihm gestanden und er verdanke ihnen viel. Als ich ihn fragte, ob sein Verhalten auch Konsequenzen nach sich gezogen habe, hielt er schützend die Hand über seine Eltern. Er erzählte von wenigen Situationen, in denen sein Vater am Ende seines Lateins gewesen sei und ihn mit dem Gürtel geschlagen habe. Seine Mutter habe ihn im Hühnerstall eingesperrt, wenn sie nicht weitergewusst habe. An diesen Strafmaßnahmen seiner Eltern fand er nichts Außergewöhnliches. Er habe es seinem Verhalten zuzuschreiben und verspüre heute noch Schuldgefühle, wenn er daran denke, wie schwierig die Situation für seine Eltern gewesen sei.

Für Herrn H. war die Loyalität seinen Eltern gegenüber und ihre Akzeptanz unantastbar. Diese Erfahrungen prägten sein Beziehungsverhalten mit seiner Partnerin.

Er übertrug dieses in der Kindheit erworbene Prinzip der Schuldgefühle auf die Beziehung zu seiner Lebenspartnerin. Durch die Erfahrungen im Kindes- und Jugendalter verspürte er im sozialen Kontext, v.a. wenn es sich um den innersten Kreis, seine Familie handelte, starke Insuffizienzgefühle. Sie entwickelten sich aus der Haltung, die zurückzuführen war auf seine Kindheit, er habe viel mehr von seinen Eltern „bekommen", als er zurückgeben konnte. Dieses Prinzip der „Schuld" übertrug er unbewusst auf seine Beziehung. Es musste erst etwas Schwerwiegendes geschehen, bis er das Geben und Nehmen in der Beziehung zu seiner Frau im richtigen Verhältnis sehen und sich von seinen Schuldgefühlen lösen konnte.

Nach etwa 1,5 Jahren kam er verstört in eine Sitzung. Er erzählte mir, sein bester Freund habe gesehen, wie seine Frau fremdgegangen sei. Er war völlig außer sich. Einerseits schenkte er seinem Freund Glauben, andererseits konnte er nicht fassen, dass seine Frau imstande war, ihn zu betrügen. Für ihn brach eine Welt zusammen. Erst wollte er es nicht wahrhaben, dann kam die Phase, in der er sich immer wieder fragte, weshalb dies geschehen sei. Nach einem Monat begehrte er auf. Seine Wutgefühle, die jahrzehntelang in ihm geschlummert hatten, kamen wieder zum Vorschein. Er verließ innerhalb von 3 Tagen die Wohnung und zog zu einem Freund. Von diesem Moment an wollte er nichts mehr mit seiner damaligen Partnerin zu tun haben. Innerlich dauerte der Verarbeitungsprozess lange. Unerträglich war für ihn der Umstand, dass sowohl Christoph wie auch Damian den Kontakt zu ihm verweigerten. Daran zerbrach er anfangs beinahe. Er verstand die Lage seiner Söhne: Auch sie wurden von den neuesten Ereignissen überrascht. Der Vater verließ die Familie und seine Ex-Frau würde wahrscheinlich kein gutes Haar an ihm lassen. Außerdem hatten sie das Thema Alkohol nicht vergessen. Herr H. hatte keinerlei Schwierigkeiten mehr wegen des Alkohols, nachdem er den Schlussstrich unter seine Beziehung zu Frau S. gezogen hatte. Er schrieb beiden Kindern eine Mail, in der er ihnen versicherte, ihnen Zeit zu lassen. Gleichzeitig äußerte er seinen Wunsch, sie zu treffen, weil er sie vermisse und liebe.

Für mich war es nicht unerwartet, dass er keine Antwort erhielt. Frau S. wirkte meines Erachtens negativ auf die Kinder ein.

In der nächsten Sitzung überlegten wir zusammen, wie er sein Ziel erreichen könnte. Ich erzählte ihm auch von meinen Vermutungen, dass seine ehemalige Frau die Kinder manipulierte. Nach einer Pause platzte Herr H. mit einer Idee heraus: „Natürlich, das Geld." Ich sah ihn mit großen Augen an. „Ich bezahle für die Jungs großzügigen Unterhalt, was völlig in Ordnung ist. Meine Ex-Frau ist auf Materielles fixiert. Dies erweist sich nun als Vorteil. Ich kündige ihr an, den Unterhalt auf das gesetzlich bestimmte Minimum zu kürzen, falls sie mir die Kinder weiterhin vorenthält."

Sein Plan ging auf. Beim nächsten Osterbrunch seiner Mutter, zu der seine Kinder immer ein gutes Verhältnis gehabt hatten, trafen sich die drei zum ersten Mal nach einigen Monaten wieder. Es war eine Erlösung für alle, wie mir Herr H. erfreut erzählte. Er sei sich nun wieder zu 100 % sicher, dass ihn seine Kinder auch vermisst hätten. Inzwischen hatte er eine Wohnung gefunden, welche die Jugendlichen mit dem Fahrrad erreichen konnten. Es begann ein neuer Lebensabschnitt für Vater und Söhne. Sie besuchten ihn oft. Nach kurzer Zeit meinte Damian: „Es wäre auch schön, mal bei dir zu übernachten." Herr H. blühte auf. Mit Frau S. einigte er sich folgendermaßen: Hatte er keinen Dienst, konnten die Kinder beim Vater leben, wann immer ihnen danach war. Die Voraussetzung: Er bezahlte weiterhin Unterhalt für die Kinder.

Sie werden sich nun sicherlich fragen, ob einer der Söhne auch von ADHS betroffen ist aufgrund der hohen hereditären Vulnerabilität und des Geschlechts. Bei Damian traten in der Oberstufe starke Konzentrationsschwierigkeiten auf. Eine Abklärung war positiv. Ich freute mich, Damian näher kennenzulernen. Er war ein junger Mann mit einem hohen Intelligenzpotenzial, ausgeprägter Sensibilität und einem großen Bedürfnis nach Nähe. Daher hatte er den Wunsch geäußert, bei seinem Vater übernachten zu dürfen. In den Gesprächen zeigte sich auch, dass er unter den Versuchen seiner Mutter, den Vater schlecht dastehen zu lassen, sehr gelitten hatte. Er war damals hilflos. Die Beziehung zwischen Vater und Damian ist heute sehr eng.

Aus der Lebensgeschichte von Frau S. ist mir nicht viel bekannt. Offensichtlich ist ihre Veranlagung, vom Gegenüber sehr viel zu verlangen, ohne den Einsatz zu würdigen. Ebenso mangelte es ihr an Offenheit und Transparenz, was ihre Befindlichkeit und Unzufriedenheit betrafen. Andernfalls wäre sie ehrlich gewesen zu ihrem Mann und hätte ihm anvertraut, dass sie sich verliebt habe. Sie scheint auch eine Frau mit mangelndem Selbstvertrauen zu sein, ansonsten hätte sie die Kinder nicht zu einer Parteinahme angestiftet.

Die Eskalation in der Ehe öffnete Herrn H. die Augen. Es wurde ihm klar, dass er seiner Frau nichts schuldig war; im Gegenteil, es gelang ihm die Realität bezüglich Geben und Nehmen in der Beziehung zu erkennen und akzeptieren. Dadurch gelang es ihm auch, die Schuldgefühle gegenüber seinen Eltern ablegen zu können. Mit 45 Jahren begriff er zum ersten Mal, dass er niemandem etwas schuldete, und konnte sein Leben frei von Schuld- und Schamgefühlen in Angriff nehmen.

Nachdem Herr H. am eigenen Leib erfahren hatte, wie schnell man auch unbewusst in Loyalitätskonflikte mit den Eltern kommen konnte, diskutierte er die Thematik mit seinen Kindern. Er ermutigte sie, zu ihren Gefühlen zu stehen, und vermittelte ihnen, dass es für ihn wünschenswert sei, wenn sie die Gefühle ihrer Mutter gegenüber zeigen und leben würden. Sein Schicksal sollte sich nicht wiederholen.

Wie viel Energie frei wird, wenn sich ein Mensch von diesen Schuld- und Schamgefühlen lösen kann, beweist Herr H. eindrücklich.

Resümee Familie H. und S.:

- Bei Herrn H. wurde in der Kindheit seine ADHS nicht erkannt. Dadurch erlitt er viele Nachteile.
- Die Konsequenzen schob er seiner Insuffizienz zu und wagte nicht, die Reaktionen seiner Eltern (harte Strafen) anzuzweifeln.

- Seine ausgeprägten sozialen Minderwertigkeitskomplexe begleiteten ihn in der Partnerschaft mit Frau S. Die Dynamik der Scham- und Schuldgefühle lief weiterhin in der Beziehung ab.
- Frau S. war eine von sich überzeugte Frau; sie forderte von ihrem Partner zu viel, ohne zu registrieren, was er leistete. In der Beziehung zu Herrn H. hatte sie keine wohlwollende Haltung, sondern übte stets Kritik aus.
- In der Familie war sie dominant und manipulierte ihre Kinder dahingehend, dass Herr H. ein schlechter Vater sei.
- Sie instrumentalisierte ihre beiden Söhne bei der von ihr ausgegangenen Trennung.

Herr H.:

- ADHS wurde als Kind nicht erkannt. Dadurch kam die gesamte Negativspirale ins Rollen. Die Eltern waren überfordert mit seinem Verhalten.
- Er gab sich selbst die Schuld für seine Verfehlungen, im Bewusstsein, nicht richtig handeln zu können. Strafen, die zum Teil hart ausfielen, zweifelte er nicht an. Er liebte seine Eltern und war wie jedes Kind von ihnen abhängig. Dadurch Entwicklung starker Insuffizienz-, Schuld- und Schamgefühle gegenüber seinen Eltern.
- Durch seine berufliche Karriere gewann er Sicherheit und konnte Selbstvertrauen in diesem Bereich aufbauen. Er fand auch dort seinen Halt.
- In der Beziehung zu seiner Frau kam das alte unbewusste Muster der Schuld- und Schamgefühle wieder zu Tage. Er nahm alle Kritik an, konnte sich nicht wehren und es kam zu Alkoholexzessen.
- Seine beiden Kinder Christoph und Damian liebte er innig. Trotzdem war eine „Barriere" zwischen Vater und Kindern vorhanden, da der Vater oft tagelang im Ausland war und die Mutter die Kinder negativ beeinflusste.
- Erst nach dem Fremdgehen seiner Frau und der darauffolgenden Erkenntnis, dass die Schuldgefühle ihr und zu einem späteren Zeitpunkt auch seinen Eltern gegenüber ungerechtfertigt waren, wurde sehr viel Energie frei und er konnte sein eigenes Leben führen
- In seiner eigenen Wohnung konnte er einen Neubeginn mit seinen Kindern starten. Alle drei verstehen sich heute gut. Mit Damian, der auch von ADHS betroffen ist, verbindet ihn das Verständnis von Stärken und Schwächen der ADHS.
- Von seiner Ex-Frau wandte er sich ab. Durch die Forderung nach Fairness den Kindern gegenüber und seinem finanziellen Vorteil hinsichtlich des Unterhalts, gelang es ihm, die Unterdrückung von Frau S. aufzuheben.

Frau S.:

- Aus ihrer Lebensgeschichte ist nicht viel bekannt. Ersichtlich sind folgende Eigenschaften: Streben nach finanzieller Absicherung, ungerechtfertigte Forderungen, Schuldzuweisungen, ohne die eigene Situation zu reflektieren, egoistische Züge. Im Hintergrund steht wahrscheinlich das Gefühl der Überforderung. Ebenso kann von einer Insuffizienz ihres Selbstvertrauens ausgegangen werden.
- Bei der Alkoholproblematik konnte sie ihren Mann nicht unterstützen, sondern entwickelte eine Abwehrhaltung.
- Weg des geringsten Widerstandes: Neuer Partner, ohne sich Herrn H. anzuvertrauen.
- Kinder wurden von ihr instrumentalisiert. Durch Manipulation versuchte sie die Kinder von Herrn H. fernzuhalten.

Anhand dieses Fallbeispiels wird ersichtlich, wie unbewusst Schuldgefühle aus dem primären System übernommen werden können. Herr H. konnte seine Eltern nicht kritisieren, sondern gab sich die Schuld für die massiven Strafen. Damals konnte er in seinem Familiensystem nur auf diese Weise überleben. Er traf dementsprechend auf eine Lebenspartnerin, welche diese Eigenschaft für ihre Zwecke zu nutzen wusste.

Tipps

- Die Trennung von einem Elternteil stellt für Kinder eine gewaltige Belastung dar.
- Die Kinder sollten die Gewissheit haben, dass Vater und Mutter als Eltern ein „Team“ bilden.
- Liebe von beiden Elternteilen zu bekommen ist ein wichtiger Bestandteil im Leben von Kindern.
- Ebenso müssen sie auch beide Elternteile lieben können, ohne Nachteile eines Elternteils zu spüren.
- Eltern müssen zwischen der Ebene der Ehe und der Kinder differenzieren können.
- Die Schwierigkeiten des zerstrittenen Ehepaars dürfen nicht zu den Problemen der Kinder werden.
- Erwachsene dürfen ihre mit dem ehemaligen Partner verbundene Verletzungen niemals mit den Kindern besprechen. Dies stellt eine Überforderung für die Kinder dar.

Schlussbemerkung

Liebe Leser, der Kreis hat sich geschlossen. Wir schauten in Fallbeispiel 3 hinter die Kulissen von Nadjas schwierigem Lebensweg, ausgelöst durch *eine nicht diagnostizierte ADHS* und den durch die Mutter geschürten *Loyalitätskonflikt.*

In Fallbeispiel 24 erlebten wir erneut, wie häufig Loyalitätskonflikte auftreten. Bei Herrn H. wurde in der Kindheit die ADHS ebenso nicht festgestellt. Aufgrund der mangelnden Fähigkeiten und Leistungen entwickelte er einen unbewussten Loyalitätskonflikt gegenüber seinen Eltern. Sein mangelndes Selbstbewusstsein sowie die Schuldgefühle übertrug er auf seine Partnerschaft und Familie. Die Loyalität von Herrn H. war grenzenlos, sodass er eine *Folgeerkrankung* erlitt. Nach der Behandlung der ADHS konnte er sich von den Manipulationen seiner Partnerin lösen, seinen wahren Selbstwert erkennen und mit seinen Söhnen in einen von Freiheit gekennzeichneten zweiten Lebensabschnitt starten.

Falsch verstandene Loyalität, Gefühle des Versagens, der Minderwertigkeit, der Schuld anderen gegenüber, verursacht durch wiederholte Verletzungen, Diskriminierungen und Demütigungen *bei nicht diagnostizierter ADHS*, führen, wie Sie miterleben konnten, zu *Krankheitssymptomen.*

Für Fabienne war es ebenso selbstverständlich über ihre Grenzen bis zur Entwicklung von Krankheitssymptomen *„Pflichten" zu erfüllen,* die nicht in ihren Kompetenzbereich fielen. Sie erledigte neben der Schule sämtliche Hausarbeiten und organisierte Termine für ihre Eltern. Erst als Fabienne krank wurde, fiel die ADHS ihrer Eltern auf. Sie konnten den elterlichen Aufgaben nicht nach kommen und es trat eine *Parentifizierung (Rollentausch)* auf (vgl. Fallbeispiel 23).

Frau T. konnte die zusätzliche Arbeit bei Ausfall ihres Vorgesetzten nicht ablehnen. *Sie wollte ihre Fähigkeiten unter Beweis stellen.* Eine Delegation der zusätzlichen Belastung stand für sie außer Frage. Dadurch setzte sie ihre Gesundheit auf Spiel (vgl. Fallbeispiel 20).

Weshalb steht die Loyalität derart im Vordergrund bei ADHS-Betroffenen? Die Familientherapeuten Boszormenyi-Nagy und Spark (2020) postulieren, dass sich jedes Mitglied einer Familie in einer Schuld befindet, bekommt es von einem Angehörigen aus dem Familienkreis eine Unterstützung, ohne etwas zurückgeben zu können. Dies wird als *Loyalität* betrachtet. Loyalität nimmt im Leben von ADHS-Betroffenen ein derartiges Gewicht ein, weil sie unter einem *schlechten Selbstbewusstsein* leiden, das Gefühl haben, *anderen zur Last zu fallen,* und daher Nahestehenden jeden möglichen Gefallen erweisen. *Das Wohl der anderen steht im Vordergrund*, wie es ihnen meist bereits in der Kindheit beigebracht wurde. Auf diese Weise können sie ihre unberechtigten Schuld- und Schamgefühle mindern.

Auffallend sind die Komplexität der Schwierigkeiten, der hohe Leidensdruck und das häufig gestellte Ultimatum von Partnern oder Firmenchefs, sich Hilfe zu suchen. Die Erwachsenen in den Fallbeispielen lebten schon seit der Kindheit mit Defiziten, verursacht durch ADHS, die jedoch nicht erkannt wurde. Meist bildete sich bereits in der Kindheit und Jugendzeit ein Schutzmechanismus, damit sie den ungerechtfertigten Vorhaltungen und Bestrafungen von Eltern und Lehrern standhalten konnten. Sie verdrängten die Sanktionen. Im Erwachsenenalter haben sie keinen Zugang mehr zum Ursprung der Verletzungen. Folglich leiden sie unter Schuld- und Schamgefühlen, wenn sie in der Firma, der Partnerschaft oder der Familie „versagen". Sie sind der Meinung, niemand könne ihnen helfen, und resignieren. Dabei sind unbewusste Schuldgefühle nicht zu unterschätzen; sie schleichen sich in verschiedenen Situationen der Beteiligten in ihr Leben. Folgen sind die Fragen nach der Daseinsberechtigung und die Entstehung von Komorbiditäten.

Wie wir in Fallbeispiel 5 beobachten konnten, war das Selbstbewusstsein von Clemens und seiner Mutter Birgit derart gering, dass Mutter und Sohn sich das Leben zur Hölle machten und den anderen für ihre jeweiligen Krankheitssymptome verantwortlich machten. *In Wirklichkeit waren beide davon überzeugt, in der Schuld des anderen zu stehen.*

Reizoffene Menschen ohne Diagnose tragen meist *einen Kampf mit sich selbst aus.*

Durch den Mangel oder die Unausgewogenheit der neurophysiologischen Stoffe (Dopamin und Noradrenalin) bleibt die Motivation für die Erledigung lebensnotwendiger unerfreulicher Tätigkeiten aus. Die *Prokrastination (das Hinausschieben)* dieser Aufgaben und das Verstecken des Unerledigten bringen Betroffene in Schwierigkeiten, wie wir beim Paar Herrn M. und Frau S. miterleben konnten (vgl. Fallbeispiel 12).

Die erfolgreiche Integration in das Arbeitsleben stellt eine weitere Herausforderung dar. Herrn T. war seine Überforderung in der Firma bewusst. Daher leistete er erhebliche Mehrarbeit und bemühte sich, den geschäftlichen Anforderungen zu genügen. Durch die *Verleugnung* einer Einladung seiner Freundin in ein Konzert kam er in Bedrängnis. Er war überzeugt, nichts von dieser Ankündigung mitbekommen zu haben; seine Freundin war zutiefst beleidigt und sicher, er würde sie nicht mehr lieben. Herr T. holte sich erst Hilfe, als er in der Firma abgemahnt wurde und seine Freundin drohte, ihn zu verlassen. Bei Herrn T. lagen eine massive Reizüberflutung und eine auditive Wahrnehmungsschwäche vor. Auch er fand Verständnis nach der Diagnosestellung der ADHS und konnte seine Verdrängung auflösen (vgl. Fallbeispiel 14).

Bei Herrn Roth traten weitergehende neuropsychologische Einschrankungen auf. Er war ein sehr beliebter Mitarbeiter. Seine hohe Reizüberflutung, mangelnde Decodierung und verzerrte Wahrnehmung führten zu hohen Fehlerquoten und folglich zu Abmahnungen, die er nicht als solche einstufte bzw. verdrängte. Als sein befreundeter Chef ihm nach einigen Jahren kündigen musste, war er am Boden zerstört. In der Therapie lernte Herr Roth auch negative Nachrichten ernst zu nehmen und nicht zu bagatellisieren bzw. zu verdrängen (vgl. Fallbeispiel 16).

Wie sich ein Mensch im Alltag fühlt, der unter Reizüberflutung verschiedener Sinnesorgane leidet, wird im Fallbeispiel 15 aufgezeigt. Bisher hatte Patrizia ihre Symptome still ertragen und sich nach Feierabend zu Hause verkrochen. Bei der Hochzeit ihrer besten Freundin brach sie unter den vielen Reizen zusammen. Ein Glück für sie; auf diese Weise konnte ihre ADHS diagnostiziert werden.

Treten *Partner und Kinder in das Leben von Menschen mit ADHS*, wird die Lage komplexer. Erfahrungen aus der Kindheit werden reaktiviert. Herr F. konnte sich die Ohrfeige, die er seinem Kind verpasste, nicht verzeihen. Lou erinnerte ihn mit seiner Hyperaktivität und seinen impulsiven Ausbrüchen an sein eigenes Verhalten in diesem Alter. Bisher hatte er die Erinnerungen verdrängen können. *Nun bröckelten seine Verdrängungsmechanismen.* Seine Verlustangst trat wieder hervor und er konnte sein Trauma in der Therapie auflösen (vgl. Fallbeispiel 2).

Frau B. (Fallbeispiel 19) suchte mich aus eigener Initiative auf. Sie war in größter Aufruhr. Bisher hatte sie noch keine länger andauernde Partnerschaft führen können. Nun hatte sie einen Mann lieben gelernt. Ihre *Abwehr der Projektion* hatte sie nicht erkannt und musste aufgelöst werden. Voraussetzung, dass sie zuließ von einem Partner geliebt zu werden, war die Tatsache, dass sie *sich selbst akzeptieren* konnte.

Finden zwei Menschen mit ADHS zueinander, ergeben sich *meist Konflikte* in den Bereichen der überdimensionalen Verletzlichkeit. *Eskalierende Gespräche* sind zentral (vgl. Fallbeispiel 6).

Beschließt ein Paar *eine ernsthafte Verbindung einzugehen*, fällt die Lockerheit der ersten Phase meist weg. Ohne offen über die Ängste zu sprechen, einem neuen Partner Vertrauen schenken zu können, findet oft ein Tauziehen zwischen den beiden statt. Keiner von beiden möchte fremdbestimmt werden, daher auch der Wunsch die Führung in der Beziehung zu übernehmen. Bei Raphaela und Silvan arteten die Streitigkeiten aus. Nur durch die Diagnostizierung der ADHS und eine Therapie konnten sie lernen, Vertrauen aufzubauen (vgl. Fallbeispiel 7).

Gesprächskultur und Voraussicht sind bei der Gründung einer Familie meist defizitär. Bei aller Liebe zum Kind, werden Regeln, Überforderung, von denen die meisten Eltern ein Lied singen könnten, nicht mit dem Partner besprochen. Familie W. kam mit der Erziehung von Roman mit dieser Methode an die Grenzen. Die sich bildenden Symptome ihres Sohnes waren ein Hilfeschrei, den die Eltern ernst nahmen. Sie selbst erlebten eine Kindheit unter schlechten Vorzeichen und wollten, dass es Roman besser erging. Im Laufe der Behandlung lernten sie die Verdrängungen aus ihrer Kindheit aufzuheben und darüber zu sprechen. Sie fühlten sich folglich nicht mehr als Versager (vgl. Fallbeispiel 10).

Kommunikationsschwierigkeiten sind bei ADHS häufig. Am bekanntesten ist die *Logorrhö*, das assoziative Denken und Sprechen, ohne Luft zu holen. Anhand des Fallbeispiels 11 erlebten Sie einen derartigen überwältigenden Monolog anhand des Jugendlichen Ronaldo. Ronaldo muss noch lernen, strukturiert zu denken, ansonsten wird er in Schule, Beruf und auch bei Freunden Schwierigkeiten haben.

Problematisch wird es, wenn in einer Familie Eltern von der ADHS betroffen sind und *ihrem Nachwuchs zu wenig Leitlinien bieten können*. Kinder übernehmen dadurch die Funktion der Eltern. Es handelt sich dabei um eine *Hierarchieumkehr*. Wird sie wie bei Martin und seiner Familie zu spät erkannt, können Folgeerscheinungen (Sucht) auftreten (vgl. Fallbeispiel 22).

Kompensationsmechanismen wie bei Frau C. (Fallbeispiel 18) oder Herrn M. (Fallbeispiel 1) können den Druck kurzfristig vermindern, die Ursache jedoch nicht beheben. Sie haben Suchtcharakter, wofür Menschen mit ADHS wegen ihres Dopaminmangels anfällig sind. Auch hier gilt es hinter die Kulissen zu schauen.

Gefangen in ihrer Welt sind Kinder, wenn *Erwachsene sie aus Gründen des mangelnden Selbstwertgefühls manipulieren und instrumentalisieren*. Findet gar eine *Identifikation* oder Fremdbestimmung des Kindes statt, kann der Verdrängungsmechanismus nur schwer aufgehoben werden. Herr T. stellte seinem Sohn alle Annehmlichkeiten zur Verfügung, damit er seinen Lebenstraum erfüllt: Fußballstar zu werden. Anfangs ahnte Silvio nichts Böses und genoss die Vorzüge. Sein Vater stärkte ihm den Rücken. Endlich hatte er erreicht, was er schon immer angestrebt hatte: die Aufmerksamkeit seines Vaters. Der Plan von Herrn T. ging nicht auf. Sein Sohn konsumierte Drogen und wurde vom Verein freigestellt. Herr T. ließ Silvio fallen wie eine heiße Kartoffel. Daraufhin stürzte Silvio in der Drogenszene ab (vgl. Fallbeispiel 21).

Dazugehören, akzeptiert werden ist ein wichtiges Ziel bei Betroffenen. Herr H. (Fallbeispiel 9) schildert, wie er in keiner Peergruppe aufgenommen wurde. Voller Scham versteckte er seine Erfahrungen vor seinen Eltern und litt bis zur Auflösung seiner Verdrängung unter Insuffizienzgefühlen.

Eine mehr oder weniger belastete Kindheit erlebten alle Betroffenen und nicht Diagnostizierten. Eltern, Lehrer, Mitschüler können für das Unverständnis nicht verurteilt werden. Am wenigsten verantwortlich gemacht werden können jedoch die Betroffenen selbst. Sie suchen die Schuld bei sich; denn ihnen unterlaufen Flüchtigkeitsfehler, sie werden im Beruf deswegen abgemahnt. In der Partnerschaft versagen sie ihrer Meinung nach. Die Entwicklung von Schuld-, Scham-, Insuffizienz-, Versagens-, und Verlustgefühlen scheint eine logische Folge zu sein.

Der erste wichtige Schritt in Krisensituationen ist die Diagnosestellung der ADHS, die Beschäftigung mit deren Auswirkungen und die Akzeptanz der Diagnose. Erst dann können in einer weiteren Phase die Verletzungen, Schuld-, Schamgefühle, Ängste, die zu Verdrängungsmechanismen geführt haben, aufgelöst werden und damit die Grundlage für ein befreites Leben geschaffen werden.

In Fallbeispiel 13 begegnen wir anhand der Handlungsweise von Reto F. *positiven Eigenschaften von Menschen mit ADHS.* Im Beruf ist er kreativ, unkonventionell, humorvoll, offen und versteht die zu betreuenden Kinder. Sein Problem mit dem Zeitmanagement führte ihn zu mir. Nach der Diagnose der ADHS und einigen Therapiestunden vertraute er seinem Instinkt, der ihm sagte, es sei noch eine zweite Baustelle vorhanden. Tatsächlich deckte er auf, weshalb er in seiner Beziehung nicht glücklich war.

Die Hartnäckigkeit von Reto F. und vieler Menschen mit ADHS, die von ihrer Diagnose bisher nichts wussten, macht Mut. Viele von ihnen haben einen derart starken Leidensdruck, dass sie gezwungen sind, sich in Behandlung zu begeben. *Ihr Wille, die mentale Stärke, die Unterstützung und das Verständnis der Umgebung sind die besten Indikatoren dafür, dass sie sich von den Altlasten befreien können.*

Liebe Leser, ich hoffe, Sie haben einen Einblick erhalten, wie sich die nicht diagnostizierte ADHS im Erwachsenenalter in einem System (Beruf, Partnerschaft und Familie) auswirken kann. Die primäre Symptomatik zu erkennen, fällt schwieriger zu diesem Zeitpunkt, da sich aufgrund des langanhaltenden Leidensdruck bereits Abwehrmechanismen entwickelt haben. Sollten Sie durch die Lektüre Parallelen zu Ihrer Situation oder derjenigen eines Nahestehenden erkannt haben, kann ich Sie nur dazu ermutigen, kompetente Hilfe aufzusuchen.

Ausblick

Liebe Leser, die Reise unter die Spitze des Eisberges ist an dieser Stelle zu Ende. Sie konnten unterschiedliche Schicksale von ADHS-Betroffenen verfolgen, die meist erst als Erwachsene in der Therapie bearbeitet wurden.

In unserer Gesellschaft nimmt die Reizüberflutung durch den Druck wirtschaftlicher und sozialer Forderungen auf den Einzelnen zu. Eine weitere Ursache für diese Belastung stammt aus der allgemeinen Digitalisierung. Diese Innovation mag in gewissen Bereichen und in angemessenem Maße ihre Berechtigung haben. Wie steht es im Umgang mit der virtuellen Welt in den sozialen Medien, der Gamelandschaft und der sich häufig entwickelnden Sucht? Gerade Menschen mit ADHS sind wegen ihrer erschwerten Steuerung und des Mangels an Dopamin prädestiniert für diese Entwicklung. Wie wirkt sich die Überflutung mit Informationen auf Menschen allgemein aus? Bereits heute beobachten wir den zunehmenden Stress durch den übermäßigen Konsum mit steigender Tendenz. Die Reizüberflutung wird in unserem Zeitalter stärkere Auswirkungen haben. Wir dürfen nie vergessen, dass wir den Konsum zumindest ein Stück weit steuern können. Menschen mit ADHS sollten der Konfrontation mit nicht notwendigen Reizen aus dem Weg gehen; ihr Naturell sucht jedoch stets neue Inputs, Ideen, die Eigenschaften wie Kreativität, Begeisterungsfähigkeit und Fantasie fördern. Diese Merkmale machen die erfrischende Art von Menschen mit ADHS aus. Bisher konnten Sie mitverfolgen, wie oft die Reizüberflutung massive Probleme bei ADHS-Betroffenen verursachte. In der Praxis erlebe ich jedoch ebenso, wie sich die Reizüberflutung bei Jugendlichen und Erwachsenen durch Strategien und Medikation in eine *Reizberieselung* verwandeln kann. Derartige Verläufe sind sehr erfreulich.

Es ist mir ein großes *Anliegen, das Verständnis der Menschen mit und ohne ADHS zu fördern.* Wie Sie im folgenden Fallbeispiel erleben dürfen, ergänzen sich die beiden Gruppen. *Es braucht von beiden Seiten die Toleranz, Menschen mit anderen Talenten und Bedürfnissen kennenzulernen, zu akzeptieren und zu tolerieren.* Wie Sie sehen werden, muss ich gewisse Reaktionen von Menschen mit ADHS im privaten Bereich manchmal auch erst einordnen. Es lohnt sich! Ich hoffe, durch die Lektüre dieses Buches und des abschließenden Fallbeispiels werden Sie Betroffenen mehr Verständnis entgegenbringen können, ihre bereichernden Fähigkeiten in den Vordergrund stellen und eine höhere Toleranzgrenze erreichen.

Vielen Dank im Namen von Menschen mit ADHS!

Fallbeispiel 25: Saskia und ihre Überraschungen

Ich schlug meiner Freundin Saskia vor, einen Tagesausflug in die Berge zu unternehmen. Sie war sofort mit von der Partie und ich wurde von der Fülle ihrer Ideen überflutet: „Hey, so eine coole Idee. Es wird viel schöner, wenn wir zwei Tage wegfahren. Übernachten können wir in einer Berghütte. Ich kenne eine im Tessin." Eigentlich wollte ich bei dieser Hitze nicht ins Tessin fahren, aber was soll's. Saskia war von ihrer Idee derart begeistert und befand sich in ihrer Fantasie bereits auf der Reise. Sie schilderte mir fantastische Eindrücke der Landschaft inkl. Bauernfamilie mit „Übernachtungshütte". Ohne mich zu Wort kommen zu lassen, flossen ihre weiteren Inspirationen ein: „Dann lass uns aber auch Mirco mitnehmen, der wurde gerade von seiner Freundin verlassen und ist sicherlich froh über Abwechslung. Aus einem ursprünglichen Tagesausflug zu zweit in die Berge, entstand auf diese Weise innerhalb von ein paar Minuten eine Reise mit Übernachtung zu dritt in einem Tessiner Dorf. Ich kannte Saskia und war gespannt auf ihre weiteren Visionen. Die Überraschungen meiner Freundin waren meist originell. Organisieren braucht man mit Saskia nicht viel. Wir verabredeten uns um 7.00 h auf dem Parkplatz. Wie gewohnt stand ich allein da, denn Saskia war keine Freundin von Pünktlichkeit. Eine halbe Stunde später starteten wir voller Vorfreude, Proviant war an Bord. Saskia hatte darauf bestanden einzukaufen. Sie fuhr zügig und teilte mir mit: „Oh, das habe ich dir noch gar nicht erzählt. Mirco kommt nicht mit. Es begleiten uns zwei andere Kollegen von mir." Das war einer der Momente, in dem ich mich fragte, wie viele Überraschungen noch auf mich zukommen würden. Viel Zeit zum Nachdenken blieb mir nicht. Saskia war in Fahrt und fuhr lebhaft fort: „Mit Lukas und Paolo habe ich in einer sozialpädagogischen Wohngruppe für Kinder mit ADHS gearbeitet. Es war eine ‚krasse' Zeit. Besonders mit Paolo verstand ich mich sehr gut. Er ist ein kreativer Chaot. Seine Power möchte ich haben. Wir verstanden uns ohne Worte; Paolo ist auch ein ADHSler. Lukas war manchmal unsere Rettung. Wenn wir zu überdreht waren, konnten wir stets auf ihn zählen. Er war der Fels in der Brandung." Nun war meine Neugierde geweckt. Zuerst lernte ich Paolo kennen. Er ist ein sympathischer, humorvoller junger Mann. Ich musste mir das Lachen verkneifen, als ich seine Sandalen bemerkte. Damit hatte er kein sonderlich geeignetes Schuhwerk gewählt für den Ausflug. Ich war gespannt, wie er damit wandern wollte, gleichzeitig war ich mir aber sicher, dass ihm spontan eine Lösung einfallen würde. Das hatte ich von Saskia gelernt, sie kam nie in Verlegenheit. Paolo und Saskia hatten sich viel zu erzählen, während ich mich entspannte. Ich konnte dem Gespräch nicht folgen; sie hüpften von einem Thema zum nächsten. Von Saskia war ich es gewohnt, dass sie bei einem neuen Impuls das Thema wechselte. Dies gehört ebenso zur ADHS und wird „assoziatives Denken" (vgl. Fallbeispiel 11) genannt. Lukas stieß als Letzter zu uns. Er war ein ruhiger, entspannter Mensch. Er schmunzelte öfters, wenn er den beiden zuhörte.

Wir näherten uns dem Ziel. Saskia bat Paolo, sie zu lotsen. Paolo war in ein Gespräch mit Lukas verwickelt und antwortete nicht. Mir war bewusst, dass dies nicht absichtlich geschah. Ein erneuter Aufruf scheiterte. Saskias Nervosität stieg an. Lukas forderte Paolo auf, Saskia zu antworten. Paolo war mit seiner Erzählung nicht fertig und fuhr fort, als hätte Paolo ihn nicht angesprochen. Er befand sich in der Logorrhö (vgl. Fallbeispiel 11). Lukas berührte daraufhin Paolo an den Schultern: „Kamerad, du kannst nachher weitererzählen, erst braucht Saskia deine Hilfe." Paolo erwachte aus seiner „Welt", orientierte sich flüchtig und erklärte Saskia den Weg. Danach redete er wieder auf Lukas ein. Nach einer Viertelstunde erschreckte uns Saskia mit ihrem lauten, unerwarteten: „Nein, stopp! Wir sind falsch!" Forsch fuhr sie Paolo an: „Streng dich an, Paolo, deine Geschichte kennen wir alle zur Genüge. Halt nun deinen Mund und mache dich nützlich." Gespannt wartete ich auf Paolos Reaktion. Für Saskia und Paolo schienen derartige emotionale Gespräche üblich zu sein.

Nun kam Nervosität auf. Weder Paolo noch Saskia konnten sich an den Standort der Übernachtungsgelegenheit erinnern. Beide schoben sich gegenseitig den Ball zu. Ich hielt mich absichtlich zurück. Lukas beschwichtigte die beiden und forderte sie auf, Ruhe zu bewahren. Sein Einfluss wirkte sich positiv aus. Saskia hielt den Wagen an. Zusammen mit Paolo studierte sie, angelehnt an das Auto, die Karte. Die beiden zeichneten den Weg ein. Saskia übergab anschließend Lukas die Karte und bat ihn um Navigation. Dabei handelte sie instinktiv richtig. Denn Paolo schlief nach ein paar Minuten ein.

An unserem Ziel wurden wir herzlich empfangen. Die nette Gastgeberin verstand sich bestens mit Saskia und zeigte uns die Alphütte. Sie war zauberhaft, ausgestattet mit 2 Matratzen. Lukas und ich schauten uns verdutzt an. Die Wirtin bemerkte unseren Blick und bot uns weitere Schlafmöglichkeiten an. Saskia und Paolo machten sich nach der Ankunft ziemlich rasch aus dem Staub. Lukas und ich hatten es uns gemütlich gemacht. Wir waren hungrig. Für den Einkauf war Saskia zuständig. Nach gefühlten Stunden kam Saskia zurück. Lukas und ich waren dabei, ein Feuer zu entfachen. „Wir haben eine viel bessere Idee, die Bauersfrau hat uns zum Abendessen eingeladen; wir verbrachten einen lustigen Nachmittag." War ich ehrlich, verletzte es mich, dass die beiden uns vergessen hatten. Mir war jedoch bewusst, dass es neben den erfrischenden Seiten der ADHS ebenso unerfreulichere gab, die ich ebenso lernen musste zu akzeptieren. Lukas schmunzelte, er kannte Saskia anscheinend gut. Der Abend war unterhaltsam und entspannt. Wir saßen unter einer Pergola und wurden verwöhnt mit regionalen Köstlichkeiten. Es gesellten sich spontan immer mehr Menschen zu uns. Ein unvergesslicher Abend. Wir bedankten uns herzlich bei der Gastgeberin. Ihr Lächeln war ebenso innig und sie meinte, es sei eine schöne Abwechslung, Gäste bei sich zu haben. Fürs Frühstück gab sie uns noch ein selbstgebackenes Brot mit. Bevor wir ins Bett fielen, erkundigte ich mich bei meiner Freundin, ob wir den Proviant kühlen sollten. Sie meinte lachend, den Einkauf habe sie vergessen, es gäbe aber immer eine Lösung. Ich schmunzelte: Saskia und ihre Alternativen.

Am nächsten Morgen wurde ich durch den Duft von Kaffee geweckt. Verschlafen sah ich, wie Lukas den Tisch deckte. Als ich Saskia aufwecken wollte, hielt er mich davon ab: „Lass die beiden. Paolo und Saskia werden keine Lust haben zu wandern. Nach dem gestrigen Abend mit viel Alkohol werden sie noch ein paar Stunden schlafen wollen." Lukas schien mit den Vorzügen und Nachteilen der beiden bestens vertraut zu sein. Vorsorglich hatte er Lebensmittel mitgebracht. Dadurch kam ich in den Genuss eines köstlichen Frühstücks. Anschließend brachen wir zum Entdecken der Landschaft auf. Lukas war ein angenehmer Begleiter. Wir kamen ins Gespräch und er erzählte mir aus der gemeinsamen Zeit, welche sie als Team zusammen in der Institution erlebt hatten. Lukas gestand, dass es für ihn anfangs schwierig gewesen sei mit den beiden im Team. Er habe sie beide von Anfang an gemocht; habe ihren Gesprächen nicht folgen können und ihren Humor nicht verstanden. Er habe sich jedoch stets auf die beiden verlassen können und auch ihre positiven Seiten schätzen gelernt.

Am meisten habe er ihren großartigen Umgang mit schwierigen Kindern bewundert. „Sie fanden stets den richtigen Ton; brachten Verständnis auf, achteten auf die Strukturen und boten ihnen dadurch Sicherheit. Ich konnte in diesem Bereich viel von ihnen lernen. Heute ist mir bewusst, dass sie Konstanz benötigen. Kinder mit ADHS kommen aufgrund ihrer vieler Reize oft mit neuartigen Vorschlägen. Es ist unsere Aufgabe, ihre Ideen ernst zu nehmen und zu prüfen. Sonst fühlen sie sich als minderwertig. Genauso wichtig, sind die Leitlinien, die wir ihnen bieten müssen. Ansonsten können sie vom Weg abkommen." Nachdenklich und schweigend setzten wir unsere Wanderung fort. Lukas Fazit aus dieser Zeit: „Wir haben derart viele schöne Erlebnisse gehabt, die nicht möglich gewesen wären ohne die Begeisterungsfähigkeit, Spontaneität, Kreativität und das Vertrauen, welches die Kinder und Jugendlichen uns entgegenbrachten. Die meisten der Bewohner mit andersartigen Bedürfnissen wurden von den Eltern, Lehrern und anderen Erziehungspersonen in ihrem Wesen nur bedingt verstanden. Bevor sie zu uns kamen, erlebten sie durch die Überforderung von Nahestehenden viele Verletzungen und Strafen in ihrem jungen Leben... Am eindrücklichsten empfand ich immer die Chance, die sie uns gaben, wenn sie zu uns kamen. Es dauerte meist nicht lange, bis sie uns vertrauten. Sie spürten, dass unsere Gefühle echt waren und gerade Saskia und Paolo sie am besten verstehen konnten. Die beiden machten nie ein Geheimnis aus ihrer eigenen Diagnose und zeigten den Jugendlichen auf, welche Strategien erfolgreich waren, um mit der ADHS umzugehen." Ich wurde nachdenklich, denn aus dieser Perspektive hatte ich Saskia noch nie betrachtet. Nach einer gewissen Zeit erkundigte ich mich bei Lukas, welche Funktion er in diesem Team innehatte. „Ich mag Jugendliche. Bei meinem Bruder musste ich mitansehen, wie er in die Drogen einstieg, weil bei ihm niemand die richtige Diagnose gestellt hatte. Es war jedoch kein Helfersyndrom, das mich bewegte, diesen Studiengang zu wählen und in der Institution zu arbeiten. Wenn du wissen möchtest, was unseren Erfolg als Dreier-Team ausmachte: Es ist die Ergänzung zwischen uns dreien. Wenn Saskia und Paolo zu fest vom Boden abhoben, bremste ich sie. Ebenso warf ich stets noch einen Blick auf die Administration. Selbst, wenn sich Saskia und Paolo nie beklagen würden; auch sie haben einen Leidensdruck wegen ihrer hohen Reizberieselung. Aber die beiden sind Kämpfer und akzeptieren ihre ADHS mit den positiven wie den negativen Seiten." Den Rest des Weges schwiegen wir.

Ich hatte auf diesem Ausflug viel gelernt über meine FreundIn und die ADHS. Bei der Ankunft in der Berghütte konnte ich mir das Schmunzeln nicht verkneifen. Saskia und Paolo lachten und alberten herum wie Kinder. Paolo hatte tatsächlich keine Wanderschuhe gebraucht.

Als ich mich von Saskia verabschiedete, bedankte ich mich für dieses unvergessliche Wochenende mit den vielen Überraschungen.

Abends setzte ich mich in meine bequeme Sitzecke und wartete, bis das Sternenfirmament am Himmel erschien; wunderschön, geheimnisvoll und in vollem Glanz. Während ich im Nachthimmel versank, erschien das Wort „geheimnisvoll" vor meinen Augen. Das war der treffende Begriff. Ich hatte an diesem Wochenende erleben dürfen, wie unterschiedlich Talente und Verhaltensweisen von Menschen mit und ohne ADHS ausgerichtet sind, und konnte neue Erfahrungen sammeln. Grundsätzlich ist die Auseinandersetzung mit der ADHS Voraussetzung, um dem Wesen einer ADHS-Persönlichkeit gerecht zu werden und keine Stigmatisierungen vorzunehmen. Das Verständnis zwischen Menschen mit bzw. ohne ADHS sollte ausgebaut werden. Mit dem Gedanken, die Einzigartigkeit eines jeden Menschen v.a. im privaten Bereich vermehrt in den Vordergrund zu rücken, ging ich glücklich schlafen.

Danke, liebe Saskia für diese Erfahrung!

Literatur

Banaschewski, T., Roessner, V., Uebel, H. & Rothenberger, A. (2004). Neurobiologie der Aufmerksamkeitsdefizits-/Hyperaktivitätsstörung. *Kindheit und Entwicklung, 13*, 137–147. https://doi.org/10.1026/0942-5403.13.3.137

Barkley, R. A. (2009). *Attention deficit hyperactivity disorder in adults. The latest assessment and treatment strategies*. Boston: Jones and Barlett Publishers.

Barkley, R. A. (2010). Differential diagnosis of adults with ADHD: The role of executive function and self-regulation. *The Journal of Clinical Psychiatry, 71* (7), 17. https://doi.org/10.4088/JCP.9066tx1c

Barkley, R. A. & Fischer, M. (2017). The Milwaukee longitudinal study of hyperactive (ADHD) in children. In L. Hechtman (Ed.), *Attention deficit hyperactivity disorder: Adult outcome and its predictors* (pp. 63–104). Oxford: Oxford University Press.

Barkley, R. A., Murphy, K. R. & Fischer, M. (2008). *ADHD in adults, what the science says*. New York: Guilford.

Barkley, R. A., Fischer, M., Edelbrock, C. S. & Smallish, L. (1990). The adolescent outcome of hyperactive children diagnosed by research criteria: I. An 8-year prospective follow-up study. *Journal of American Academy Children and Adolescent Psychiatry, 29* (4), 546–557. https://doi.org/10.1097/00004583-199007000-00007

Bolster, M., Rattay, P., Hölling, H. & Lampert, T. (2020). Zusammenhang zwischen elterlichen Belastungen und der psychischen Gesundheit von Kindern und Jugendlichen. *Kindheit und Entwicklung, 29* (1), 30–39. https://doi.org/10.1026/0942-5403/a000298

Boszormenyi-Nagy, I. & Spark, G. M. (2020). *Die Dynamik familiärer Systeme (Konzepte der Humanwissenschaften)* (11. Aufl.). Stuttgart: Klett-Cotta.

Brod, M., Pohlman, B., Lässer, R. & Hodgkins, P. (2012). Comparison of the burden of illness for adults with ADHD across seven countries: A qualitative study. *Health Qual Life Outcomes, 10*, 47. https://doi.org/10.1186/1477-7525-10-47

Brown, R. T. & Pacini, J. N. (1989). Perceived family functioning, marital status, and depression in parents of boys with attention deficit disorder. *Journal of Learning Disabilities, 22* (9), 581–587. https://doi.org/10.1177/002221948902200911

Cummings, E. M. & Davies, P. T. (2010). *Marital conflict and children: An emotional security perspective*. New York: Guilford Press.

De Bono, K. (1971). Laterales Denken, neue Ideen entwickeln, eingefahrenes Denken ablegen. *Management Gurus*, 53–56.

Dopheide, J. A. & Pliszka, R. A. (2009). Attention-deficit-hyperactivity disorder: An update. *Pharmacotherapy, 29* (6), 656–679. https://doi.org/10.1592/phco.29.6.656

Duden (Hrsg.). (2020). *DUDEN – Das Herkunftswörterbuch. Etymologie der deutschen Sprache* (Deutsche Sprache in 12 Bänden, Bd. 7, 6. Aufl.). Berlin: Cornelsen.

Eich, D. (2008). Persönliche Mitteilung, One-Day Workshop, sfg-adhs-Tagung vom 8.9.08 in Bern. *Schweizerische Ärztezeitung, 92* (20), 761–775.

Eich-Höchli, D. & Eich, P. (2015). „Aufgeschoben ist (nicht) aufgehoben!" Bedeutung der Aufmerksamkeitsdefizit-/Hyperaktivitätsstörung im Erwachsenenalter. *Zeitschrift für Heilpädagogik, 21* (1), 13–18.

Estévez, N., Eich-Höchli, D., Day, M., Gmel, G., Studer, J. & Mohler-Quo, M. (2014). Prevalence of associated factors for adult attention deficit hyperactivity disorder in young Swiss men. *PLOS ONE, 9* (2), 1–9. https://doi.org/10.1371/journal.pone.0089298

Faraone, S.V., Seargeant, J., Gilberg, C. & Biedermann, J. (2003). The worldwide prevalence of ADHD: Is it an American condition? *World Psychiatry, 2*, 104–113.

Fayyad, J., De Graaf, R., Kessler, R., Alonso, J., Angermeyer, M., Demyttenaere, K. et al. (2007). Cross-national prevalence and correlates of adult attention-deficit hyperactivity disorder. *British Journal of Psychiatry, 190*, 402–409. https://doi.org/10.1192/bjp.bp.106.034389

Franke, B., Faraone, S.V., Asherson, P., Buitelaar, J., Bau, C.H., Ramos-Quiroga, R.A. et al. (2012). The genetics of attention deficit/hyperactivity disorder in adults; a reviev. *Molecular Psychiatry, 17* (10), 960–987. https://doi.org/10.1038/mp.2011.138

Freud, A. (1936). *Das Ich und seine Abwehrmechanismen*. München: Kindler.

Freud, S. (1915). Die Verdrängung. *Internationale Zeitschrift für Ärztliche Psychoanalyse, 3* (3), 129–138.

Gleixner, C., Müller, M. & Wirth, S. (2015). *Neurologie und Psychiatrie. Für Studium und Praxis 2015/2016*. Breisach: Medizinische Verlags- und Informationsdienste.

Hajszan, M., Pfohl, M. & Bodeving, C. (2018). *Handbuch zur Konzepterstellung für Kindertagesstätten (SEA)*. Luxembourg: SNJ.

Hohm, E., Laucht, M., Zohsel, K., Schmidt, M.H., Esser, G., Brandeis, D. & Banaschewski, T. (2017). Resilienz und Ressourcen im Laufe der Entwicklung. Von der frühen Kindheit bis zum Erwachsenenalter. *Kindheit und Entwicklung, 26* (4), 230–239. https://doi.org/10.1026/0942-5403/a000236

Huggenberger, R. (2019). *ADHS in der Familie. Strategien für den Alltag.* Bern: Hogrefe Verlag.

Jiménez, F. (2013). Unangenehmes wird (un)bewusst verdrängt. *Welt/Wissenschaft*, 26.5.2013. https://www.welt.de/wissenschaft/article116534487/Unangenehmes-wird-unbewusst-verdraengt.html

Kattermann, V. (2018). Psychotherapie und Schuldfähigkeit: Wege aus der Schuld. *Deutsches Ärzteblatt, 4*, 165–167.

Kaufmann, C.C. (2011). ADHS bei Erwachsenen. Eine Herausforderung für die Gesundheitsversorgung. *Schweizerische Ärztezeitung, 92* (20), 761–775. https://doi.org/10.4414/saez.2011.16043

Krause, J. & Krause, K.H. (2014). *ADHS im Erwachsenenalter*. Stuttgart: Schattauer-Verlag.

Leichsenring, L., Rabung, S. & Leibing, E. (2004). The efficacy of short-term psychodynamic psychotherapy in specific psychiatric disorders: A meta-analysis. *Archives of General Psychiatry, 61* (12), 1208–1216. https://doi.org/10.1001/archpsyc.61.12.1208

Modell, A.H. (1965). On having the right to a life: An aspect of the superego's development. *International Journal of Psycho-Analysis, 46*, 323–331.

Neuhaus, C. (2004). *Lass mich, doch verlass mich nicht*. München: dtv.

Neuy-Bartmann, A. (2010). *ADHS – Erfolgreiche Strategien im Kindes- und Erwachsenenalter*. Stuttgart: Klett-Cotta Verlag.

Ohlmeier, M. & Roy, M. (2012). *ADHS bei Erwachsenen – ein Leben in Extremen. Ein Praxisbuch für Therapeuten und Betroffene*. Stuttgart: Kohlhammer-Verlag.

Oxford Languages (2021). *The home of language data*. Oxford: Oxford-University-Press.

Paucke, M., Stark, T., Exner, C., Kallweit, C., Hegerl, U. & Strauß, M. (2018). Aufmerksamkeitsdefizit/Hyperaktivitätssyndrom (ADHS) und komorbide psychische Erkrankungen. *Der Nervenarzt, 89*, 1287–1293. https://doi.org/10.1007/s00115-018-0553-x

Ramos-Quiroga, J.A., Corominas, M., Castells, X., Bosch, R. & Casas, M. (2009). OROS methylphenidate for the treatment of adults with attention-deficit/hyperactivity disorder. *Expert Review of Neurotherapeutics, 9* (8), 1121–1131. https://doi.org/10.1586/ern.09.65

Reinelt, T., Samdan, G., Kiel, N. & Petermann, F. (2019). Frühkindliche Prädikatoren externalisierender Verhaltensauffälligkeiten. *Kindheit und Entwicklung, 28*, 19–32. https://doi.org/10.1026/0942-5403/a000268

Rossi, P. (2012). *Aufmerksamkeitsdefizit-/Hyperaktivitätsstörung bei Kindern, Jugendlichen und Erwachsenen. Informationen aus der Praxis für Betroffene, Angehörige und Fachpersonen*. Staufen: P. Rossi.

Rothenberger, A., Banaschewski, T. & Uebel, H. (2003). Neurobiologische Grundlagen eines pathophysiologischen Erklärungsmodells. In M. Schulte-Markwort & M. Zinke (Hrsg.), *ADS/ADHS Aufmerksamkeitsdefizit-/Hyperaktivitätsstörung. Fortschritte in der Diagnose und Therapie* (S. 12–17). Berlin, Heidelberg, New York: Springer.

Ruch, F.L. & Zimbardo, P.G. (1974). *Lehrbuch der Psychologie. Eine Einführung für Studenten der Medizin, Psychologie und Pädagogik*. Berlin: Springer-Verlag.

Schad, A. (2019). *Kinder brauchen mehr als Liebe – Klarheit, Grenzen, Konsequenzen*. Heidelberg: Carl Auer Verlag.

Schlack, R., Hölling, H., Kurth, B.M. & Huss, M. (2007). Die Prävalenz der Aufmerksamkeitsdefizit-/Hyperaktivitätsstörung (ADHS) bei Kindern und Jugendlichen in Deutschland. Erste Ergebnisse aus dem Kinder- und Jugendgesundheitssurvey (KIGGS). *Bundesgesundheitsblatt-Gesundheitsforschung-Gesundheitsschutz, 50*, 827–835. https://doi.org/10.1007/s00103-007-0246-2

Schmidt, S., Waldmann, H-C., Petermann, F. & Brähler, E. (2010). Wie stark sind Erwachsene mit ADHS und komorbiden Störungen in ihrer gesundheitsbezogenen Lebensqualität beeinträchtigt? *Zeitschrift für Psychiatrie, Psychologie und Psychiatrie, 58*, 9–20.

Schneewind, K.A. (1999). *Familienpsychologie* (2. Aufl.). Stuttgart: Kohlhammer.

Sobanski, E. & Alm, E. (2004). Aufmerksamkeitsdefizit-/Hyperaktivitätsstörung (ADHS) bei Erwachsenen. Ein Überblick. *Der Nervenarzt, 75*, 697–716. https://doi.org/10.1007/s00115-004-1757-9

Sonnenmoser, M. (2004). Dissoziative Störungen: Häufig fehlgedeutet. *Deutsches Ärzteblatt, 3*, 372–373.

Staub, L. (2014, 4. November). *Bei Trennung Kinder nicht in Loyalitätskonflikte bringen*. Zugriff am 11. November 2021 unter https://www.neurologen-und-psychiater-im-netz.org/kinder-jugend-psychiatrie/ratgeber-archiv/meldungen/article/trennung-kinder-nicht-in-loyalitaetskonflikte-bringen/

Tangney, J.P. (1990). Assessing individual differences in proneness to shame and guilt: Development of the self-conscious affect and attribution inventory. *Journal of Personality and Social Psychology, 59* (1), 102–111. https://doi.org/10.1037/0022-3514.59.1.102

Tangney, J. P., Wagner, P. & Gramzow, R. (1992). Proneness to shame, proneness to guilt, and psychopathology. *Journal of Abnormal Psychology, 101* (3), 469–478. https://doi.org/10.1037/0021-843X.101.4.738

Thomson, C. (2008). *Die Tyrannei der Liebe. Wenn Eltern zu sehr lieben; perfekte Erziehung und die Ambivalenz der Gefühle*. München: A. Kunstmann.

Trott, G. E. (2007). Welche Folgen hat eine ausgebliebene angemessene Behandlung einer Aufmerksamkeitsdefizits-/Hyperaktivitätsstörung? Vortrag an der Tagung der sfg-adhs vom 8.9.2006. *Schweizerische Ärztezeitung, 92* (20), 761–775.

Vincent, A. (2010). *Mon cerveau a encore besoin des lunettes – vivre avec l'hyperactivité*. Montreal: Quebecor.

Volkart, R. (1993). *Fiebriges Drängen, erstarrender Rückzug: Emotionen, Fantasien und Beziehungen bei Borderline-Persönlichkeitsstörung und Depression. Psychoanalyse im Dialog.* Zürich: Peter Lang, Internationaler Verlag der Wissenschaften.

Von Eisenhart-Rothe, A. (2019). *Konfliktmanagement. Was tun, wenn's mal kracht?* New York, Stuttgart: Georg Thieme Verlag.

Walsh, F. (2003). Family resilience, a framework for clinical practice. *Family report, 42* (1), 1–18.

Wender, P. H. (1995). *Attention Deficit Hyperactivity Disorder in Adults*. Oxford: Oxford University Press.

Wender, P. H., Wolf, L. E. & Wasserstein, J. (2001). Adults with ADHD. An overview. *Annals of the New York Academy of Sciences, 931*, 1–16. https://doi.org/10.1111/j.1749-6632.2001.tb05770.x

Wettig, J. (2006). Eltern-Kind-Bindung: Kindheit bestimmt das Leben. *Deutsches Ärzteblatt, 103* (36), A-2298, B-1992, C-1922.

Wymbs, B. T., Pelham, W., Molina, B. & Gnagy, E. (2008). Mother and adolescent reports of interparental discord among parents of adolescents with and without attention-deficit/hyperactivity disorder. *Journal of Emotional and Behaviour Disorders, 16* (1), 29–41. https://doi.org/10.1177/1063426607310849

Zahn-Waxler, C., Kochanska, G., Krupnick, J. & McKnew, D. (1990). Patterns of guilt in children of depressed and well mothers. *Development Psychology, 26* (1), 51–59. https://doi.org/10.1037/0012-1649.26.1.51

Die Autorin

Dr. phil. Ruth Huggenberger studierte an der Universität Zürich Klinische Psychologie. Nach dem Abschluss promovierte sie an der Forel-Klinik und absolvierte eine Psychotherapeutenausbildung am Szondi-Institut. Danach entschied sie sich für die Praxistätigkeit. Seit 15 Jahren ist sie auf die ADHS-Abklärung von Kindern, Jugendlichen und Erwachsenen spezialisiert sowie auf die Therapie von Menschen mit ADHS und deren Komorbiditäten.

Daneben nimmt sie an Forschungsprojekten teil. Sie doziert an der Fachhochschule und an weiteren Instituten, Schulen und Organisationen. 2015 gründete sie eine Non-Profit-Organisation für ADHS-Betroffene und -Angehörige (www.adhs-info-schweiz.ch), die sich für das Verständnis der ADHS einsetzt.

Nach dem 2019 veröffentlichten, erfolgreichen Buch „ADHS in der Familie – Strategien für den Alltag“ folgt nun der zweite Band.

Sachwortverzeichnis

A

Abgrenzung 145
- Abwehrmechanismen 142
- Beziehungen 103
- Loyalitätskonflikte 142
- mangelnde 44, 45, 142

Abklärung 36, 149
- diagnostische 98
- differenzierte 38

Abwehrmechanismen 18, 22, 87, 94
- Abgrenzung 142
- bedrohliche Inhalte, Konfrontation 94
- Beziehungsschwierigkeiten 51
- Dominanz 94
- Entwicklung 16
- Freudsches Konzept 94
- Identifikation 18, 94, 178
- in der Kindheit, erworbene 22
- Kompensation 94, 130
- Projektion 94, 136, 177
- psychische 136
- Regression 94, 135, 136
- unbewusste 18, 82, 87
- Verdrängung 18, 93, 94, 104
- Verleugnung 94, 104, 110

ADHS
- Familienproblematik 17, 157
- nicht diagnostizierte 17, 38, 40, 157
- Prävalenzrate 24
- Risikogruppe, vernachlässigte 25
- stille Form 21
- unbehandelte, Auswirkungen 25
- Unterversorgung in der Schweiz 25
- Vererblichkeitsrate 157

ADHS-bedingte Defizite 39

ADHS-Diagnose
- Chance/therapeutische Arbeit 58
- frühe 24
- nicht vorhandene 47
- Symptomverschiebung 25

Affekte
- Ausbrüche, überdimensionale 52
- Kontrolle 25
- Nichtakzeptanz 136

Affektlabilität 25

Akzeptanz
- Diagnose 179
- innerhalb der Familie oder der Peers 23

Akzeptanzwunsch, Familienplanung 71

Alltagsanforderungen, Flucht, Suchtproblematik 44

Amnesie, dissoziative 26

Anerkennung 58, 148
- innerhalb der Familie und der Peers 23

Anforderungsängste 46

Angstbewältigung, Regression 136

Angststörungen 25

Antisoziale Persönlichkeitsstörung, Lügen, pathologisches 104

Arbeitslosigkeit 26

Aufmerksamkeitsdefizitstörung 21

B

Berufswahl, Fähigkeiten/Talente 124

Beziehungen
- Abgrenzungen, Innen-/Außengrenze 103
- ADHS, nicht diagnostizierte 49
- Aufbau, gescheiterter 140

- Auseinandersetzungen, heftige/hochemotionale 14, 58
- Dominanz 62
- Dynamik 11
- Entscheidungen, spontane 50
- Erwartungen an den Partner 50
- Familienmitglieder 70
- Freiheitsliebe 50
- Hass-Liebe 58
- Konflikte bagatellisieren 49
- Konfliktpunkte 50, 51
- Konfrontationen, unangenehme 51
- Konstellationen/Muster, unbewusste, ungünstige 49
- Misstrauen, ADHS-charakteristisches 49
- neurotische 103
- Projektion 136
- Scham- und Schuldgefühle 170, 173
- Schwierigkeiten, Abwehrmechanismen 51
- Trennungen 51
- Veränderungsphasen 50

Beziehungsfähigkeit 138
Burnout 41, 143, 145

C

Cannabiskonsum 43
- Verdrängung 122

D

Déjà-vus, Erwachsenenalter 18
Delinquenz 26
Demütigungen 134
- ADHS-Defizite 46
- ADHS, nicht diagnostizierte 175
- Kinder- und Jugendzeit 140

Denken
- assoziatives 65, 84, 178
- eingeengtes, umständliches 65
- sprunghaftes, Reizüberflutung 65
- Vorgänge, divergente 84

Denkstörungen, formale 64
Depressive Episoden 39, 143
Desorganisation 25
Diskriminierungen 113
- ADHS, nicht diagnostizierte 175

Dissoziative Amnesie 26
Dissoziative Fugue 26
Dissoziative Störungen 25, 26, 30, 36, 93
Dopamin 124
- Mangel 88, 130, 176, 181

Drogenkonsum 149, 155

E

Eigenschaften, unerwünschte, Nichtakzeptanz 136
Einfühlungsvermögen
- Mangel 86
- Training 85

Elterliche Pflichten, Übernahme 163
Eltern
- Inkonsequenz 157
- und Kinder, Rollenumkehr; *siehe* Parentifizierung
- Verantwortung 157

Elternliebe 148
- falsch verstandene 148

Elternsein, Realität 75
Emotionale Ausbrüche 76, 163
- Reizüberflutung 117

Emotionale Labilität 42
Emotionaler Missbrauch 148
Emotionale Störungen 38
Emotionale Überforderung 135
Emotionale Überreaktionen 52
Emotionale Unterstützung innerhalb der Familie und der Peers 23
Emotionen
- Konflikte, auftretende 58
- Regulation, mangelnde 52

Energiepotenzial 142
Entscheidungen, spontane 50
Ereignisse 93, 95, 144
- biografische, Reaktivierung 18
- in der Kindheit, Verdrängung 145
- in der Vergangenheit erlebte 18
- traumatische 24, 144, 147
- verdrängte 145

Erfahrungen
- kindliche 63, 71
- schmerzhafte, Erinnerung 22
Erziehung, Überforderung 77

F
Fähigkeiten 39
- außergewöhnliche/besondere 124, 129
- kommunikative 14, 64
- Spielerfahrungen 72
Familie
- Begriff 69
- Beziehungen 70
- Bildung, Umstrukturierungen 76
- Bindungen 69
- eigene, Zukunftsvision 75
- Hierarchieumkehr 156, 158, 178
- Kommunikation 70
- Kommunikationsschwierigkeiten 82
- Loyalitätsforderung 167
- maladaptive, dysfunktionale Mechanismen 18
- Personensystem 69
- Strukturierung 156
Familiendynamik 70
- Problemmuster 156
- unbewusste 70
- zerstörerische 161
Familiengründung 69
- Entscheidungsfindung, Tipps für Ehepaare 136
Familienleben 18
Familienplanung
- Akzeptanzwunsch 71
- Sicherheitswunsch 71
- Vorstellungen, idealistische 75
Familiensystem
- Entwicklungsphasen, kindliche, Begleitung 156
- Hilflosigkeit/Not 11
- Mechanismen, unbewusste 69
- sozialer Verbund, starker 69
- Strukturen, fehlende 156
Fehlleistungen 121
Flashbacks 93
Flow 124
Flüchtigkeitsfehler 14, 96, 105, 179
- Scham- und Schuldgefühle 111
Freiheitsliebe 50
Fremdbestimmung 149
- Angstentwicklung 147
- Kinder 178
Freundschaften 18
Frustrationstoleranz 44, 63, 85
- geringe/niedrige 36, 88
Fugue, dissoziative 26

G
Gedankenabreißen 65
Gefühle, negative, Abbau 65
Genetische Prädisposition 69
Gerechtigkeitssinn
- ausgeprägter 70
- überdimensionaler 57
Gespräche, eskalierende 53, 177
Gesprächsführung
- Fokussierungsschwierigkeiten 66
- tiefergreifende, Unfähigkeit 65
Gesprächskultur, mangelnde 178
Gesundheitskrise 56
Grenzen, eigene, Verdrängung 143
Grenzsetzung, Suchtentwicklung 156

H
Hass-Liebe, Beziehungen 58
Heißhunger-Attacken 134
Hierarchieumkehr, Familien 158, 178
Hinausschieben; *siehe* Prokrastination
Hyperaktivität 21, 86
Hypersensibilität 12, 14, 46, 52, 148
- Kindesalter 23

I
Ich-Bezogenheit 57
Ich-Botschaften 68
- Partnerschaft 63
Ideenflucht 65
Identifikation 94, 178

Impulse, Nichtakzeptanz 136
Impulsivität 25, 52, 86, 149
Informationsfluss im Gehirn, gestörter 118
Innere Unruhe 22, 25, 86, 142
Insuffizienzgefühle 70, 145

J

Jugendliche
- ADHS-Symptome, Wender-Utah-Kriterien 25
- Fremdbestimmung 149
- Persönlichkeitsentwicklung 148

K

Kaufsucht 130
Kinder/Kindheit
- Abwehrmechanismen 82
- Ereignisse, Verdrängung 145
- Erfahrungen 63, 71
- Erlebnisse, Reaktivierung 13
- Ermahnungen 18
- Fehleinschätzungen 18
- Fremdbestimmung 178
- Grenzen/Regeln vermitteln 76
- Idealisierung 148, 154
- konfliktbeladene 18
- Leitlinien 185
- Loyalitätskonflikte, Verdrängung 167
- narzisstisches Objekt, Elternliebe, falsch verstandene 148
- Problemverhalten 82
- Schutzmechanismen 176
- Spielen, interaktives 72
- Tyrann, überforderter 157
- und Eltern, Rollenumkehr; *siehe* Parentifizierung
- Verletzungen 18

Kindliche Störungen, Paarkonflikte, Wechselwirkungen 82
Kognitive Defizite 64
Kognitive Verarbeitungsprozesse, mangelhafte 22
Kognitive Wahrnehmung, mangelhafte 22
Kommunikation
- Bereitschaft/Fähigkeit, mangelnde 65
- Familienmitglieder 70
- Logorrhö 85, 86
- Missverständnisse 68
- offene, ohne Vorwurfshaltung 76

Kommunikationsschwierigkeiten/ -störungen 14, 178
- Familien 82
- Partnerschaft 64

Komorbiditäten 13, 18, 26, 176
Kompensation 16
- Abwehrmechanismen 94, 130
- Erleichterung, momentane 130
- Kaufsucht 130
- Mechanismen 178
- Suchtentwicklung 130

Kompromissbereitschaft 50
- Partnerschaft 58

Konfrontation 49
- Beziehungen 51
- Verdrängungsmechanismen 19

Konzentrationsschwierigkeiten 38, 110
Kraftressourcen, eigene, Nicht-Realisierung 142
Kränkungen 93
- wiederholt erlittene 17

L

Legasthenie 158
Leistungsfähigkeit, abnehmende 165
Leitlinien
- für Familien 156
- für Kinder 185

Liebe
- elterliche 148
- Entzug 162
- selbstlose 148

Liebesbeziehung, neurotische 96, 100
Logorrhö 63, 64, 82, 178, 183
- Gespräche unterbrechen 85
- Kommunikation 85, 86
- Satzvervollständigung des Gegenübers 85

Loyalität 142

- falsch verstandene 175
- Familiendynamik 70
- Gefühl, überdimensionales 142

Loyalitätskonflikte 26, 27, 30, 36, 70
- Abgrenzung, mangelnde 142
- in der Kindheit, Verdrängung 167
- Nachwuchs, Manipulation 148
- Schuld- und Schamgefühle 147
- Übertragung 168
- unbewusste 175

Lügen, pathologisches (Pseudologia phantastica) 104

M

Manipulation
- elterliche 155
- Loyalitätskonflikte 148

Medikamente, Nebenwirkungen 126, 129
Mentale Stärke 94, 101, 179
Minderwertigkeitskomplexe, soziale 173
Missverständnisse
- Kommunikation 68
- Partnerschaft 64

Mobbing 55
Motivation, ausbleibende/mangelnde 88
Mutterkonflikt, Abgrenzung 32

N

Narzisstische Persönlichkeitsstörung 148, 153
Narzisstisches Objekt, Elternliebe, falsch verstandene 148
Neurotische Beziehungen 103
Neurotische Liebesbeziehung 100
Neurotische Partnerschaft 96
- Vermeidungstipps 103

Nicht-Anerkennen 104
Non-Responder 19
Noradrenalin, Mangel 88, 176

O

Ohnmacht 22
Online-Sucht 26, 161

P

Paarbildung, neurotische 103
Paarkonflikte 13
- kindliche Störungen, Wechselwirkungen 82

Panikattacken 93
Parentifizierung 162, 175
Partnerschaft 18
- ADHS, nicht erkannte 17
- Aufbau 52
- Ich-Botschaften 63
- Kommunikationsstörungen 64
- Kompromissbereitschaft 58
- Missverständnisse 64
- neurotische 96
- Selbstbestimmung 58
- Verletzungen 63
- Verlustangst 57

Peergruppe 179
- Integration 72

Perfektionismus 142, 143, 144
Personenbewertungen, Nichtakzeptanz 136
Personensystem, Familie 69
Persönlichkeitsentwicklung
- freie 156
- Jugendliche 148

Posttraumatische Belastungsstörungen 39
Prävalenz 24
Problemverhalten, kindliches 82
Projektion
- Abwehrmechanismen 94, 136, 177
- Bewusstwerdung 141
- Dynamik 139
- in Beziehungen 136

Prokrastination 87, 88, 176
Prüfungsangst 37
Pseudologia phantastica (Lügen, pathologisches) 104
Psychische Widerstandskraft 94
Psychosoziale Einflussfaktoren 58

R

Regression
- Abwehrmechanismen 94, 135, 136
- Angstbewältigung 136

Reizsituationen, schmerzliche 52
Reizthemen 52
Reizüberflutung 14, 111, 177
- Datenverarbeitung, verlangsamte 115
- Denken, sprunghaftes 65
- Forderungen, wirtschaftliche/soziale 181
- Komplikationen 114
- Panikattacke 115
- Priorisierungen, unmögliche 115
- Sinnesorgane 177
- somatosensorischer Bereich 117
- Überforderung 115
- Verleugnung 105
- Wahrnehmungsverzerrung 123

Resilienz 94, 101
Risikoverhalten 25
Rollenumkehr, Eltern/Kinder; *siehe* Parentifizierung
Ruhe- und Rastlosigkeit 38

S

Scham- und Schuldgefühle 36
- ADHS-Diagnose, nicht vorhandene 47
- Beziehungen 173
- Eingeständnisse 39
- elterliche 40
- Familienmitglieder, Bedürfnisse 70
- Flüchtigkeitsfehler 111
- gesundheitliche Folgen 17, 26, 39
- Heranwachsende, Übernahme 39
- Krankheitssymptome, Entwicklung 40
- Leistungsfähigkeit, abnehmende 166
- Loyalitätskonflikte 147
- Negativspirale 44
- Projektion 45
- Trigger-Situationen 33
- Übertragungen 168
- übertriebene 44
- unbewusste 35, 38, 101, 173, 174
- ungerechtfertigte 38, 39
- Zugang, therapeutischer 40

Scheidungsrate/-risiko 26
- erhöhtes 82

Schicksalsschläge 39
Schreibaby 81
Schuldgefühle; *siehe* Scham- und Schuldgefühle
Schuldzuweisungen 46
Schulische Schwierigkeiten 35
Schutzmechanismen
- Aufbau 24
- Kindheit/Jugendzeit 176
- Trancezustand 29

Seelische Verletzungen 140
- Identifizierung 18

Selbstakzeptanz 11
- fehlende 177

Selbstbestimmung 49, 50
- Partnerschaft 58

Selbstbewusstsein 176
- mangelndes 175
- schlechtes 176

Selbsteinschätzung 38
Selbstgefühl, mangelndes 178
Selbstreflexion 123
Selbstvertrauen 112
- Aufbau 173
- Insuffizienz 174

Selbstzweifel 112
Separation guilt (Trennungs-Schuld) 39
Sicherheitswunsch, Familienplanung 71
Sinnesorgane
- Reize 115
- Reizüberflutung 177

Somatische Beschwerden, Überbelastung 163
Soziale Integration 38
Soziale Probleme 26
Sozialkompetenz, positive, fehlende 73
Spielen, pathologisches 159
- Entzug/Entwöhnung 160
- Suchtberatung 160

Spielerfahrungen, Lebensfähigkeiten/-fertigkeiten 72
Stellenverluste 26
Stimmungen, Nichtakzeptanz 136

Stresstoleranz, verminderte 25
Strukturierung
- Familien 156
- mangelnde 38
Suchtentwicklung
- Alltagsanforderungen, Flucht 44
- Grenzsetzung 156
- Kompensation 130
Suchtpotenzial 130
- Dopamin 130
Suchtverhalten 26
Symptomatik, Auswirkungen, negative 25
Symptomverschiebung 25

T
Talente 186
Traumafolgen 25
Traumata/Traumatisierung 38
- Ablehnung durch Gleichaltrige 25
- Aufarbeitung, therapeutische 22
- Gefahr, psychische 25
- kindliche 50
- vermeiden 38
Trennungs-Schuld (separation guilt) 39
Triggerpunkte 37
- Flashbacks 93
- Scham- und Schuldgefühle 33

U
Überbelastung 23
- Folgen 163
Überforderung 22, 147, 174, 176
- emotionale 135
- Nahestehende 185
- Reizüberflutung 115
Übertragung 139
- Loyalitätskonflikte 168
- Scham- und Schuldgefühle 170
Überzeugungen, pathologische, unbewusste 40
Unausgewogenheit 88
- Dopamin-/Noradrenalin-Mangel 88
Unruhe
- äußere 25
- innere 22, 25, 86, 142
Unterbewusstes 93
Unverständnis 22

V
Verdrängung(smechanismen) 18, 30, 177
- Abwehrmechanismen 94, 104
- andauernde 36
- Auflösung 96
- bewusste 87
- Cannabiskonsum 122
- Gewaltsituationen 146
- Grenzen, eigene 143
- Kindheitsereignisse 145
- Konfrontation 19
- Kraft 147
- Leben, bisheriges, Tabuisierung 103
- Loyalitätskonflikte in der Kindheit 167
- psychischer Schutzmechanismus 88
- Tipps für Vorgesetzte 124
- unbewusste 17, 87, 93
Vererblichkeitsrate 157
Vergangenheit, eigene, Auseinandersetzung 69
Vergessen, bewusstes 87
Verhaltensauffälligkeiten
- Kindheit 72
- Überbelastung 163
Verhaltensweisen 186
Verletzlichkeit, überdimensionale 177
Verletzungen
- äußern 68
- Kindheit 18
- Ursprung 176
- verdrängte 102
Verleugnung
- Abwehrmechanismen 94, 104, 110
- Schutzmechanismus bei Reizüberflutung 105
- Tipps für Angehörige 114
Verlustangst 36, 40, 45, 46, 54
- im Unterbewusstsein existierende 102
- Partnerschaft 57
Versagensangst 36, 44, 46, 112, 145
- schulische 28
- Überbelastung 163

Virtuelle Medien,
Abhängigkeitsquote 160
Vorbeireden 65
Vulnerabilität, hereditäre 172

W

Wahrnehmung, kognitive,
mangelhafte 22
Wahrnehmungsschwäche/
-schwierigkeiten 52
- auditive 177
Wahrnehmungsstil, ADHS-typischer 57
Wahrnehmungsverzerrung 14, 118
- Reizüberflutung 123
Wender-Utah-Kriterien 25
Wutausbrüche 24
- elterliche 101
- impulsiv-emotionale,
unberechenbare 53
- kindliche 23